KB059561

대학을 졸업하면,
멋진 인생이
펼쳐질 줄 알았다

회사생활이라는
인생게임에서
현명하게 인정받고
커리어 쌓는 법

옴스 지음

대학을
졸업하면,

멋진 인생이
펼쳐질 줄 알았다

세종

◆ 추천사 ◆

'취뽀'에만 전념하느라 사회화가 부족했던 나에게 직장생활은 공포 그 자체였다. 이 책은 그때의 내가 느꼈던 업무 부담과 선배들과의 관계 문제를 해결하는 방법을 유쾌하고 통쾌하게 풀어놓고 있다. 회사생활에 대한 걱정은 덜어내고 용기를 채워주는 책!

- 하나증권 IB 신입사원

나도 사회초년생 시절 회사생활이 전부라고 생각했다. 직장생활에 과몰입해 지나치게 에너지를 쓰고 실망하기를 반복하고 있는 초년생에게 꼭 필요한 책이다. 나무보다 숲을 보는 너른 시야로 회사생활을 새롭게 해석하고 있으며, N년차도 깨닫기 어려운 노하우와 스킬들을 풀어냈다.

- KB국민카드 4년차 마케터

막연한 기대로 덤볐던 회사생활은 냉혹했다. 실무는 생각과 다르고 빌런은 어딜 가나 있었다. 첫 시작부터 벽에 막힌 기분이 드는 초년생들을 위한 필수 입문서다.

- LG디스플레이 SCM 2년차 현직자

마치 하나의 유기체처럼 돌아가는 회사에서 적응은 쉽지 않다. 이 책은 조직 구성원의 일원으로서 바람직한 관계를 구축하고 성장하는 원칙과 방법을 제시한다. 뼈를 때리고 공감을 이끄는 재밌는 화법과 구체적인 예시들이 독자들에게 공감과 위로, 인사이트를 줄 것이다.

- (전)LG유플러스 마케팅 팀장

취업 성공을 넘어 회사 생활의 바른 길을 안내하는 지침서! 하루하루 반복되는 굴레에 갇혀 방향성을 잃은 직장인과, 시행착오를 줄이고 올바른 마인드셋으로 새로운 시작을 준비하고 싶은 취업 준비생 모두에게 이 책을 적극 추천하고 싶다.

- KCB 1년차 신입사원

취업 준비를 할 때는, 취업만 하면 인생이 피고 억대 연봉을 받으며 커리어우먼처럼 살아갈 꿈에 부풀어 있었다. 그러나 요새는 약속된 날 입금되는 월급에 익숙해진 삶을 살아가고 있다. 저자는 내 지인들 중에 자신이 하고 싶은 일, 해야 될 일을 묵묵히 해내고 있는 유일한 삼십 대이다. 월급중독에서 벗어나 매서운 현실을 마주하고 있는 저자의 후회와 눈물이 담긴 직장생활 이야기라 더욱 기대가 크다. 수백, 수천 명의 취준생들을 취업으로 이끌었듯 수만, 수십만 직장인들의 애환과 어려움도 따뜻하게 어루만져 줄 거라 확신한다.

- 우리카드 4년차 현직자

대학생 때는 취직이 목표라고 생각했지만 취업이야말로 본격적인 시작이었고, 그 이후로도 수많은 퀘스트들이 기다리고 있었다. 취직 이후 목표를 잃은 많은 초년생, 직장인들이 이 책을 통해서 다시 한 번 방향성을 찾고 마음을 다잡기를 희망한다. 같은 팀 후배 직원들에게 필독서로 권해주고 싶다.

- CJ그룹 7년차 현직자

단군 이래 최대 스펙을 요구받는 세대. 그들의 눈에 기성세대들의 방식은 비효율적이고 답답하게만 느껴진다. 그러나 회사는 결국 AI가 아닌 수천, 수만 명 직원들의 노력으로 돌아간다. 진짜 실력은 이성이 아닌 감성이며 구성원들과 조화롭게 어울리는 게 실력임을 깨닫게 해주는 책이다.

- SK하이닉스 2년차 현직자

차례

Ⅰ. 회사 게임 본격 시작, 나는 Lv.1 신규유저다

Ⅱ. 모든 스트레스는 '잘못된 기대'에서 출발한다_멘탈

Ⅲ. 기본 스킬만 100% 발휘해도 괴물 신입으로 시선집중!_피지컬

IV. 회사생활에 날개를 달아주는 기술 _릴레이션십

V. 회사생활의 격을 높이는 관리자의 시각 _인사이트

Ⅵ. 인생 2막, 넥스트 레벨 커리어의 확장

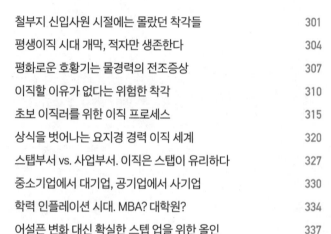

회사에 들어가면
멋진 인생이 펼쳐질 줄 알았다

어릴 땐 들리지 않던 부모님의 말들이 새삼 크게 다가오는 순간들이
있다. "어릴 때 공부 안 하면 나이 먹고 고생한다", "나중에 공부를 하
든 뭘 하든, 우선 대학교는 가라", "사람 인생 어떻게 될지 모른다. 남
에게 싫은 소리 하지 마라" 등등.

사람은 망각의 동물이다. 그리고 자기애가 넘친다. 그래서 과거의
깨달음을 항상 잊고, 자신에 대한 넘치는 사랑으로 호기롭게 세상과
부딪히고, 다시 또 상처 받기를 반복한다. 내게 지난 십여 년간의 회
사 생활이 그랬다.

넘치는 자신감에서 비롯된 호기로운 회사생활, 하지만 꽉 막힌
꼰대문화와 답답한 조직생활의 벽에 막혔고, 넘쳤던 열정은 분노로

바뀌어 회사와의 일방적인 반목이 시작됐다. 돌이켜보면 누구도 알아주지 않는 '혼자'만의 싸움이자 독백에 불과했다.

내게 일생일대의 비극이었던 순간이지만 지금 시점에서 바라보는 당시 내 모습은 희극 속 주인공 그 자체였다. 찰리 채플린의 명언 하나가 떠오른다. "가까이서 보면 비극, 멀리서 보면 희극", 열정만 가득했던 회사생활 쪼랩의 내 모습을 가리키는 말이다.

회사생활은 사회생활의 축소판이다. 대학교를 졸업하는 순간 우리는 사회에 진출한다는 표현을 쓴다. 사회에 나간다는 것은 큰 의미를 갖는다. 대학을 갓 졸업한 갓-생에게는 뭐든 꿈꾸고, 뭐든 이룰 수 있을 것 같은 떨리고 설레는 순간일지 모른다. 하지만 직장생활 1년 차만 넘어가도 열정은 온데간데없고, 삼성, 현대, SK, LG 할 것 없이 모두가 회사에 대한 불만을 쏟아내기 시작한다.

대학생활은 게임으로 치면 '튜토리얼'이다. 온갖 시도와 실수를 일삼으면서 본게임에서 살아남기 위한 조작법과 스킬들을 익히는 시기다. 누구도 나를 나무라지 않으며 나에게 어떤 책임도 따르지 않는다. 하지만 사회생활에 입장하는 순간부터는 모두 동등한 겜격체다. 레벨이 99건, 50이건, 10이건, 1이건 동일한 공간에서 경쟁한다. 레벨이 낮다는 이유만으로 친절하게 갖은 노하우와 아이템들을 베풀어줄 하이레벨 유저들은 존재하지 않는다. 게임 안에서 모든 유저들은 각자가 더 강해지고, 더 넓은 세력을 구축해 더 높은 계급으로 군림하고자 이기적 활동을 추구할 뿐이다.

분명 대학생 때는 파워포인트 디자인 좀 하고, 엑셀 단축키 좀 쓰고, 달변으로 프레젠테이션을 씹어 먹기도 했으나 회사에서는 누구도 나를 파티에 끼워주지 않는 이유다. "발표는 우리 옴스형이 최고지!" "형님, 저희 이번 조모임 같이 하면 안 돼요?" 모두가 중력처럼 나에게 이끌리던 시기는 딱 대학생 때까지다. 동네 초등학생들에게 인기 꽤나 있는 초등학교 6학년에 불과할 뿐이다. 일찍이 구축되어 있는 단단한 커뮤니티를 중심으로 서로 밀어주고, 당겨주느라 서로가 정신없는 조직생활 내에서 갑자기 등장한 동네 꼬마를 자신들의 세계에 끼어줄 여유는 없다.

오히려 신입사원은 먹이사슬 상단에 속하지 못한 어쭙잖은 선배 초식동물의 먹잇감이 되기 십상이다. 중장기적으로 보면 2~3년밖에 차이나지 않는 선배들에게 나는 승진과 고과를 놓고 다퉈야 될 경쟁자다. 내가 너무 잘해도 곤란하고, 자신의 말을 듣지 않으면 기분이 나쁘다. 그들의 입장에서는 충분히 가질 수 있는 생각이다. 누구도 나에게 선의를 베풀어야 할 의무가 없다. 오히려 내가 이빨을 드러내고, 더 크고 맛있는 먹잇감을 노리는 야생성을 갖고 있음을 알게 되는 순간 먹이사슬 하단의 수많은 초식동물들은 나를 적대관계로 돌려버릴 것이다.

그래서 첫 시작이 중요하다. 내 아무리 자신감이 넘친다고 한들 쪼랩들끼리 튜토리얼을 하던 대학과는 큰 차이가 있음을 인정해야 된다. 우선은 무리와 단체에 소속되어 생존하는 게 먼저다. 집단이라는 울타리 안에서 보호 받으면서 앞서 여러 사냥터의 성공과 실패를 경험한 이들의 교훈을 흡수하는 게 중요하다.

아등바등 혼자서 사냥법을 익히고, 나름대로의 방법대로 해보겠다고 호기롭게 사냥터에 나간 초짜 사냥꾼은 초급 사냥감 하나도 제대로 때려잡지 못하고, 비웃음만 잔뜩 사고 제자리로 돌아오게 된다. 하지만 불필요해 보이는 살가운 칭찬 하나로 선배들의 마음을 얻을 수 있다면 상황은 달라진다. 뛰어난 실력을 바탕으로 인정받는 선배, 어리숙한 실력으로 실패를 반복하는 선배 모두에게 나름대로 보고 배울 것들이 있다. 그 교훈을 어떻게 흡수하느냐에 따라 불필요한 시행착오를 빠르게 줄일 수 있다. 돈 주고도 못 살 값진 지혜를 공짜로 얻을 수 있는 것이다.

혼자가 아닌 하나의 단체, 조직을 이뤘을 때 더 안정적으로 더 큰 일들을 해낼 수 있다는 것을 대학교에서는 가르쳐주지 않는다. 내 아무리 뛰어난 엑셀, 파워포인트 제작 능력이 있다고 한들 이재용 회장의 역할 없이는 인텔의 5나노 CPU칩 수주를 이뤄낼 수 없고, 수많은 이해관계자들의 도움 없이는 수 조원짜리 대형 플랜트도 기한 내 인도할 수 없다. 사회생활에서는 시간 내에 1인 리포트를 빼곡하게 채울 수 있는 사람이 아니라 조직에 잘 융화되고 구성원들과 함께 더 큰 과업을 이뤄낼 수 있는 사람이 실력자다.

학교에서는 IQ만 높아도 1등을 할 수 있지만 사회생활에서는

EQ(감성지능)와 SQ(사회성 지능)가 높은 사람들이 성공하는 이유다. IQ만 믿고 사람들을 깔보고 가볍게 생각한다면 사람들의 마음을 얻지 못한다. 그들이 뛰어난 개인 플레이어일 수는 있겠지만 누구도 그들과 팀을 이루려 하지 않는다. 유재석, 강호동이 스타MC일 수 있는 이유는 철저하게 자신을 낮추고, 판을 깔아주고, 다른 이들의 마음을 얻기 때문이다. 사람들이 알아서 모이고 그들을 위해서라면 기꺼이 자신을 희생한다.

어릴 적에는 이런 얘기를 차근차근 알려주는 이들이 없었다. 물론 넘치는 혈기에 남들의 이야기에 귀 기울이지 않았던 잘못도 있다. 하지만 사회생활에서 핑계는 통하지 않는다. 어릴 적에 미처 깨닫지 못하고 행했던 행동 하나하나가 누적되어 시간이 지날수록 더욱 큰 결과로 다가왔다. 나는 스마트하고 기민하며 어디서든 실력을 보여줄 준비가 되어 있다고 생각했지만 나와 팀을 이뤄 일하고 싶어 하는 사람은 없었다. 인생1막이었던 첫 사회생활은 고난의 연속이었고, 많이 배우고 깨달음을 얻었다고 생각했지만 두 번째 회사에서도 비슷한 실수를 되풀이했다. 잘못 꿴 첫 단추는 오랜 시간이 지나 나비 효과가 되었고, 나는 경영 패러다임 변화를 선도할 수 있는 CEO가 되고 싶다던 초년생 당시의 꿈에서는 어느덧 많이 멀어져버렸다.

인생의 목표에서는 멀어졌다고 하나 우리는 계속 나이를 먹는다. 나이를 먹고, 직급이 오른다는 것은 사회에서 내게 기대하는 역할과 책임이 커진다는 의미다. 비록 눈부신 꿈을 이루지는 못했다고 하더라도 사회적으로 나이와 위치에 걸맞은 최소한의 인성과 품격을 갖춘 사람이 되기 위해 노력해야 된다는 것에는 변함이 없다.

비록 어릴적 꿈에서는 멀어졌으나 지난 십 년의 회사생활은 현재 필자가 옴스라는 필명으로 수백, 수천 명의 지원자들이 원하는 꿈을 찾도록 돕는 멘토로 활동할 수 있게 한 자양분이 되었다. "지금 내가 찍는 점들이 미래에 어떻게 이어질 수 있을지 알 수 없다"라고 했던 고 스티브 잡스의 명언처럼 앞으로의 미래도 어떻게 전개될지 알 수 없지만 지난 십 년의 회사생활 동안 있었던 수많은 실수와 실패, 깨달음들이 내 앞날에 어떻게든 큰 도움이 될 것이라고 확신한다.

필자는 오리들 틈에서 화려한 백조가 되기를 꿈꿨지만 백조가 되지는 못했다. 십 년의 회사생활 끝에 깨닫게 된 사실이지만 아직 세상에 발견되지 않은 희귀종이 아닐까 생각한다. 그리고 여전히 내가 과연 어떤 종일지에 대한 탐험을 계속 이어갈 것이다.

모두가 백조일 필요는 없다. 회사생활은 본인이 누구인지를 깨닫고, 본인에게 가장 잘 맞는 환경과 미래를 찾아가는 과정의 일부일 뿐이다. 나보다 더 큰 열정, 뛰어난 두뇌와 민첩함을 갖고 있는 사회초년생들이 필자처럼 백조가 되기 위해 안간힘을 쓰면서 소중한 시간과 기회를 허비하지 않았으면 하는 마음으로 이 책을 집필했다.

이 책을 통해 필자가 일찍이 깨닫지 못했던 것들을 독자들이 깨달았으면 한다. 회사생활에 임할 때 불필요한 시행착오는 줄이고, 현명한 방식으로 미래에 필요한 경험과 기술을 취할 수 있기를 바란다. 불확실한 미래와 구조적인 답답함 때문에 주변 사람들과 갈등하고 반목하기보다는 관계를 원만하게 풀어나가면서 적게 일하고, 크게 인정받기를 바란다. 그렇게 하루하루가 쌓여 본인이 어떤 종인지를 깨닫고, 새 길을 찾아 회사를 떠날 때에는 동료들로부터 박수갈채를 받는 멋진 희귀종이 될 수 있기를 바란다.

옴스

* 책에 등장하는 직장인들의 사례는 편의상 가명을 사용했습니다. 실제 회사 담당자 실명이 아닐 수 있습니다.

회사 게임 본격 시작,
나는 Lv.1 신규유저다

서비스 이용자에서
서비스 제공자로

인생의 주인공에서 회사의 엑스트라로

"저희 회사 경영진은 뭘 하고 있는지 모르겠습니다. 의사결정도 느리고, 도무지 이해할 수 없습니다. 게다가 직원들의 이야기를 귀 담아 듣지 않습니다. 항상 자기들 뜻대로만 결정을 내립니다."

직장인 선배들에게 직장생활에 대해 물어보면 1%의 아웃라이어를 제외하면 99%는 하나같이 똑같은 답변을 한다. "회사생활 재미없다. 최악이다. 놀 수 있을 때 더 놀아라"는 기본이고, 심지어는 "우리 회사는 별로니까 꼭 다른 회사 가라"라고까지 한다. 삼성○○, 현대○와 같은 국내 최고의 사기업에 다니는 선배들조차도 심심치 않게 이런 말을 내뱉는다.

우리는 왜 회사생활에 만족할 수 없는 것인가? 신입사원 시절 나도 그랬지만 우리의 회사생활이 불만과 불평, 부정적 인식으로 가득 찰 수밖에 없었던 이유는 '잘못된 기대'에서 출발한다.

큰 기대는 큰 실망을 낳는 법이다. 개봉만을 기다렸던 기대작이 상상 이상으로 엉터리일 때, 설렘을 가득 안고 시작했던 첫 연애가 생각처럼 떨리지 않을 때, 신나고 즐거운 일만 가득할 줄 알았던 대학생활이 생각만큼 극적이지 않을 때 등등이 그렇다. 사람은 끝없이 기대하고, 기대의 크기에 따라 만족과 실망을 반복하게 된다.

주체성을 갖고 다양한 활동을 선택적으로 하면서 자신감을 높여온 대학생들은 회사생활에 대한 기대가 매우 크다. 하루 빨리 난이도

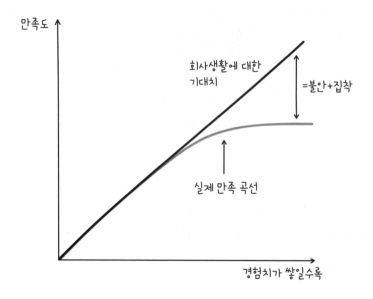

높은 업무를 부여받아 탁월하게 실력 발휘를 하고, 조직 내에서 인정받는 상상을 하지만 조직은 내 생각처럼 움직여주지 않는다. 하물며 원하는 대로 팀을 짜고, 1주일 만에 뚝딱 과제를 끝내고 성적을 받던 패턴에 익숙했던 초년생 입장에서는 모든 것들이 기대와 다르고, 당황스러울 수밖에 없다.

"대학생은 돈을 내고 원하는 수업을 듣지만 직장인은 돈을 받고 주문 받은 일을 한다"라는 말이 있다. 즉, 대학생은 서비스 이용자이고 직장인은 서비스 제공자라는 말이다. 대학생 시절은 마음껏 꿈꾸고 방황도 할 수 있는 인생의 황금기다. 학비만 제때 납부하고, 졸업 요건과 교내수칙만 잘 따른다면 청강을 하든, 출결을 망치고 쌍권총으로 성적표를 도배하든 누구도 간섭하지 않는다. 자유의지를 갖고 심술궂은 교수님을 피할 수 있고, 어렵기로 소문난 전공과목과 프리라이더가 가득한 팀플 위주의 수업도 피할 수 있다. 우리는 대학교에 수백만 원의 서비스 이용료를 지불한 고객이기 때문에 가능한 일이다. 유일하게 간섭하는 사람이 있다면 부모님뿐이다.

직장생활은 정반대다. 수많은 사회초년생들이 크게 당황하는 근본적인 이유다. 직장에서는 회사와의 계약에 의해 약속된 역할을 수행하고 월급을 받는 서비스 제공자로서 역할을 수행해야 한다. 급여는 회사가 내게 기대하는 업무수행능력에 대한 기본적 대가이며, 복지는 더 몰입도 있게 근무해주기를 바라는 목적으로 회사에서 부수적으로 제공하는 대가다. 모두 대가성이 분명한 혜택이다.

이런 관점에서 초년생들이 느끼는 회사의 의사결정에 대한 답답함을 새롭게 바라볼 필요가 있다. 초년생 대부분이 '나였다면 절대 저렇게 안 했다', '왜 저렇게 하는지 모르겠다'라는 답답함을 느껴본 경험이 있을 것이다. 그런데, 엄밀히 말해 회사는 주주들의 것이지 직원들의 것이 아니다. 이는 자본주의를 지탱하는 핵심적인 원리 중 하나다. CEO도 회사의 주인이 아니며 주주라는 상급자의 지시를 받으며 핵심성과지표KPI로 평가 받는 월급쟁이다. 주주들은 자신들의 최대이익을 대변할 수 있는 적임자를 CEO로 선발하고, 채용된 CEO는 월, 분기, 반기, 연도마다 사업목표와 실적, 현황을 주주들에게 수시로 보고한다. 항상 감시 받고 견제도 당한다. 그리고 CEO가 주주들의 기대에 부흥하지 못할 경우 주주들은 자비 없이 CEO를 교체한다. 계약에 따라 주어진 역할을 수행하고, 급여를 받는 것까지가 직장인의 소임이다.

대기업 총수라고 뜻대로 기업을 쥐락펴락 할 수 있는 건 아니다. 현대자동차그룹의 정의선 회장은 2018년 지배구조 개편 당시 엘리엇이라는 외국계 사모펀드의 공세를 이겨 내는데 많은 시간과 노력을 들여야 했다. 대기업 총수들조차 자기 뜻대로 기업을 경영하고 운영할 수 없고 대한민국 대기업 계열사 사장들도, C레벨 임원들도, 결국 먹이사슬처럼 얽히고설킨 관계에 구속된다. 회사의 경영목표 달성을 위해 끝없는 견제와 관리 속에서 주어진 업무를 수행하고 평가 받는다는 사실에는 변함이 없다.

레스토랑의 아르바이트생으로서 메뉴 가격과 매장의 청결도, 서비스를 타박할 수는 있으나, 결국 이는 사장님의 고민이고 그들의 사업권한에 속해 있다. 속이 터져라 사장님을 타박하고, 제 말을 들으라고 강요하는 것도 정도를 넘어서면 월권이고 오지랖이다. 대신 그들이 나의 의견에 적극적으로 귀 기울이고, 수용하려는 의지를 보이며 나의 적극적 행동과 성과를 칭찬하고, 그에 상응하는 적합한 보상과 기회를 주는 관리자라면 노력할 여지가 생길 수 있다. 주어진 상황과 대우에 맞게 행동의 강도를 높여가면 된다.

안타깝게도 회사생활에서 나는 더 이상 주인공이 아니다. 대신 나는 '내 삶'의 주인공이다. 내 삶의 일부이자 과정으로서 회사생활을 현명하게 바라보고, 사회생활을 대처해 나가는 것이 월급쟁이로서의 성공을 넘어 건강하고 풍요로운 내 삶의 행복을 추구할 수 있는 길이다.

회사생활은 MMORPG,
나는 Lv.1 신규유저다

회사생활은 가상이 아닌 현실에서 펼쳐지는 게임이다. 당신에게는 학부 전공, 주요 경험과 이력에 따라 부여받은 역할이 있고, 피라미드처럼 수많은 직장인들이 모인 회사라는 공간에서 레벨을 높이며 성장해 나가게 된다.

하지만 누구나 게임 내에 존재했다고 해서 단기간 내에 성장을 이루고, 뛰어난 실력을 뽐낼 수 있는 게 아니다. 모든 게임에는 공략법과 요령이 있듯이 게임의 특성을 파악하는 게 먼저다. 필자도 넘치는 의욕으로 8년째 LoL League of Legend이라는 게임을 플레이하고 있지만 여전히 5년째 골드를 벗어나지 못하고 있다. 전략적인 공략과 연습 없이는 결국 제자리걸음만 할 뿐이다. 회사생활이라는 게임이 갖는 기본적인 특성에 대한 이해가 중요한 이유다.

튜토리얼에서 날고 기었다 한들,
결국 Level 1부터 시작이다

★ ★ ★

"입사 3개월 차인데 아직도 자료 정리하고, PPT만 만들고 있습니다. 대학교 때부터 공모전 참여, 인턴 근무 등 많은 경험을 해서 뭘 해도 자신 있는데 답답하네요."

MMORPG에서 모든 유저들은 레벨1부터 시작이다. 다른 게임에서 이름 좀 날렸다고 한들 아무런 의미가 없다. 새로운 게임에서는 모두가 동등한 규칙과 체계 안에서 레벨1부터 시답잖은 몬스터들을 때려 잡고, NPC Non-player Character들이 던져주는 기본적인 퀘스트들을 수행하면서 성장해 나간다. 초반의 퀘스트들은 하나같이 지루하고 답답하기 짝이 없지만, 이런 과정이 있어야 게임을 지배하는 세계관, 스토리, 규칙, 체계 등을 이해하고, 단계적으로 난이도가 높은 과제들을 수행해 나갈 수 있다.

대학을 갓 졸업하고 사회생활을 시작하면 당연히 의욕이 넘친다. 수많은 공모전 참여와 인턴 경험과 자격증 취득으로 쌓은 실력으로 고난이도의 업무를 해낼 준비가 되어 있다고 생각할 수도 있다. 하지만 이미 짧게는 수년에서 길게는 십 수 년 이상 먼저 회사에 들어와서 매일 8시간씩, 주 5일, 52주 동안 경험치를 쌓아온 선배들 입장에서는 이제 갓 게임에 입장한 레벨1의 갓난아이로 보일 뿐이다. 줄곧 내가 주인공이었던 대학시절과는 달리 직장생활에서 난 더 이상 주인공이 아니다.

특히, 레벨 10, 20, 30의 하이레벨 상급자들은 수없이 많은 전투와 전쟁을 거쳐 경험과 노하우를 쌓은 이들이다. 기지만으로는 따라잡을 수 없는 필연적인 격차가 존재한다. 내가 그들과 경쟁하고 싶다면 파일 정리, 보고서 작성, 보고, 결재 등 단순 반복적이고, 하찮아 보이지만 반드시 거쳐야 되는 기본적인 업무부터 익히는 게 먼저다. 물론, 과도한 잡일과 업무 쏠림의 문제에는 대응이 필요하지만 상급자들 모두 동일한 과정을 거치며 체계와 규칙을 익히고, 평판을 쌓으며 그 위치까지 간 것임을 인정하고 존중할 줄도 알아야 된다.

선배 과장, 대리가 탁월하게 일을 잘한다고 해서 주눅들 필요도 없다. 나보다 앞서 게임에 참여해 시간을 보낸 만큼 능수능란하게 일 처리를 해내는 것은 당연한 일이다. 오히려, 그런 이들이 선배로 있다면 일거수일투족을 관찰하면서 좋은 스킬과 노하우들을 흡수해 빠른 레벨 업에 활용하면 된다. 잡일만 시킨다고 토라질 필요도 없다. 단순 반복적인 업무도 손에 익기 시작하면서 속도가 붙고, 차츰 역할이 확대되고, 업무범위도 자연스럽게 넓어지게 된다.

의욕만 앞서 서둘러 전장에 입장하기보다는 주어진 기본 미션들을 착실하게 수행하면서 전체 게임의 판을 읽어 보는 게 어떨까? 여러 가지 공략집들을 살펴보면서 여유롭게 앞으로의 방향성을 명확하게 세우는 게 현명한 레벨1 유저다.

나는 절을 찾아온 중이다.
규칙과 룰 안에서 경쟁하는 게 실력

★ ★ ★

"주변 친구들의 얘기를 들어보면 이미 자율출퇴근도 하고, 스마트 좌석제도 운영하던데 왜 저희 회사는 아직도 도입을 안 하는지 모르겠네요. 계약연봉도 경쟁사보다 낮고. 계속 다녀야 되나, S경쟁사로 넘어가야 되나 싶습니다."

-S전자 초년생

게임마다 각기 다른 규칙과 퀘스트, 플레이 방법들이 있다. 몬스터를 잡아 레벨업을 하고, 무기를 강화해 더욱 강해질 수 있다는 공통점이 있지만 각 게임마다 정해진 형식과 방식을 벗어나 플레이를 한다면 빠른 성장은 무의미하다.

게임의 플레이스타일, 육성시스템과 아이템 체계가 마음에 들지 않는다고 투정부리는 건 생떼 피우는 어린아이의 모습과 크게 다르지 않다. 이미 수많은 유저들이 주어진 방식을 따라 레벨 업을 하고, 하루하루 게임을 즐기고 있다. 뒤늦게 들어와 이것저것 마음에 들지 않는다고 타박하는 건 나를 제외한 유저의 시간과 노력을 부정하는 꼴이나 마찬가지다.

꼰대라서 하는 얘기가 아니다. 필자도 첫 회사의 신입사원 시절 연봉부터 조직문화, 의사결정 방식까지 마음에 드는 것 하나가 없었고, 쉼 없이 불평불만을 늘어놓기 바빴다. 결국 수십 년간 수천, 수만 직원들이 따르고 합의해 온 체계란 쉽게 변하지 않다는 사실을 너무 늦게 깨달았다.

항상 회사는 나 같은 인재를 홀대한다고 생각했지만 이는 과도한 자의식이 만들어낸 착각에 불과했다. 게임도, 조직도, 그리고 사회는 한 사람의 예외보다 모두가 따를 수 있는 시스템과 규칙이 더욱 중요하다. 조직 입장에서 볼 때 과도한 투정과 불평불만을 내뱉는 나는 질서를 무너뜨리려는 구성원으로 인식될 수도 있다. 회사의 실적악화로 수많은 동료직원들이 떠났던 나의 첫 회사도 여전히 잘 운영되고 있으며 고 스티브 잡스가 세상을 떠난 뒤에도 애플은 사상 최대 실적을 내고 있다.

내가 선택한 첫 회사가 내 생각과 다르다는 이유로 불평을 늘어놓는 모습이 기존 구성원들에게 어떻게 비춰질지 객관적으로 돌아볼 필요가 있다. 구글의 자율성 높은 기업문화와 삼성전자의 실력 중심 인재 발탁, SK그룹의 자유로운 문화와 복지가 부럽다면 내가 원하는 연봉, 조직문화, 시스템을 충족시켜 줄 수 있는 곳에 가서 내 꿈을 펼치는 게 맞다.

회사는 우리에게 주어진 조건이다. 진정한 프로 직장인은 전장을 탓하지 않는다. 노력할 수 있는 만큼 노력해 보고, 누릴 수 있는 만큼 누린 뒤 회사가 변하지 않는다면 미련 없이 더 좋은 환경과 대우를 제공하는 다른 회사로 떠나면 그만이다. 바꿀 수 있는 것과 바꿀 수 없는 것을 구분할 수 있는 혜안이 필수적이고, 주어진 규칙 내에서 적응하고, 실력을 발휘할 수 있는 방법을 찾는 이들이 프로직장인이다.

규칙은 쉽게 변하지 않는다

★ ★ ★

오랜 시간에 걸쳐 제작되고, 운영되어 온 게임의 세계관과 규칙은 쉽사리 바뀌지 않는다. 회사도 그렇다. 직원 한명 한명이 아무리 많은 불만을 갖고 있다고 한들 대규모 퇴사나 이탈 등의 문제가 생기지 않는 이상 회사는 큰 위기감을 느끼지 못한다. 게임회사도 유저 접속률과 수익이 급감하는 시점이 되어서야 귓등으로도 듣지 않던 유저들의 불만을 부랴부랴 듣고, 대규모 업데이트와 파격적인 이벤트를 준비하기 시작한다. 회사도 마찬가지다. MZ세대의 대규모 퇴사 행렬이 이어지고 나서야 이탈을 막기 위해 뒤늦게 연봉을 끌어올리고, 수직적 회사 구조를 버리고 수평적인 조직문화를 만들겠다고 나서기 시작한다.

기성세대의 반대도 문제다. 소위 말하는 꼰대문화가 팽배한 회사는 쉽사리 변화하지 못한다. '우리가 지금의 회사를 만들었다'는 기성세대의 자부심은 '우리의 방식이 반드시 맞다', '우리는 과거에 일군 결실에 대한 보상을 누릴 자격이 있다'라는 잘못된 사고방식으로 이어진다. 신세대에게 기회를 주고, 그들의 생각을 귀담아 듣기보다는 구시대의 성공 공식과 의사결정방식을 일방적으로 주입하려고만 한다. 결국 회사가 바뀌기 위해서는 회장, 사장, CEO의 의사결정이 핵심이지만 말단 사원부터 과장, 부장, 이사, 상무, 부사장까지 수많은 꼰대들을 거치는 과정에서 새로운 세대의 의견은 말끔하게 필터링 될 수밖에 없다.

	변화 가능성	변화의 속도
기업 규모가 클수록		
사업안정성 높을수록		
직원 평균연령 높을수록		
직급체계 복잡할수록	낮음	느림
인사적체가 심할수록		
노조의 존재감이 강할수록		
회식 빈도 높을수록		
젊은 세대 발언권 없을수록		

위의 표를 기준으로 우리 회사의 변화 가능성과 속도를 판단해볼 수 있다. 회사 구성원의 평균연령이 40~50대 이상으로 매우 높고, 인사 적체가 심하며 대리 이하 직급의 직원들이 미팅이나 평소에 발언할 수 있는 기회가 거의 없는 회사라면 변화의 가능성은 극히 낮다.

지원자들이 잘 모르는 사실 중의 하나는 회사의 전통이 오래되고, 뚜렷한 성장은 없이 꾸준하게 안정적으로 운영되는 기업들의 경우 오히려 군대식 문화를 갖고 있는 기업들이 많다는 것이다. 흔들리지 않는 편안함을 누려온 기업일수록, 변화의 필요성을 전혀 인지하지 못하고, 기존의 시스템과 체계를 고스란히 유지하고자 하는 강한 관성을 갖고 있는 경우가 많다. 대표적인 곳들이 공기업, 공공기관이라고 볼 수 있다.

자신의 회사가 변화의 가능성과 속도 모든 면에서 낮은 점수를 받을 가능성이 높다고 판단된다면 내가 늘어놓는 온갖 불평불만은 계란으로 바위를 내려치는 정도의 타격감밖에 안 된다고 생각해도 좋다. 회사의 상태에 맞춰 쓸데없는 감정과 에너지 소비를 최소화하는 게 정신건강에 좋다.

MMORPG는 철저한 팀 게임이다

★ ★ ★

"저는 나름대로 혼자 최대한 고민해서 잘 해보려고 하는데 옆의 동기는 선배들이 발 벗고 나서서 도와주는 모습 보면 괜히 얄밉기도 하고, 억울한 마음도 드네요. 불공평한 거 아닌가요?"

회사생활은 혼자 즐기는 삼국지 게임이 아니다. 탱커, 힐러, 법사, 딜러, 각각의 주 포지션과 역할이 있고, 하나의 완벽한 파티를 이뤄야 강력한 보스를 물리칠 수 있다. 탱커는 맞아주고, 힐러는 치유하고, 딜러는 근접 공격, 법사는 광역 공격으로 무리 지어 덤벼드는 적들을 저지한다. 대학생 때 팀플이 있는 수업은 의도적으로 피해 다니며 높은 시험 성적과 1인 리포트로 좋은 성적을 거둔 이들 중 대부분이 회사 생활에 쉽사리 적응하지 못하는 이유이다. 우수한 성적을 거뒀으나 팀 활동 경험이 없는 졸업생들을 회사에서 환영하지 않는 이유도 여기에 있다.

직장생활에서 마주하는 수많은 문제들 중 혼자서 풀어낼 수 있는 문제는 단연코 없다. 상품 기획과 영업의 콜라보가 있어야 고객들이 원하는 제품의 구매부터 판매까지 유기적으로 연결되고, 생산과 영업의 콜라보가 있어야 시장상황에 맞는 유기적인 생산계획 조절과 고객 납기를 제때 충족시킬 수 있다. 어떻게 각자의 포지션에 맞게 다른 조직원들과 유기적으로 협업할 수 있느냐가 RPG게임에서는 핵심이다.

그래서 1인 플레이에 익숙하고, 타인의 실력을 쉽게 인정하지 않는 사람일수록 회사생활은 어려울 수밖에 없다. 더욱 안타까운 사실은 자기애와 자신감이 충만할수록 직장 동료들 또한 그런 이들을 경계하고 멀리한다는 사실이다. 실력이 있는데 왜 나를 외면하냐고?

내가 아무리 뛰어난 개그감을 가졌다 해도 상대방이 나의 개그에 반응하지 않으면 편집되고, PD가 날 기용하지 않으면 개그를 펼칠 기회조차도 없다. 다른 출연자들이 좋아하지 않는데 굳이 실력이 뛰어나다는 이유 하나만으로 섭외를 강행해서 전체 판을 망가뜨릴 프로

듀서는 없다.

배우 황정민은 2005년 청룡영화제에서 〈너는 내 운명〉으로 남우주연상을 수상했는데 당시 수상소감이 화제였다. "솔직히 저는 사람들한테 그래요. 일개 배우 나부랭이라고. 왜냐하면 60여 명 정도 되는 스태프들과 배우들이 이렇게 멋진 밥상을 차려놓아요. 그러면 저는 그냥 맛있게 먹기만 하면 되는 거거든요." 소름 돋는 연기력으로 국민배우라는 칭호를 얻고, 수상의 영예를 안은 그였지만 수상소감에서 그는 그 공로를 60명의 감독 및 제작진에게 돌렸다. 어떤 감독, 제작진이 그를 좋아하지 않을 수 있을까. 좋은 각본, 좋은 연출, 좋은 제작진, 좋은 상대역이 있었기 때문에 황정민의 연기도 빛날 수 있었던 것이고, 황정민 배우는 이 점을 가슴에 새기면서 동료들을 존중했다.

십 년 동안 SKT의 상징이자 세계 최고의 프로게이머 자리를 지키는 페이커 옆에는 동료들이, 뒤에는 감독이 있고, BTS, 뉴 진스 뒤에는 뛰어난 기획자와 트레이너, 직원들이 있다. RPG, 회사생활은 하나의 팀을 이루는 게 실력이고, 파티의 일원이 되지 못하면 내 능력도 소용없다는 점을 명심해야 된다. 업무실력만 키운다고 될 게 아니라 관계 관리를 통해 사람들의 마음을 얻는 게 실력이 될 수 있는 이유다. 좋은 인성을 가진 이들은 실력이 부족하고 서툴러도 주변에서 발 벗고 나서 이들을 기꺼이 도와준다. 자신들이 갖고 있는 노하우를 열심히 공유하고 속도가 느리면 부축을 해서라도 끌고 가고자 노력한다. 함께 가고 싶은 사람이기 때문이다. 직장생활은 철저한 팀 게임이다.

"혼자 하면 빨리 갈 수 있지만 함께 하면 멀리 갈 수 있다"라는 유명한 말이 있다. 경력이 쌓이고 점점 더 중요한 역할을 맡고 큰일을 주도하고 싶다면 사람의 마음을 얻고 팀 게임을 주도하는 법을 배워야 된다.

한국식 게임 vs. 외국식 게임의 차이

★ ★ ★

"옴스님, 저는 한국의 기업문화랑 잘 맞지 않는 것 같아서 외국계 기업 취업을 생각해보려고 합니다. 어떻게 생각하시나요?"

전통적인 한국기업들이 갖는 구조적인 비효율성 때문에 외국계 취업을 고민하는 구직자들도 많다. 하지만 모든 일에는 일장일단이 있는 것이 바로 세상의 이치다. 외국계 기업이 개인에게 주는 자율성이라는 측면은 장점이 될 수도 있지만 독이 될 수도 있다.

전통적인 한국기업과 외국계 기업들의 고용 방식의 차이를 이해하는 것이 먼저다. 한국기업들은 생산직 중심으로 급성장한 배경 때문에 호봉제에 기반한 정규직 채용을 기본으로 하고, 외국계 기업들은 능력과 성과 중심의 계약직 형태로 인력을 채용하여 운용하게 된다.

호봉제에 따르면 입사와 함께 직급별, 연차별로 정해져 있는 급여 테이블에 있는 금액대로 월급을 받게 된다. 동일 연차 직원들 간의 연봉은 동일하고, 연차별로 기대연봉도 대동소이하다. 성과급에서 일부 차이가 생기는데 보통 S, A급의 차등 성과는 상위 1%, 10% 이내의 성과를 낸 사람에게 적용되며 나머지 대부분의 직원들은 B급의 평균성과를 적용 받아 유사한 수준의 연봉을 받게 된다.

전통적으로 제조업 기반으로 성장한 우리나라 대표기업들은 이와 같은 호봉제 구조를 갖고 있다. 본래 숙련도가 중요한 생산·기술직의 특성을 고려해 생산·기술직 근로자들의 고용안정성을 높임과 동시에 연륜 있는 숙련공들의 이탈을 막기 위한 목적이 컸다. 하지만 호봉제는 필연적으로 조직원들의 생산성 저하를 야기했다. 실력과 성과에 관계없이 호봉이 상승하고, 뚜렷한 사유 없이는 직원을 해고할 수도 없었기 때문에 채용하는 순간 사실상 정년까지 고용이 보장된다.

외국계 기업들은 철저하게 능력과 성과 위주로 사람을 채용하고, 평가하고, 보상하고, 운용한다. 실력이 뛰어난 인재라면 수억 원의 연봉을 주고서라도 데려오고, 경영실적이나 성과가 제대로 나오지 못한다면 그에 대한 책임을 사임과 해고로 대신한다. 미국에 있는 실리콘밸리의 CEO들이 스톡옵션과 연봉으로 수백, 수천억 원을 받아가는 이유이고, 지금과 같은 불황의 시기에 테슬라, 메타, 구글, 심지어 유럽의 폭스바겐, BMW와 같은 국제적 기업들이 20%, 30%씩 대규모 해고를 발표할 수 있는 이유이기도 하다.

그렇기 때문에 외국계 기업은 개인의 업무 범위와 역할을 부여함에 있어 관대하다. 그만한 권한을 부여하되 초과 성과를 달성하면 그에 상응하는 보상을 지급하고, 그렇지 못하면 바로 계약만료를 통보한다. 낮은 연차라고 하여 책임이 결코 작지 않다. 직원들 서로 간에는 최소한의 직무 훈련on the job training, OJT이나 업무적 소통을 제외하면 관계의 긴밀성도 떨어진다. 각자가 경쟁자인 만큼 종일 붙어서 교육하고 가르쳐주는 직무훈련 자체를 기대하기 어렵다. 또한 지원자들의 일반적인 생각과 달리 구글과 같은 국제적인 대기업을 제외하면 연봉도 박봉인 경우가 생각보다 많다.

실제로 W사에서 IT업무를 수행하다 구글로 이직을 한 강태준 씨의 경우 처음 이직을 했을 당시 아무도 본인에게 업무를 알려주는 이들이 없어 스스로 회사의 시스템을 파악하고, 업무적 방향성을 설정하는데 크게 애를 먹었다고 한다. 국제적으로 규모가 큰 화장품 회사 L사에 다니는 초년생의 경우 업무량은 과도한데 비해 급여는 4천만 원도 채 되지 않아 이직에 대해 심각하게 고려하고 있다는 얘기를 전하기도 했다. 실제 L사의 경우 우수한 마케팅 인재들만 간다고 정평이 나있다. 하지만 한국인 직원들이 많아져 한국식 분위기는 따르되 급여는 짜고, 업무는 과도해져 중고신입으로의 취업을 고민하고 있는 사례도 있다.

전통적 한국식 호봉제 중심의 기업문화에 대한 이야기로 돌아오면 장점이 명확하다. 호봉제는 집단 중심 체제를 전제로 따르기 때문에 신입에게 따르는 책임이 크지 않고, 장기 근무와 성장을 전제로 신입사원들에게 다양한 교육과 직무 훈련을 제공하면서 업무수행역량을 높이는데 많은 지원을 아끼지 않는다. 개인화된 문화가 아닌 팀 단위 조직 문화를 기반으로, 동기 또는 구성원들과 끈끈한 유대를 기반으로 서로 도움을 주고받으면서 함께 성장해 나갈 수 있다는 점 등이 또 다른 장점이다. 이외에도 낮은 연차일수록 성과에 대한 압박보다는 업무 적응과 스킬 향상에 초점을 맞춰 조직생활을 할 수 있다는 장점도 있다.

한국의 기업문화가 우수하고, 외국계 기업은 좋지 않다는 것을 강조하는 것은 아니다. 구글로 이직에 성공한 태준 씨는 현재 최고의 직무만족도를 자랑하고 있으며, 반대급부로 끝없이 잠재력을 끌어올리고, 동료들의 평균적 성과를 뛰어넘을 수 있는 방법을 하루도 빠짐없이 치열하게 고민하고 있다고 한다. 서로의 차이점을 모르는 상태에서 일부 요소만을 놓고, 좋다, 나쁘다는 것을 논하는 것은 의미가 없으며 이런 차이점을 이해한 상태에서 자신이 어디에서 커리어를 시작하는 게 좋을 것인지를 이성적으로 판단할 수 있는 게 중요하다.

한번 정한 게임을 계속할 필요는 없다

★ ★ ★

"반도체도 좋고, 배터리도 좋고, 아니면 B2C도 해보고 싶은 생각

이 있는데요. 혹시나 제가 취업한 첫 회사가 저와 잘 안 맞거나 만족스럽지 않으면 어떡하나 걱정이 많습니다."

누구에게나 첫 경험은 매우 중요하다. 더군다나 성인이 될수록 결정에 대한 무게감은 더욱 크다. 하루빨리 원하는 회사에 자리를 잡고, 경력을 쌓아 성장하고 싶다는 생각이 앞서는 초년생들에게 그 부담은 더욱 클 수밖에 없다. 그렇지만 안타깝게도 내게 맞는 회사, 직무가 무엇인지 속 시원하게 답을 내려줄 수 있는 사람은 그 누구도 없고, 이리저리 수많은 회사와 직무를 재고 따져도 직접 경험하지 않고는 무엇이 답인지 절대 알 수 없다는 것만큼 완벽한 답은 없다.

연애로 치자면 누가 본인에게 맞는지 재기만 하면서 한없이 많은 인연을 떠나보내는 것보다 누구든 한번 만나보고 가치관과 성향, 스타일을 맞춰보는 과정에서 차츰 건강한 관계로 발전시켜 나가는 것이 더 나은 방법일 것이다. 실제로, 많은 연애경험을 갖고 있는 사람일수록 자신에게 맞는 상대방을 더 잘 찾고, 건강한 연애 관계를 이어 나가는 법에 대해서 잘 알고 있는 이들이 많다.

S식품 회사에 영업직으로 입사했던 박지윤 씨는 입사 과정에서 감사팀으로 업무가 변경되었고, 생각보다 업무가 잘 맞았던 그는 3년 만에 대리로 승진한 뒤 폭넓은 커리어를 만들고자 S전자 현지채용에 지원해서 이직을 했다. H카드 영업 관리 부문에 입사해 2년을 근무했

던 김상희 씨는 좋은 기회로 본사 마케팅팀에 근무할 수 있는 기회를 얻었고, 현장에서 느끼지 못한 다이내믹함과 즐거움을 누리면서 온라인 마케팅팀에서 탁월한 실력을 인정받고 성장하고 있다. K사 스탭부서에서 근무했던 장영호 씨는 5년 가까이 회사생활을 버텨냈으나 경쟁적인 분위기가 맞지 않는다고 판단해 교직원으로 방향을 전환해 만족도 높게 근무를 수행해 나가고 있다.

우리는 수없이 닥쳐오는 상황들을 마주하고, 극복하는 과정에서 내게 맞는 것과 안 맞는 것, 잘하는 것이 무엇인지 판단할 수 있게 된다. 수많은 선택을 하고, 결과를 받아들이는 과정에서 내 판단력은 좋아진다. 때로는 꽝을 뽑을 수도 있으나 그럴 때는 다음번 선택을 신중하게 하면 되고, 오히려 꽝인 줄 알았으나 그 선택이 생각지 못했던 최고의 선택일 수도 있다. 필자에게는 첫 번째 회사가 전자에 가까웠으며 두 번째 회사는 생각지 못했을 정도로 감사하고, 고마웠던 회사였다.

한번 시작된 게임을 끝까지 해야 될 이유는 없다. 스토리도, 성장 시스템도 엉망이고, 업데이트도 제때 되지 않는 게임을 만났다면 즐길 수 있는 만큼 즐기고, 아쉬움 없이 계정을 삭제하고 다른 게임으로 넘어가면 된다. '배운 게 도둑질'이라는 말도 있다. 중고 신입으로든 경력 이직으로든 다른 회사로 이동해 사회생활을 시작하더라도 기존에 배웠던 것들이 빠른 적응에 도움을 줄 것이다. 고통스럽다고만 생각했던 첫 회사생활은 내게 업무노하우, 관계, 의사결정, 의전 등 많은 것을 남겼고, 이직 후 적응에 좋은 밑거름이 됐다.

쏟아 부은 시간과 노력에 비례해 게임을 그만두기 쉽지 않은 건 인지상정이다. 하지만, 멀리보면 한 게임에 목숨 걸고 달려들수록 도태될 가능성은 높아진다. 필자가 중학교 때부터 즐겼던 스타크래프트라는 고전 게임을 보면 20대 후반, 30대 이상의 고인물 게이머들이 많다. 하지만 시대를 거듭하면서 이 게임 못지 않게 신나고 재밌는 게임들이 잔뜩 쏟아져 나왔고, 필자도 30대 초반 LoL league of legend이라는 게임을 접한 뒤 5년 넘게 플레이를 하기도 했다. 익숙한 고전게임에 심취해 평생을 플레이할 수도 있겠지만 시간이 갈수록 최신 유행에서 뒤쳐지고, 주류에서 멀어지게 된다. 내가 전통 테트리스와 같은 고전 게임의 전설이 되는 게 목표가 아니라면 변화하는 시대 흐름에 맞게 전장을 바꾸면서 새로운 플레이 스타일을 익히는 게 몸값과 생존력 둘 다 높일 수 있는 방법이다.

D물류 회사에서 관리직을 맡았던 김도윤 씨는 게임회사의 IR·투자 팀으로 자리를 옮겨 커리어의 색깔을 완전하게 탈바꿈했다. Y제약사의 MR(영업)을 맡았던 이서윤 씨는 IT 회사 B2B영업으로 자리를 옮겨 자칫 현장업무에 한정될 뻔했던 직무 범위를 확실하게 확장해 새로운 커리어를 이어가고 있다. 내 커리어와 몸값을 책임져줄 회사라는 것은 존재하지 않는다. 나 스스로 다양한 회사와 직무를 탐색하고, 실력을 쌓으면서 더 높은 가치를 만들 수 있는 곳을 찾고, 몸값

을 높여가는 과정이 있을 뿐이다.

　직장생활은 적게 잡아도 30년 이상을 해야 되는 게임이다. '이 회사, 이 직무가 끝이면 어떻게 하지?'라는 막연한 불안감 대신 하루라도 빨리 어떤 게임이든 설치하고, 플레이해보는 게 더 나은 미래가 무엇인지 판단할 수 있는 선구안을 키울 수 있는 방법이다.

회사생활은 로또가 아닌
포인트 쌓기다

한 달 내내 하루 12시간을 꼬박 투자해 회사 업무에 기여한 뒤 슬럼 프에 빠져 헤어 나오지 못하는 동안에도 수많은 직장인들은 묵묵하게 규칙적으로 자신들의 플레이를 이어 나간다. 한 번 뛰어난 연기를 선보인 뒤 끝없는 슬럼프에 빠져 헤어 나오지 못하는 주연보다 주목 받지 못해도 꾸준하게 주어진 역할을 굴곡 없이 수행해내는 조연의 역할이 더욱 빛나는 법이다. 1~2년이 아닌 20~30년을 플레이해야 되는 직장생활에서 기복이 심한 한두 명의 천재에게 회사의 명운을 맡길 사람은 어느 곳에도 존재하지 않는다.

A   한 번의 과제에서 200점을 달성하고, 이후에는 계속 90점을 하는 사람.

VS

B   꾸준하게 110점을 계속해서 해내는 사람

A와 B의 십 년간의 업무성과를 비교해봤을 때 어떤 직장인을 더 신뢰할 수 있을까? 이는 비단 회사만의 생각이 아닐 것이다. 팀원을 바라보는 팀장, 옆의 동료를 바라보는 팀원들도 똑같은 관점으로 사람을 평가하고, 함께 믿고 협업할 수 있는 사람인지 아닌지를 가르게 된다. 실력은 좋지만 기복이 심하고, 생각만큼 인정받지 못하면 슬럼프에 빠지는 직장인과 꾸준하게 주어진 역할을 수행해내는 사람 중 전자를 선택할 직장인은 없을 것이라고 확신한다. 뛰어난 인재가 된다는 것은 한 번의 베팅으로 잭팟을 터뜨릴 수 있는 도박꾼이 아니라 매번 확실한 확률로 평균을 상회하는 승률을 꾸준하게 보여줄 수 있는 사람이 되는 것이다.

A   호황기에 인기 제품군을 맡아 150%의 예상실적을 그대로 달성한 사람.

VS

B   어려운 사업부를 맡아 -30%의 예상손실을 -10%로 방어해낸 사람

필자는 금융사 영업직으로 이직해서 퇴사하기 전까지 실적은 매년 우상향 곡선을 그렸다. 조직분위기와 업무에도 빠르게 적응해 이직 1~2년차 만에 상급자의 업무수행 범위까지 아우르며 탁월함을 인정받기도 했다. 하지만 매년 말 연봉 협상 시점에는 원하는 만큼 연봉 인상이 이뤄지지 않음에 불만을 품고는 했다. 그 와중에 코로나19가 닥쳤고, 대면 영업이 중단되면서, 기존보다 업무량은 줄고 수동적인 형태의 영업이 이뤄졌다. 그럼에도 코로나19로 인한 확장재정 기조로 증시와 채권시장은 때 아닌 호황을 이루고, 우리 팀은 또 한 번 최대 실적을 달성했다. 회사의 실적이 내 노력으로 인한 게 아닐 수 있음을 처음으로 깨닫게 된 계기였다. 이후 금융시장의 거품이 꺼지는 과정에서 회사의 실적은 하향곡선을 그리기 시작했다. 목표 미달은 확실해 보였고, 그럴수록 끝까지 최선을 다하는 직원들의 노력이 눈에 띄었다.

후한 자기평가 때문에 높은 평가와 보수를 요구했던 필자의 모습은 묵묵하게 자리를 지켰던 직원들과 극명하게 대비됐다. 그 과정에서 지금껏 진실되게 쌓아온 평판과 노력마저 의미가 퇴색됐고, 상사, 동료들로부터는 신뢰를 잃게 되었다.

물론 내가 맡은 업무에서 열과 성을 다했고, 좋은 성과가 나왔다면 그에 합당한 평가와 보상을 요구하는 것은 정당하다. 하지만 결국 그 요구가 과도했다거나, 반복적이며 궂은일은 맡지 않고 주목 받을 수 있는 일에만 치우쳐 있는 사람이라면, 결국 조직에서 도태될 수밖에 없을 것이다.

1~2년이 아닌 20~30년을 플레이해야 되는 직장생활이라는 게임, 한두 명의 천재가 아니라 수천, 수만 명의 조직원들이 각자의 자리에서 주어진 역할을 다함으로써 움직이는 회사의 특성을 생각해보면 일관성과 꾸준함이 얼마나 중요한지는 쉽게 이해할 수 있다.

회사생활은
멋진 인생을 위한 튜토리얼이다

필자는 20대 중후반의 나이가 되도록 열 평도 되지 않는 시유지에서 부모님, 형을 포함해 네 가족이 함께 살았다. 그래서였는지 어릴 적부터 성공에 대한 집착이 강했다. 대학시절을 보내면서도 회사의 중역, CEO로 성장해 부와 명예 모두 얻겠다는 꿈을 키워왔다. 나 같은 '흙수저'에게는 회사생활에서 탁월한 능력을 인정받아 성공가도를 달리는 것이 유일한 성공의 길이라고 생각했던 것 같다. 십 년 사회생활을 통틀어 가장 어리석은 생각이었다고 확신한다.

사회생활에서 멋지게 날개를 펼칠 날을 꿈꾸던 대학시절까지는 내 삶의 중심이 나였지만 주 5일, 하루 열 시간 이상을 회사에서 보내게 되면서 온 신경이 회사에 쏠리기 시작했다. 나보다 좋은 부서에 배

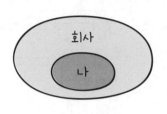
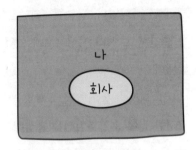

치 받은 동기를 보면서 시샘을 느끼고, 뒤처지는 것은 아닌가라는 불안감에 휩싸였다. 상사의 업무지시 하나도 놓치지 않기 위해 안간힘을 쓰고, 작은 실수 하나에도 부족한 자신을 꾸짖으며 미움 받고 싶지 않아 싫은 소리 한마디도 못하다 보니 온갖 관계의 상처를 혼자 떠안았다.

그렇게 '이 절망적인 회사가 내 마지막 게임'이라는 생각에서 벗어나지 못하고 있는 사이 주변 또래들 중 일부는 과감하게 자신의 삶을 개척해 나가고 있었다.

2020년 출간과 함께 전국적인 인기를 끌며 베스트셀러에 올랐던 《달러구트 꿈 백화점》을 출간한 신예 이미예 작가는 삼성전자 엔지니어 출신이다. 그녀는 연봉 7~8천만 원이 넘는 국내 최고의 대기업에 다니면서도 대학원에 진학하고 세무사 시험을 준비했다. 자신이 너무도 하고 싶었던 글을 쓰기 위해서였다고 한다. 처음부터 정식 출간을 했던 건 아니었다. 텀블벅이라는 크라우드 펀딩 서비스를 이용해 책을 출간했고, 여러 시행착오가 있었지만 자신이 원하던 꿈을 크게 이뤄냈다.

첫 회사의 동기였던 홍재호 씨는 요양사업에 뛰어들어 3년 넘게 고생한 끝에 손익분기점을 달성해 안정적으로 사업을 꾸려가고 있고, 학교 동기였던 양서준 씨는 대기업의 안정성과 높은 연봉을 포기하고, 기숙학원을 창업했다. 코로나19를 정면으로 마주했고 위기를 겪기도 했지만 오히려 위기 이후 더욱 단단해졌다. 아무리 일해도 나의 월급과 연봉은 정해져 있지만 그들의 사업소득은 그들이 노력한 만큼 점점 커져갔다. 반드시 일을 해야 얻을 수 있는 근로소득과는 달리 피땀 흘려 만든 시스템은 일을 하지 않아도 돈이 벌리는 사업소득이 되었다.

H자동차에 취업해 평범하게 가정을 꾸리고, 직장생활을 이어간 또래 지인은 주말 동안 열심히 부동산 임장을 다니며 공부해 2채가 넘는 부동산을 소유하고 있다. 20억이 넘는 자산 가치를 일찍이 달성한 것이다. 그는 친구들 중에서 업무에 대한 욕심은 가장 적었지만 지금은 직장 내에서 실력도 꾸준하게 인정받으며 해외지사 주재원으로 회사를 다니고 있다. 우리의 꿈이 무일푼의 명예가 아니기에 평생 월급만 모아서는 이룰 수 없는 자산을 일찍이 성공적인 투자로 달성했다는 것 자체도 칭찬 받아 마땅하다.

생각과 다르게 전개되는 회사생활에 복수심과 앙심을 품느라 더 먼 미래와 인생의 목표를 보지 못했던 나와는 달리 회사생활을 인생의 과정이자 수단으로 인식했던 이들에게 회사생활은 안정적으로 종잣돈을 모으면서 자신의 미래를 탐색하고, 가능성을 타진해볼 수 있는 절호의 기회였다.

회사에 인생을 걸었던 어리숙한 나에게 남은 것은 회사에 대한 불만과 선배들과의 반목이었다. 하지만 부지런히 자신의 미래를 탐색하고 준비했던 이들은 준비가 끝나자 한줌의 미련도 없이 회사를 떠났다.

필자는 회사생활이 나의 종착지라는 잘못된 전제조건과 목표설정으로 인해 내 인생에 큰 기회이자 과정일 수 있는 회사생활을 제대로 즐기지 못했다. 회사생활을 인생이라는 평생게임을 플레이하는데 필요한 실력을 키우고, 경험을 쌓을 수 있는 값진 기회라고 생각한다면 회사가, 상사가 조금은 다르게 보일 수도 있을 것이다.

대부분 삶의 목표는 더 나은 삶이다. 회사생활은 그 과정일 뿐이며 하나의 선택지에 불과하다. 그런데 회사생활이 내 인정욕구를 채우고, 성장할 수 있는 단 하나의 경로라고 생각하는 순간부터 회사생활은 과정이 아닌 인생의 목적이 되어 버린다.

회사생활은 내가 선택할 수 있는 여러 인생의 길 중 '하나'일 뿐이고, 여기서 인정받고, 성공하지 못했다고 해서 결코 실패한 삶은 아니다. 다만, 그럼에도 회사생활은 내 인생의 큰 과정 중 일부이기에 이 시간을 어떻게 보내느냐에 따라 이후의 내 삶의 질이 달라질 수 있다는 것에는 이견이 없다.

생각대로 굴러가지 않는 회사와 상사의 의사결정에 답답함을 느낄 수도 있겠지만 지금의 회사생활과 업무가 미래의 나를 위한 튜토리얼이라고 생각해보면 어떨까.

LEVEL UP!

회사에서 쌓은 유·무형자산은
유통기한이 없다

회사생활은 사회생활로 연결되는 통로 중 하나이자 일부다. 중고등학교 과정은 대학과정에 선행하고, 대학과정은 조직생활에 선행하듯 회사생활을 통해 쌓은 경험과 지식은 우리가 평생을 살아가는데 필요한 덕목과 소양을 키우는데 직접적인 영향을 준다.

　　대기업 무역상사 재무팀에서 3년을 근무하고, 기숙학원 사업을 시작한 양서준 씨도 장래에 자신이 직접 무역사업을 창업하기 위한 목적으로 상사업종을 선택했지만 의도치 않게 국내 비즈니스로 방향을 선회하게 되었다. 그럼에도 그가 근무기간 동안 배운 조직의 체계, 일하는 방식, 거래처 상대법, 엑셀 활용 능력 등은 조직운영 및 관리에 많은 도움이 되었다. 특히 성격은 다혈질이었지만 탁월한 업무수

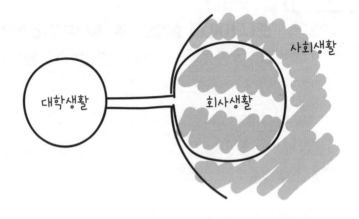

행능력을 보였던 상무를 보면서 조직 장악력, 이슈 캐치 능력, 문제해결능력, 구체적인 업무 지시법 등 본인이 인상 깊었던 부분들을 선택적으로 수용한 게 창업에 많은 도움이 되었다고 한다.

회사생활을 통해 우리가 얻을 수 있는 것은 크게 유형 자산과 무형 자산 두 가지로 나뉜다. 돈과 경력은 유형 자산이다. 무형 자산은 바로 업무를 하면서 쌓은 업무수행능력과 인적 네트워크, 부수적인 지식이다.

유형 자산은 가치가 유한하다. 반면 무형 자산은 어디서 어떻게 활용하느냐에 따라서 가치는 무한하다. 필자가 생각하는 무형 자산의 종류는 다음과 같다.

1. 기초업무 수행능력(잡일처리 능력)

★ ★ ★

필자는 플랜트 회사 해외영업 시절 2년 내내 엄청난 양의 보고서 작성, 엑셀정리, 회의 주선, 고객사 의전 업무를 수행했었다. 굉장히 자잘하고, 손이 많이 가는데 비해 개인적 성과라고 얘기할 거리도 없던 업무였다. 하지만 이때 몸에 베인 문서작성 능력은 십 년간 회사생활을 하면서도 유튜브, 블로그 운영과 도서 집필까지 해낼 수 있는 멀티플레이 역량을 키울 수 있는 계기가 되었다. 또한, 국영석유회사의 회장단, 최고경영자 미팅을 포함해 여러 행사를 준비하면서 쌓은 행사 요소에 대한 이해, 분 단위 일정관리 능력과 의전 매너는 이직했던 금융권에서도, 개인적으로 명망 높은 분들을 찾아뵙고 관계를 맺는 데 있어서도 많은 도움이 되었다.

잡일 수행능력도 스킬이 될 수 있다. 잡일도 잘하면 세련돼 보인다.

2. 조직 이해능력

★ ★ ★

조직을 구성하는 다양한 부서, 직무는 각각의 기능과 역할이 있다. 이를 이해하는 것은 필요한 시점에 정확하고 빠른 도움을 요청할 수 있는 문제해결능력과 직결된다. 각 부서의 주요 업무 목표와 업무수행 방식, 더 나아가 그 부서의 고충까지도 이해하게 되면 상대방 부서의 업무참여나 협의를 이끄는 조직 장악 능력까지 키울 수 있다. 감사팀을 사장 직속으로 둘 때와 경영관리본부 산하에 둘 때의 차이가 무엇인지, 협업을 할 때에 사업부제 조직과 직능별 조직은 어떤 차이점이 있는지, 영업 출신 사장님과 재무·기술 출신 사장님은 무엇이 다른지 등을 이해하면 스타일에 맞게 업무를 수행하고 조직의 방향성을 예측할 수도 있다.

업무를 수행하면서 각 부서는 대체 무슨 일을 하는지, 무엇에 민감하게 반응하는지, 눈여겨보는 자세가 중요하다.

3. 소통·협업능력

★ ★ ★

직장생활은 빌런들 간의 매치라고 생각해도 무방하다. 누구 하나 쉽게 도와주는 법이 없고, 부서이기주의에 얽매여 사사건건 태클을 걸거나 모호한 업무는 서로 미루기 바쁘다. 그게 직장생활이고 사회생활이다. 대학생 때는 팀 과제가 있는 과목을 요리조리 피해 다닐 수 있었겠지만 회사에서는 재무팀의 승인 없이 프로젝트를 진행할 수 없고, IT팀의 도움 없이는 전산 오류를 수정할 수 없다. 나와 다른 생각을 갖고 있고, 나보다 부족하다고 생각되고, 때로는 불쾌하고, 불편한 사람들과 업무를 해내는 것이 진짜 실력이다. 우리는 회사생활을 통해 다양한 유형과 성격의 빌런들을 만나고, 이들을 구워삶는 방법을 터득해 사내를 넘어 사회에서까지 원하는 것을 효율적으로 얻을 수 있는 관계 스킬을 연마할 수 있다. 십 년간의 사회생활 동안 수백 명의 빌런들과 마주하고, 대립하고, 억지 협업을 했던 순간들은 답답함의 연속이었지만 그 덕분에 지금의 처세와 말솜씨를 키울 수 있었다고 확신한다.

4. 인적 네트워크

★ ★ ★

회사생활에서 관계가 중요하다는 것쯤은 누구나 알고 있다. 여기서는 그런 차원의 인적 네트워크가 아닌 본인의 삶에 도움이 될 수 있는 인적 네트워크의 구축을 얘기한다. 입사 동기들은 회사생활을 지탱하는 힘이 된다. 하지만 동기 네트워크에 대한 의존도가 더욱 높아질수록 대화 소재는 회사생활에 한정되고, 질적으로도 낮은 수준의 대화만 반복된다. 정보의 질 또한 떨어진다. 동기들에게서는 들을 수 없는 높은 차원의 이야기를 듣고자 한다면 사수 또는 타 부서 선배들과의 교류는 필수다.

누굴 만나느냐에 따라 이전에는 전혀 몰랐던 새로운 관심사에 눈을 뜰 수도 있다. 필자 또한 일찍이 부동산에 관심을 갖고 투자에 성공한 선배 밑에서 부동산과 관련된 알짜 정보를 들을 수 있었다. 2019년 이전에는 분양권의 전매가 가능했고, 중도금·잔금 대출까지 야무지게 받아서 계약금 10%만 내고도 부동산 투자가 가능했다는 사실을 금융권 이직 후 2019년이 되어서야 알게 됐다. 애초에 나 같은 흙수저는 부동산을 할 수 없을 것이라는 착각과 무지에서 비롯된 참사였다.

금융권 근무 중 점심시간에 잠깐 즐길 수 있는 취미로 시작한 테니스에서 만난 증권사 팀장님은 일찍이 ETF, 채권, 달러, 부동산 매매·경매 등을 장기 투자해 조기 은퇴를 도울 현금자산을 이미 축적했다고 하며 금리인상기를 대비하는 자산 운영 전략에 대해서 많은 조언을 주었다. 돈 주고도 살 수 없는 주옥같은 조언이었다. 필자는 어줍잖게 주식투자에 나서서 시드머니는 고사하고, 억 단위의 투자손실을 기록한 바 있다. 이런 분이 일찍이 내 선배였다면 하는 아쉬움이 몰려왔다.

한정된 관계에 매몰될수록 획득할 수 있는 정보는 뻔하고, 질도 떨어진다. 시야를 더욱 좁게 만들 뿐이다. 누구를 만나느냐, 어떤 이야기를 듣느냐는 더 나은 삶을 살고자 하는 목표를 달성하기 위한 필수 조건 중 하나다.

무형 자산의 가치는 무한하다. 처음에는 모든 게 다 귀찮을 수 있다. 그러나 불필요하게 느껴지는 것들을 몸에 배게 할 수 있다면 평생을 살아가는 데 있어 큰 자산이 될 수 있다. 회사생활을 어떻게 바라보느냐에 따라 같은 시간을 살아도 인생의 아웃풋은 하늘과 땅 차이가 될 수 있다.

프로직장인
전투력 측정 공식 'MPR'

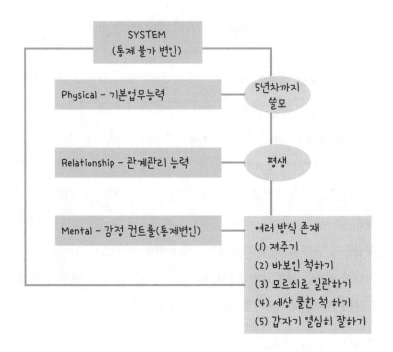

"모두가 바다에 있었다고 해서 항해를 한 것은 아니다."

시간은 공평하다. 모두에게 똑같이 주어진다. 하지만 같은 시간을 살았다고 해서 그 결과가 동일한 것은 아니다. 하루, 1주일은 큰 차이가 아닐 수 있겠지만 그 하루하루가 한 달이 되고, 1년이 되고, 더 길어지면서 사람들 간의 격차는 더욱 크게 벌어지게 된다. 모든 상황에 감정적인 아마추어가 아닌 냉정한 이성과 차분한 마인드로 하루하루를 보람차게 보내고, 궁극적으로는 '나의 가치'를 극대화할 수 있는 프로직장인 생존공식을 정리해본다.

1. Physical: 기본업무스킬

★ ★ ★

전화 받기, 엑셀, 파워포인트, 워드 등의 자료정리 및 보고서 작성, 이메일 작성 등은 업무를 수행하기 위한 기본적인 툴에 해당한다. 간혹 기본업무스킬이 뛰어난 이들이 기고만장한 경우가 있으나 이는 잡일을 빠르게 수행하는데 필요한 기초 체력에 해당할 뿐이다. 드리블과 헤딩을 잘한다고 축구게임을 승리로 이끌 수 있는 건 아니다. 기본업무스킬은 등차가 1인 등차수열의 형태로 느리게 실력이 상승한다. 느리게 쌓이지만 한번 몸에 밴 기본업무 수행능력은 평생 간다. 잡일을 많이 처리하는 낮은 연차일수록 **Physical**의 중요도가 높고, 관리자 레벨로 갈수록 **Physical**의 중요도는 떨어진다.

2. Relationship: 관계관리 능력

★ ★ ★

업무는 툴로만 하는 게 아니다. 상급자를 통해 타 본부·부서의 협의를 빠르게 이끌어낼 수도 있고, 업무 빈도가 높은 핵심부서의 주요 인사와 긴밀한 관계를 구축해 다른 사람들은 얻지 못하는 도움을 빠르게 받을 수도 있다. 관계관리 능력이 극한의 수준까지 발전하게 되면 회사의 전략적 선택을 지원할 수 있는 외부 인력과의 네트워킹, 관계 주선까지 해낼 수 있다. 삼성전자의 이재용 회장은 그렇게 네덜란드 ASML 회장과 독대해 적극적 협의를 이끌어내고, IBM 회장과의 독대로 5나노 CPU칩 수주를 이끌어낸다. 관리자 레벨로 갈수록 관계관리 능력이 곧 실력이다. 관계관리 능력의 한계치는 없고, 시간이 지나면서 그 힘은 더욱 강해진다.

3. Mental: 마인드셋

★ ★ ★

멘탈이 무너지면 피지컬도 무용지물이다. 반대로, 압도적인 멘탈로 피지컬의 한계를 뛰어넘는 경우도 비일비재하다. 기껏 조직과 팀을 위해 책임감 있게 일을 해놓고도 잔뜩 뿔이 난 감정을 있는 그대로 표출한다면 고생은 고생대로 해놓고 본전도 찾지 못한다. 과거에 나는 상사가 부당한 지시, 하기 싫은 일을 지시했을 때 감정적으로 대처해 일은 일대로 하고 혼만 났지만, 해맑게 웃으면서 그 일을 왜 맡아야 되는지 따져 묻는 동료를 볼 때면 나의 수가 얼마나 얕았는지 새삼 깨달을 수 있었다.

멘탈은 특정 환경과 상황 속에서 감정과 행동을 촉발시키는 시작점이다. 얼마나 단단하고 의연한 멘탈을 갖고 있느냐에 따라, 상황을 받아들이는 태도가 달라지고, 상대방의 혼을 실은 공격도 데미지 없이 흡수할 수 있는 초식이 된다. 그런 의미에서 좋은 멘탈은 나의 행동과 결과에 힘을 실어주게 되지만 마이너스 멘탈은 기껏 도출한 나의 성과를 '0'이나 '안 하느니만 못한 상황'으로 추락시킨다. 회사생활을 하다보면 돌발 상황, 난처한 상황에서 위기, 혐오 등등의 부정적 감정을 어떻게 다스리느냐가 프로와 아마추어를 가른다.

개인의 성과와 가치는 **[Mental×Physical×Relationship]** 이라는 공식으로 결정된다. 내가 속한 시스템이 회사일 경우 아무리

튜토리얼과 다른 회사생활	Mental 변화	Physical 강화	Relationship 강화	인생 제2막 시작
Lv.1	Lv.5	Lv.10	Lv.20	Lv.30
보이지 않는 미래 경직된 시스템 답답한 상사/동료	'새로운 룰&규칙 파악 완료' 적당한 속도조절 해볼만한 직장생활	'신입답지 않은 기본업무 수행능력' 신속, 정확, 꼼꼼한 업무처리의 기본	'손보다 빠른 말, 업무속도에 날개를' 지는 게 이기는 것 마음을 얻는 기술	'평생직장 시대개막, 생존을 위한 준비' 더 큰 도약을 위한 한발 빠른 준비

많은 점수를 따도 최대치가 있다. 끊임없이 가치를 확대하고 싶다면 시스템을 벗어나는 게 핵심이다. 성공한 직장인을 넘어 어디에 존재하건 무엇을 하건 사회생활을 하면서 배운 좋은 스킬, 구축한 좋은 관계를 활용해서 최고의 아웃풋을 낼 수 있는 사람이 되는 것을 목표로 하는 게 좋다.

모든 스트레스는
'잘못된 기대'에서 출발한다
_ 멘탈

최소 책임 최대 자유,
신입사원은 기간 한정

조직특성을 이해하지 못하면 고통 받는 건 오로지 자기 자신이다. 조직은 합리적이지 않다. 각기 다른 생각과 주관을 가진 수십, 수백, 수천 명의 사람들이 모여 자기 잘났다고 떠드는 곳이 조직이다. 개개인은 조직을 지배하는 규칙과 시스템이라는 울타리 안에서 행동하고, 정해진 기준과 절차에 따라 업무에 대해 보상을 받게 된다. 생각보다 덜 스트레스 받고, 생각보다 만족도 높은 회사생활을 하는데 필요한 초년생의 기본적인 마인드셋부터 풀어본다.

관리자와 실무자, 조직의 위계 이해하기

★ ★ ★

모든 임직원들 업무의 목표는 한 곳을 향한다. 각자의 위치와 역할이 다를 뿐이다. 일반적으로 조직구조는 피라미드 형태를 띤다. 위로 갈수록 관리적 성격이 강해지고, 아래로 갈수록 실무적 성격이 커진다.

관리적 성격은 주요 의사결정을 통해 조직이 나아가야 할 방향을 설정하고, 자원Resources의 투자와 배분을 결정하는 것을 말한다. 파트

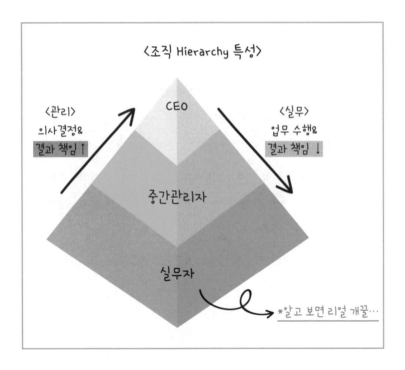

〈조직 Hierarchy 특성〉

〈관리〉
의사결정&
결과 책임 ↑

CEO

〈실무〉
업무 수행&
결과 책임 ↓

중간관리자

실무자

*알고 보면 리얼 개꿀…

장, 팀장, 본부장, 그룹장, 총괄 등 그 역할과 범위가 넓어질수록 의사결정의 중요도와 난이도는 높아지고, 결정에 따른 책임 또한 크게 진다. 실무는 조직 상부에서 결정된 전략의사결정에 따라 각 본부·기능별로 세분화된 업무를 수행하는 것을 말한다. 주어진 일을 최대한 정확하고 빠르고 효율적으로 수행해내는 게 실무역량이다. '까라면 까'를 수행하는 워킹 레벨Working Level의 맨 밑바닥이다.

6개월 간 공들여 개발한 신규 제품이 시장에서 최악의 평가를 받는다면 제품개발을 총괄한 팀장은 응당 책임을 지게 된다. 이로 인해 실적악화와 시장점유율 하락 등의 이슈까지 겹친다면 CEO까지 주주들에게 책임을 추궁당한다. 피라미드 상단에 위치하고, 관리적 역할과 책임이 클수록 사소한 의사결정 하나에도 수많은 다양한 조사, 분석, 보고를 요구하게 되는 이유다. 말단 신입사원 입장에서는 '감 놔라, 배 놔라' 만큼 쉬운 게 없다. 하지만 상부에서는 의사결정 하나에 얽힌 수많은 이해관계자들, 타 본부·부서와 노조, 기관·개인 투자자, 정부, 시민단체 등까지 고려한 의사결정을 하게 된다. 백 명이 넘는 조직을 거느린 관리본부장, 천 명이 넘는 조직을 거느린 생산기술본부장들이 느낄 부담감과 책임감은 실로 막대할 수밖에 없다.

반면, 말단 직원들인 사회 초년생들은 어떤 책임도 지지 않는다. 경기 위축으로 실적이 악화되고, 금융시장이 경색됨에 따라 경영진이 안절부절하는 와중에도 사회초년생들은 주어진 일만 묵묵하게 해내도 해고당할 걱정 없이 정해진 급여일에 월급을 받을 수 있다. 미흡한 대응에 대한 책임은 그 책임의 크기에 상응하는 직책을 가진 상급자들이 진다. 때문에 상급자들의 의사결정에 왈가왈부하고, 도무지 이해가 안 간다고 사서 스트레스를 받을 필요가 없다. 그건 내 책임이 아니라 그들에게 주어진 책무이고, 각자의 스타일과 성향에 맞게 의사결정권을 행사하는 것뿐이다.

팀장도 그다지 힘이 없다

★ ★ ★

굵직한 의사결정일수록 나 같은 평사원들이 부대끼는 사무공간에서 이뤄지지 않는다. 높으신 분들끼리 높으신 분들의 방에 모여서 중대한 의사결정을 진행한다. CFO는 CEO의 지시에 따라 실장·그룹장에게 지시를 내리고, 실장·그룹장은 다시 부서장·팀장들에게 업무를 지시한다. 필자가 다녔던 플랜트 회사는 당시 부장 이상 급의 직급체계가 사장, 부사장, 전무, 상무, 이사까지 존재했다. 보통 우리와 같은 공간에서 부대끼며 업무지시를 내리는 팀장도 위에서 내린 결정에 따라 업무를 수행하는 같은 처지의 조금 더 강한 초식동물일 뿐이었다.

말단 사원인 우리는 '더럽고 치사해서 다른 회사를 가든지 해야지!'라고 근거 없는 호기라도 부릴 수 있지만 직급이 높을수록 '차선'은 지옥이고 '최선'은 생존이 된다. 팀장 직급은 하달 받은 업무를 누구에게 지시하고 분배하고 어떤 방식으로 처리할 것인가를 결정하는 정도의 레벨이다. 직급이 올라갈수록 잃는 건 많고 갈 곳은 없어지는 특성상 부하직원들의 불만을 상급자에게 강하게 어필할 수도 없는 노릇이다.

　모 대기업 계열사 40대 재무팀장은 근래 들어 홀로 야근하는 일이 많아졌다고 한다. PC오프제 때문에 7시면 컴퓨터가 꺼지는데 팀장급 이상은 제외라 직원들이 미처 마치지 못한 업무들을 더 시킬 수도 없어 팀장이 직접 처리를 하는 경우가 점점 많아지고 있는 게 이유다. 팀장들도 물러설 곳이 없다. 위로부터의 압박은 강해지고 아래에서는 팀원들의 볼멘소리가 들리지만 스트레스를 풀 곳이 없다. 최근 들어 중간에 끼인 40대의 스트레스가 최고조에 다다른다는 얘기가 그냥 나오는 게 아니다.

　사회초년생들의 일반적인 생각과 달리 직급이 올라갈수록 책임은 늘고, 자율성은 더욱 떨어진다. 회사생활을 한번 시작하게 되면, 그 책임과 무게감은 결코 줄어들지 않고 갈수록 가파르게 상승한다.

이제는 역발상의 시간.
실무자가 개꿀인 진짜 이유

★ ★ ★

수백억이 투자된 졸작 드라마 속 배우의 발연기를 보면 안타까움이 느껴지지만 그 손익까지 내가 걱정할 필요는 없다. 재미있으면 보고, 마음에 안 들면 시원하게 욕 한번 하고 꺼버리면 그만이다. 실무도 마찬가지다. '책임지지 않을 수 있다'는 실무자의 특권을 활용해서 잔뜩 의견을 던지되 과하게 몰입하지 않는 것이 핵심이다.

나는 의견을 전달했는데, 팀장이 수용하지 않았고 결과가 좋지 않았다? 내 의견을 수용하지 않은 윗사람 책임이다. 반대로, 내 의견을 수용했는데 잘 안 되었다? 내 의견을 수용한 윗사람 책임이다. 모든 업무가 수직적으로 보고되고 연결되는 한국식 조직체계에서는 최종 결재권자가 모든 책임을 진다. 결재가 중요한 이유이기도 하다. 내 의견을 수용해서 일을 추진했는데 잘 됐다? "거 보세요. 제 말이 맞죠?"라고 잔망스럽게 내 공이라고 자신 있게 얘기하고, 연말평가 때 으스대면 된다. 모로 가도 이득이다. 관리자들의 우산 아래에서 어떤 책임도 지지 않고, 여유를 누릴 수 있는 시기는 기간 한정이다.

나이가 들수록 보이지 않던 것들이 보이고, 삶의 무게는 갈수록 무거워진다. 조직생활도 그렇다. 짧게는 20년, 길게는 30년까지 해야 될 회사생활인데 그토록 조급해하고, 답답해할 필요가 없다. 필자가 다시 신입으로 돌아간다면 새로운 업무, 더 많은 업무에 눈길조차 주지 않을 것이다. 주어진 일만 최대한 열심히 하고, 회장님, 회사의 의사결정에 왈가왈부하지 않고, 나의 칼 퇴근과 주말 드라이브 코스를 짜는 데 심혈을 기울일 것이다. 나중에 후회하지 말고, '기간 한정' 신입의 특권을 마음껏 누리자.

일방적인 과속은
결국 새드 엔딩을 부른다

한 커플이 있다고 가정하자. 한 명은 상대방이 너무 좋다. 타오르는 마음을 주체할 수 없어 대가를 바라지 않고 연애 초반부터 물심양면으로 최선을 다한다. 좋아하는 마음을 마음껏 표현하겠다는데 무슨 문제가 있겠나 싶었을 것이다. 하지만 메시지에 칼 답장, 한없이 자상하기, 기념일도 아닌데 쓸데없이 선물하기 등등 연애 초반의 오버페이스를 계속해서 이어 나가다 보면 상대방의 부담은 커진다. 그러다 문득 호의를 당연하게 받아들이는 상대방을 보면 나의 섭섭함도 커진다. 별 것 아니라는 생각으로 섭섭함을 표현해 보는데… 이게 웬걸? 생각지도 못한 상대방의 날 선 한 마디가 나의 가슴에 비수로 꽂힌다. "내가 언제 칼 답하고, 매일 선물해 달라고 했어? 네가 하고 싶어서 한 거 아니야?!"

누구의 잘못일까? 흥분을 주체 못 하고 물불 안 가리고 돌진한 쪽의 백 프로 과실이다. 서로가 만족하는 결과를 원했다면 상대방이 원하는 페이스와 기준이 무엇인지를 생각하면서 조심스럽게 만남을 이어갔어야 한다. 상대방의 속도를 고려하지 않은 일방적인 감정 표출은 관계의 불균형으로 이어지고, 시간이 길어지면 파국으로 치닫게 된다.

"저는 처음에 빨리 적응하려고 이것저것 나서서 도와드리고, 담당자 없는 업무 있으면 해보겠다고 자처하고 했는데 요새는 일이 너무 많아서 감당이 안되고, 어떻게 해야 될지 모르겠어요."

사실 회사에서는 신입사원들에게 거는 기대가 없다. 그럼에도 입사 전부터 꿈꿔온 설레는 기대와 잘 해내고 싶은 욕심 때문에 지시하지 않은 업무까지 자처하는 경우가 종종 있다. M사 MD로 근무했던 이호준 씨는 신입사원이라고 보기에 어려울 정도로 업무수행능력이 탁월했고, 업무에 대한 욕심도 넘쳤다. 문제는 많은 업무들을 주도적으로 맡아서 수행하는 과정에서 1년차가 할 필요가 없는 업무들까지 떠안게 되었다는 것이다. 팀장도 사수를 거치지 않고, 호준 씨에게 직접적으로 업무지시를 내리게 되는 정도까지 가게 되어 꼬여버린 상황을 풀어내는 데 곤욕을 치러야 했다.

순수한 의도에서 정말 자신의 업무능력과 스킬 향상을 목적으로 특별한 대가를 바라지 않고 자발적으로 나선 것이 잘못은 아니다. 하지만 사람에게는 보상심리라는 것이 있다. 초반에는 배움이 목적이었던 만큼 어떤 일도 다 감사하다고 생각할 수 있지만 업무가 익숙해지기 시작하면 다른 직원들과 나의 업무량을 비교하게 되고, 동시에 내가 수행한 업무의 성과에 대한 보상까지도 비교하는 생각이 들 수밖에 없다.

더 큰 문제는 의욕적으로 나서서 연차에 맞지 않게 잔뜩 늘려 놓은 업무범위와 업무량이 '나에 대한 구성원들의 기대치'를 끌어올리게 된다는 사실이다. 이는 이후의 회사생활에 부정적 영향을 미친다는 사실을 명심하자.

1년차가 속도 조절이 필요한 이유

★ ★ ★

회사에서 제대로 인정받기 위해서는 인사체계의 기본을 알아야 된다. 우리는 1년간의 업무성과를 토대로 연말에 정해진 성과지표와 기준에 맞게 평가를 받고, 평가점수에 따라서 성과 등급이 결정된다. 그래서 다들 연말이면 내년도 부서 성과지표, 개인 성과지표 수립에 사활을 건다. 최대한 낮게(?) 목표를 잡아야 내년에 목표 달성이 수월해지고, 좋은 평가를 받게 될 가능성이 높아지기 때문이다. 사장은 대주주를 상대로, 부사장·주요임원들은 사장을 상대로, 팀장들은 본부장·임원들을 상대로 최대한 보수적인 성과지표를 수립하기 위해 죽기 살기로 최선을 다한다. 그래야 조금이라도 더 오래 자신의 생존권을 보장 받고, 똑같이 노력하고도 더 높은 평가를 받을 수 있기 때문이다. 그리고 이렇게 수립된 성과지표는 매년 갱신되는데 '낮아지는' 경우는 존재하지 않는다. 최악의 시장상황 속에서도 매년 성과지표는 최대치를 '경신'한다.

하지만, 1년차는 '고과'가 없다. 인사평가의 대상이 아니다. 그냥 십중팔구, 아니 백중 구십구는 B다. 그리고 기준미달에 해당하는 C도 없다. (희박하게 가끔 있다.) 열심히 해도 팀장, 사수가 나에게 해줄 수 있는 건 정성적인 칭찬과 시원한 아이스 아메리카노 정도다. 견물생심 S나 A를 바란다는 것은 헛물을 켜는 것이다. 1년차가 주어진 잡일을 열심히 했고, 빨리 업무에 적응했다는 자체만으로 팀내 최고의 성과를 바란다는 것도 어불성설 아닌가? 물론, 좋은 평판을 쌓는 것은 향후 평가에 좋은 영향을 미칠 수 있지만 죽기 살기로 나서서 하지 않아도 좋은 평판은 충분히 쌓을 수 있고, 당장부터 삶을 갈아 넣지 않아도 고과 연차부터 적극적으로 임해 좋은 평가를 받을 수도 있다. 상급자들의 치열함에 휩쓸릴 필요가 없는 최고의 위치다.

반면, 1년차 신입사원이 분골쇄신의 자세로 회사생활에 임하게 되면 부작용이 세게 온다. 처음에 쓴 연애 사례를 생각해보자. 열혈 신입사원의 케어를 받는 팀장, 사수 입장에서는 신입사원이 대견하다. 시키지도 않았는데 일을 하겠다고 자처하고, 허드렛일, 야근, 잡일까지 마다하지 않는다. 그렇게 다양하고 난이도 있는 업무에 초기부터 투입됐고, 신입치고는 많은 업무를 경험하면서 1년차 답지 않은 신입이 된다. 연말이 되었다. 내년도 개인별 성과지표를 수립하는 시점에 팀장은 당연히 현재의 업무수행능력을 기준으로 성과지표를 설정하게 된다. 자발적으로 나서서 나의 최저치를 높여 놓은 덕분에 나는 다른 동기 2년차들보다 높은 성과지표와 기준을 적용 받게 된다.

만약, 거기에 불만을 품고, 싫은 소리라도 뱉는다거나 기존에 쏟던 시간과 에너지를 줄인다면 곧바로 반응이 돌아올 것이다. "옴스, 입사 초반이랑 많이 달라졌네", "옴스, 그런 친구인 줄 몰랐는데…"라는 말을 듣는 입장에서는 억울함에 기절초풍할 노릇이겠다마는 회사와 조직의 기준에서 벗어난 방식으로 멋대로 노력하고 몽니를 부리는 신입사원을 좋게 볼 상사들은 아무도 없다. 결국 이렇게 나만 손해를 보게 된다.

1년차가 열심히 할 필요가 있는 경우

★ ★ ★

그럼에도 1년차가 열심히 해야 될 이유가 있는 상황이 있다.

정말 스스로 일 자체에 대한 욕심이 있다면 열심히 해서 나쁠 게 없다. 사회 초년임에도 대리·과장급의 업무를 수행한다면 부서들 간의 관계를 파악하는 데 도움이 된다. 또한 팀장·임원들의 의사결정 방식과 그들이 신경 쓰는 요인들이 무엇인지 관리자적 관점을 배울 수도 있다. 이렇게 습득한 경험들은 빠른 승진의 기반이 될 수 있다. 또래 직원들에 비해 시야가 넓다는 건 그만큼 더 넓은 책임과 역할을 맡길 수 있다는 의미이기 때문이다. 특히, 전략·기획 등의 요직에 차출되고자 하는 꿈이 있는 이들에게는 필수다. 항상 스마트하고 신속하게 업무를 수행하는 자세를 견지하고 있어야만 핵심인재 풀에 들어갈 수 있다. 물론 단순하게 똑똑하고 열심히만 한다고 갈 수 있는 것은 아니다. S급 인재의 조건과 특징은 별도 챕터에서 풀겠다.

또한 이직 시 자신의 이력사항에 비슷한 연차를 가진 경쟁자들에 비해 질 높은 업무수행 내역을 보여줄 수 있다. 이는 연봉협상을 할 때 유리하게 작용할 수 있고, 혹은 내가 근무하던 회사보다 더 급 높은 회사로 이직을 가능케 하는 주요한 요인으로 작용할 수도 있다. 실제로는 지원 성격의 업무를 했다고 하더라도 초반부터 신사업기획 및 사업타당성 분석을 했다는 경력이 이력서 상에 기입되어 있다면 스펙만 보고 서류검토를 진행하는 경력직 면접에서 당연히 유리한 고지를 점할 수밖에 없다. 실제 이직시장에서는 구직자가 얼마나 열심히 살았는지 보다는 어떤 타이틀의 부서에서 어떤 타이틀의 프로젝트와 업무를 맡았다고 '표기'되어 있느냐가 중요하다. 그들의 일거수일투족을 일일이 추적해서 CCTV로 돌려볼 수는 없지 않은가.

물론 이후의 경력관리 차원에서 열심히 하고자 하는 경우에도 무작정 시간과 땀으로 승부를 보려는 마인드는 좋지 않다. 매사 모든 일에 열심히 임하는 것보다는 정말 나의 경력·이력 관리에 필요하다고 생각되는 일이 무엇인지를 판단하고 그렇다고 판단될 때는 과감하고 적극적으로 나서서 원하는 업무를 취하는 게 중요하다. 기본적으로 주어진 업무를 완수하는 와중에 자신의 경력개발 및 이력관리에 도움이 된다고 생각될 때 과감하게 나서라는 의미다. 기회주의적으로 항상 소극적인 자세로 업무에 임하면서 필요할 때만 나서라는 의미가 아니다. 그렇다면 이미 당신은 조직에서 기회주의자로 낙인 찍혀 먼 미래에 평판 검증Reputation · Reference Check 단계에서 부정적인 평가를 받고 탈락하게 될 것이다.

> *"변할 사람 얼마든지 변하는데 기다리겠다 이거야. 기다린다, 나는. 개인차 다 있어. 개인의 개성 다 달라. 강제 하나도 없어. 자율이야 자율. 바뀔 사람만 바뀌어라 이거야. 바꾸고 싶은 사람만 바뀌어. 많이 바뀔 사람은 많이 바뀌고 많이 기여해. 적게밖에 못 바뀔 사람은 적게 바뀌어서 적게 기여해. 그러나 남의 뒷다리는 잡지 말라 이거야."*
>
> – 고 이건희 회장

취업 후 열심히 하는 것도, 안 하는 것도 본인의 자유다. 하지만 충실하게 살아온 하루하루가 모여서 내 미래가 결정된다는 사실은 변함이 없다. 내게 주어진 업무와 시간을 더 많은 것들을 배우고, 경험하기 위한 기회로 쓸 것인가. 아니면 주어진 최소한의 일만 수행하고 매달 일정하게 입금되는 월급에 행복감을 느끼며 일과 삶이 조화를 이루는 삶을 살 것인가. 무엇에 만족할 것인가는 철저하게 본인의 선택이다.

초년생은 평생과정 1학년, 실수·실패는 성장의 밑거름

"옴스님, 5년차 대리님, 8년차 과장님을 보면 제가 저만큼 할 수 있을까라는 생각에 자괴감이 듭니다."

우리는 항상 급하다. 초등학생 때는 하루빨리 중·고등학교에 가고 싶고, 중·고등학생 때는 하루빨리 성인이 되고 싶어 한다. 하지만 막상 중·고등학생이 되고, 대학생이 되면 생각과는 다른 상황들이 펼쳐진다. 모르는 것투성이고, 고학년들 사이에서 눈치를 보고, 학교생활에 적응하는 것도 영 쉽지가 않다.

사회생활도 그렇다. 중·고등학교는 각 3년, 대학교는 4~6년의 과정이지만 대학교 졸업 후에 시작하는 회사생활은 평생과정이다. 사람들은 30년이 넘도록 끝나는 않는 평생과정 속에서 자신보다 수년, 십 년, 수십 년 먼저 회사생활을 시작한 고학년들 사이에서 새로운 것을 배우고 적응한다. 그렇게 자신만의 실력을 키우면서 미래를 그려가게 되는 것이다.

사회생활 과정은 그중에서도 최상의 난이도다. 그럼에도 많은 사회초년생들은 하루빨리 실력을 발휘하고, 성과를 인정받고 싶은 욕심만 앞선다. 작은 실수에도 크게 자책하고 실패에 관대하지 않다. 초등학교에서 중학교, 중학교에서 고등학교, 고등학교에서 대학교, 교육과정을 건너는 시점마다 새로운 교육과정과 분위기에 적응하느라 헤매고, 어리바리했던 시절은 기억나지 않는다.

상급자로서 업무를 진두지휘하고, 실무를 리드하는 선배들에게도 올챙이적 시절이 있었다. 그리고 그들은 1년 200일 이상 하루에 8시간씩을 꼬박 출근해서 내가 보고 있는 보고서를 작성하고, 엑셀로 데이터를 정리하며, 팀장에게 수없이 야단도 맞았을 것이다. 그렇게 많은 것들을 배우면서 지금의 실력을 갈고 닦게 된 것이다.

이제 막 MMORPG에 입장해 하이레벨 유저의 빤지르르한 갑옷과 멋진 칼을 보면서 압도감이 드는 것도 사실이겠지만 그들의 시행착오와 노하우를 흡수해가면서 그들보다 더 빨리 그들의 위치에 가면 그만이다. 초등학생이 대학생을 보면서 경외심과 부러움이 드는 게 사실이지만 결국 나중에 시간이 지나 과거에 꿈꿨던 순간을 마주하게 되면 결국 별 게 없고, '옛날이 좋았구나.'라는 걸 깨닫게 된다.

"분명 이미 혼났던 실수였는데도 왜 자꾸 반복하는지 모르겠습니다. 갈수록 실수는 많아지고, 윗분들도 이제는 포기한 듯한 느낌마저 들어서 너무 자괴감이 듭니다. 어떻게 해야 될까요?"

필자도 회사에 갓 입사했을 때까지만 해도 다 잘할 수 있을 거라고 생각했다. 정말 자신감이 넘쳤지만 그건 나만의 착각이었다. 나는 그야말로 해외영업 부서의 고문관이었고, 없는 사고도 만들어서 치는 트러블 메이커이자 흑역사 제조기였다.

해외영업이지만 한국 현지인 수준의 영어실력이었기에 항상 공포감이 있었다. 어느 날 차장님 자리로 걸려온 전화를 당겨 받았는데 하나도 알아들을 수가 없었다. 순간 머리가 새하얘졌고, 크게 당황해 횡설수설하다 "Who are you?!"라고 외쳐버렸다. 사무실에 있던 같은 팀 사람들은 일동 나를 주목했고, 부리나케 달려와 수화기를 빼앗고 사태를 수습했다. 그 일은 내 퇴사까지, 아니, 퇴사하고 난 지금까지도 회자되는 전설적인 일화가 되었다.

초대형 사고도 있었다. 유럽 소재 슈퍼 갑 고객사와의 조 단위 계약체결이 성사되어 현지에서 계약식이 예정되어 있었다. 계약식은 부사장급 최고경영진이 참여하는 중요도가 매우 높은 행사다. 그만큼 행사를 준비하는 데에는 세세하고 잡다한 것들이 굉장히 많았다. 계약서를 올려놓을 받침대와 사인에 필요한 각인된 명품 펜, 계약당사자들의 국기, 행사에 참여하는 임원들을 위한 답례품, 성대한 계약식을 알리는 커다란 현수막과 참석자들의 이름표들까지. 계약식에 필요한 모든 잡동사니들을 캐리어 2개와 가방에 욱여넣고 보니 여벌의 옷을 챙길 공간도 부족했다. 그렇게 양복은 직접 입고, 갈아입을 속옷과 양말만 가방 구석에 밀어 넣고 출장길에 올랐다. 그런데 정작 가장 중요한 대형 현수막을 챙기는 걸 깜빡한 것이다. 현수막이 들어간 화통이 사무실에 덩그러니 놓인 모습을 보고 사무실과 지사에서는 난리가 났었다고 한다. 다행스럽게도(?) 나는 22시간의 비행 동안 나의 엄청난 실수를 인지하지 못했고, 현지에 도착하자마자 나를 기다리던 이사님과 차장님에게 엄청난 욕을 들어야했다.

처음엔 나도 자괴감이 들었다. 대학교까지만 해도 나름대로는 똑똑하고 빠릿빠릿하다고 생각했는데 실수 하나, 오타 하나 없이 지나가는 하루가 없었다. 윗사람들에게 매일 지적당하고 혼나고 있는 내 자신을 보면서 자존감도 바닥을 쳤다. 하지만 이런 부정적인 감정에 몰입할수록 나의 생각과 행동은 더욱 위축되었고 이로 인한 악순환만 더 커질 뿐이었다. 갈수록 오히려 안 해도 될 실수를 한다거나 쉬운 업무조차도 어렵게 느껴졌다.

다시 돌아가면 실수를 하지 않았을까? 똑같은 실수는 아니더라도 다른 실수를 했을 것이며 현수막보다도 더 중요한 무언가를 놓치거나 빠뜨렸을 수도 있었을 것이다. 실수를 유발하는 마인드는 경계해야 되지만 이미 저질러진 실수에는 관대해질 필요가 있다. 모두가 처음 살아가는 인생이고, 처음 마주하는 상황이니까. 다만, 실수에 대처하는 자세를 바꾸자. 한번 저지른 실수를 철저하게 반성하고, 같은 실수를 줄일 수 있는 프로토콜을 만들어서 실수를 줄여 나가면 된다.

'유관부서로부터 자료를 받으면 주요 내용들을 꼭 먼저 확인한다', '표에 숫자를 넣을 때 반드시 숫자들의 함수, 결과 값이 맞는지 한번 더 확인한다', '유관부서, 고객사로부터 수정된 자료를 수령하면 이전과 달라진 부분을 찾고 비교한다', '행사 참석자 명단을 준비할 때 직급, 직책, 성별, 스펠링까지 2번 3번 확실하게 확인한다' 등등. 틀렸던 것, 잘못했던 것들을 반복하지 말아야겠다고 생각했다. 지적 받은 사항에 대해서는 꼼꼼하게 메모했다.

창피한 얘기지만 이후에도 나의 실수는 끊이지 않았다. 5년의 경력을 쌓고 이직했던 금융권 회사에서도 내 별명은 '오타 왕'이었다. 첨부 파일을 잘못 보내거나, 보안을 해제하지 않거나, 제안서에 업체명이나 금액을 잘못 표기하는 등등. 경력자라고 말하기 부끄러울 정도로 실수를 저질렀다. 그럼에도 시간이 지나면서 나의 실수와 경험치는 차곡차곡 쌓여갔다. 오타가 사라지기 시작했고, 엑셀과 표에 잘못 표기된 숫자와 수식, 결과 값을 수정하는 속도도 빨라졌다. 좀 더 나중에는 수백 개 고객사의 계약·고객관리, 미팅 주선 및 일정 조율 등까지 혼자 빠르고, 정확하게 해낼 수 있는 수준이 되었다.

신입사원 또는 사회초년생에게 서툰 업무수행과 실수는 너무 당연한 것들이다. 올림픽에서 금메달을 따는 선수라고 해서 태어났을 때부터 기고, 뛰고, 날았던 것은 아니다. 누구나 엉성하고 서툰 시절이 있었고 그 부족한 시기를 지나온 하루하루의 노력이 쌓여 실력에 변화가 생기는 것이다.

우리는 로봇이 아니다. 신입사원들도 실패에, 실수에 의연해질 필요가 있다. 자책할 필요가 없다. 심하게 다그침을 당하더라도 '충분히 그럴 수 있다', '괜찮다', '같은 실수를 반복하지만 않으면 된다'라고 되뇌고 실수와 문제점을 빠르게 개선해 내는 데 집중하자.

이건희 회장의 실패론. "실패를 하란 말이야!"

"자꾸 도전하고, 도전하고 해야 되니 실수투성이다. 이런 얘기지. 패스트 플란트도 하고, R&D도 하고 뭐도 하는 데에서 여기서 실수도 많이 해라 이거야. 이런 실수는 많이 하면 할수록 재산이 된다. 이게 재산이 되면 이거는 강한 힘이 된다. 이거야."

-고 이건희 회장

실패는 성장의 밑거름이다. 누군가 남겨놓은 시스템과 체계를 고스란히 답습하는 건 학습과 변화에 아무런 도움이 되지 않는다. 회사에서 하는 새로운 시도는 내게도 값지다. 내가 생각한 광고 아이디어가 소비자들에게 소구할 수 있는지, 새롭게 만든 수요예측 모델의 정확도가 높은지, 새로운 영업방식에 시장과 고객은 어떻게 반응할 것인지 테스트해 보자. 기업이 갖고 있는 자원을 활용해서 내 생각을 확인해 볼 수 있는 좋은 기회다. 잘 먹힌다면 회사에서 인정받을 수 있고, 잘 풀리지 않았다고 하더라도 좋은 밑거름이 되어 더 나은 기획과 제안을 만드는 토대가 될 것이다.

프로는 잡일에서도
의미를 찾는다

샐러리맨이라면 누구나 꿈꾸는 엘리트 코스가 있다. 그룹사의 전사 전략실 또는 최고임원 비서실로 가는 것이다.

가고 싶다고 지원할 수도 없고, 마냥 기다린다고 기회가 오지도 않는다. 인적자원Human Resource,HR 관리팀에서 핵심인재로 분류한 인원들 사이에서 까다로운 검증과정을 거쳐 극소수의 인원에게만 그 기회가 주어진다. 멀리서 보기에는 화려해 보이는 일이지만 전사 핵심인재로 손꼽히는 이들이 비서실에서 수행하는 업무는 임원의 뒤치다꺼리처럼 느껴진다. 당일에 있을 주요 미팅일정과 참석자, 어젠다 확인은 기본이고, 식사장소 예약과 메뉴, 좌석배치도 확인, 그리고 귀빈을 모시기 위한 배차부터 픽업, 이동하는 동선 하나까지 확인해 분 단위로 일정을 관리한다. 남들은 진작 퇴근해 혼맥을 즐길 시간에 1분 대기조의 긴장상태에서 무한대기를 하는 경우도 비일비재하다.

필자도 B2B Business to Business 수주 해외영업에서 사장단 미팅을 주선해야 되는 경우가 많았는데 한번 미팅이 성사되면 몇 주간은 행사준비에 만전을 기해야 했다. 해외 귀빈들의 직급부터 이름 스펠링, 오찬·만찬 코스메뉴, 항공편 코드, 비행기 도착시간까지 수도 없이 재차 확인하고, 또 확인하면서 일정표와 미팅자료를 수정하기를 반복했다. 처음에는 대체 왜 이렇게 유난을 떨고 오버하는지 이해할 수 없었다. 기업과 조직 관점이 아닌 개인의 관점에서 생각하면 절대 답을 찾을 수 없는 문제다. 나도 젊은 꼰대의 문턱에 들어서고 나서야 그 의미를 겨우 헤아릴 수 있었다.

관점을 바꿔보자. 연봉 십 억을 받는 CEO가 쓰는 한 시간, 하루의 가치는 일반 직원의 시간과 의미가 다르다. 결코 나이를 많이 먹고 오래 근속했다고 받는 돈이 아니다. 주어진 역할과 책임이 달라서 받는 돈이다. 나는 하루를 꼬박 투자해서 주·월간 실적집계와 추이를 분석하는 게 일이지만 CEO는 연 매출 수천억 원을 좌지우지하는 주요 고객사의 CEO, 최고임원을 만나 밥을 먹는 게 일이다. 가볍게 보면 나이든 연장자들끼리 밥 먹고 떠드는 일이라고 생각할 수 있지만 (실제로 사업에 대한 이야기보다 가벼운 대화가 80% 이상이다.) 1년에 한 번 성사되기도 힘든 1시간 남짓의 사장단 미팅에서 수천억 원 규모의 수주가 결정된다고 생각하면 상대편의 표정과 심기, 기업의 전략부터 동향, 자사의 문제점과 고객사의 니즈까지 무엇 하나 사소하게 보고 넘길 게 없다.

완벽하지 못한 의전과 엉성한 준비는 우리 회사의 수준으로 비춰질 것이고, 현재 프로젝트 진행상황과 주요 이슈 하나 제대로 체크하고 있지 못한 CEO는 상대편 입장에서 우습게 보일 수밖에 없다. 반대로 상대 임원진의 주요 커리어와 업적, 취미생활, 학적 등에 대한 정보를 사전에 파악하고 있다면 공감대를 이끌고 심리적 교감을 이루기도 용이하다. 비서실 혹은 의전 과정에서 무의미해 보이는 것들이 하나하나 쌓여 회사의 격을 높인다. 결국 내가 하는 일은 최고임원과 경영진이 짧은 미팅에서 보다 효과적으로 상대방을 공략하고 압박할 수 있는 무기를 손에 쥐어주는 일인 것이다.

실무자 입장에서야 주말, 밤낮없이 불러대는 회사가 야속하겠지만 십 년간 거래를 이어온 최대 거래처에서 갑작스런 계약해지를 통보해왔는데 어떤 임원이 "밤 11시니까 내일 아침에 합시다"라고 얘기할 수 있겠는가. 당신이 사장이라면, 당신이 주주라면 그를 태평하다 하지 않을 수 있는가?

인정받는 이들의 공통점 중 하나는 일에 대한 투철한 책임감이 있다는 것이다. 단순하고 사소한 일을 맡겨도 꼼꼼하고 신속하게 해낸다. 그 하나하나의 의미는 결코 가볍지 않다. 무엇을 맡겨도 책임감 있게, 오차 없이 해내는 사람이 있다면 그만큼 불필요하게 신경 쓸 일이 줄어들고, 자신이 해야 될 의사결정과 다른 업무에 집중할 수 있기 때문이다. 반면, 자신이 잘나고 뛰어나며 내 인생과 내 삶이 소중하다는 자아도취에 빠진 직원들은 연차가 오를수록 주변에서 찾지 않는다. 연차와 직급이 올라갈수록 감당해야 될 의사결정의 크기는 커지는데 조직보다 자신의 안위를 더 챙기는 이를 요직에 앉힐 수는 없다.

나는 부서에 앉아 투덜대며 일을 고르고, 퇴근 시간만을 기다리고 있을 때 S급 인재들은 그렇게 중역들과 가장 가까운 거리에서 가장 사소하고 별 볼 일 없어 보이는 일을 맡으며 일의 의미와 중요성을 배워간다. 그들도 처음부터 순순히 상황을 받아들이지 않았을 것이다. 피곤하고 힘들고 회의감도 세게 온다. 다만, 반강제적인 하드 트레이닝 과정에서 자연스럽게 일을 대하는 태도와 관점이 변화되고, 현안을 파악하고 대처하는 속도가 달라진다. 실력도 실력이지만 일에 대한 강한 집념과 책임감, 그게 바로 S급 인재들이 리더로 성장할 수 있는 가장 중요한 이유일 것이다.

물론, 모두가 사소하고 잡다한 업무에 최선과 열정을 다해야 하고, 무조건 조직이 개인에 우선한다는 의미가 아니다. 조직은 책임감의 무게를 아는 이에게 더 큰 중책을 맡길 수밖에 없다는 의미다. 자신이 회사생활에서 성공하고, 인정받기를 원한다면 회사생활에 대한 관점을 바꿀 수 있어야 된다는 점을 강조하는 것일 뿐이다. '인생은 탄생Birth과 죽음Death 사이의 선택Choice'이라는 명언이 있다. 적당한 회사업무와 적당한 나의 삶이라는 밸런스를 유지하면서 원하는 것을 얻을 수는 없다.

　필자도 혈기왕성한 신입시절엔 내 인생을 갈아 넣고 회사에서 인정받아 멋진 중역이 되는 상상을 했다. 처음에는 수만 명의 직원들을 이끌고 진두지휘하는 멋진 모습만 생각했을 뿐 수십 년간 끊임없이 이어진 수많은 선택Choice들에 책임감이 따른다는 점은 간과했다.

　나의 회사생활 목표는 무엇인지, 회사생활에서 인정받을 수 있는 진짜 탁월함이란 게 무엇인지, 나는 정말 주변에서 인정받을 만한 탁월함을 갖고 있는지 각자 진지하게 고찰해 볼 필요가 있다.

상사는 왜 되지도 않을 일을 시키나

왜 직장상사들은 되지도 않을 일들만 골라 시킬까? 그렇게 우리는 도무지 이해할 수 없는 상사의 업무지시와 계획에 혀를 내두르지만, 결국 잔뜩 찌푸린 표정으로 투덜대면서 업무를 하게 될 수밖에 없는 상황은 반복된다. "아니 대체 왜 되지도 않을 일을 시키는 거냐고!"

대표이사 미팅

대표이사 "김 전무(사업총괄)님, 경쟁사들은 화장품 사업까지 확대해서 수익성을 높이는데 우리도 검토해 봐야 되지 않겠습니까?"

김 전무 "네 사장님, 알겠습니다. 곧바로 검토해보고 보고 올리도록 하겠습니다."

사업총괄 미팅

김 전무   "최 팀장, 우리 화장품 사업 진출 검토한 적 있었지? 그것 좀 다시 한 번 고민해봐야겠어"

최 팀장   "전무님, 저희 예산도 마땅치 않고, 예전에도 검토했었지만 실효성이 없는 전략이었습니다."

김 전무   "최 팀장, 그럼 대표이사님한테 가서 옛날에도 검토했는데 안 된다고 보고하라는 얘긴가?"

사업전략팀 미팅

박 팀장   "옴 과장, 우리 작년에 검토했던 화장품 시장 진출, 새롭게 검토해야겠어. 그때 본 기초제품 외에 기능성 라인까지 폭넓게 검토해보자고"

옴 과장   "팀장님, 아시잖아요. 저희는 옷 만드는 회사고, 자체적인 유통채널도, 플랫폼도 없어요. 화장품을 팔 수 있는 고정고객 자체가 없고 중소형사업자들까지 다 뛰어들고 있어서 수익 내기 힘들다고 이미 결론 내지 않았습니까?"

박 팀장   "본부장님 지시사항이라는데 그럼 가서 그렇게 얘기할까? 우리는 어차피 안 되는데 무엇 하러 검토하느냐고?"

과거 군대에는 내리갈굼이라는 아름다운 문화가 있었다. 소대장이 분대장을 갈구면 분대장은 상병을 갈구고, 상병은 일병을 갈구고,

일병은 이병을 갈구어 상부의 불편한 심기와 의사를 빠른 속도로 구석구석까지 전달한다. 회사도 그렇다. 어차피 그분께서 원하시는 일이 생기면 갖은 수단과 방법을 동원해서 할 수 있는 방법을 찾는 게 회사생활이다. 내 사수도, 우리 팀장도, 이사도, 본부장도 괴로운 건 매한가지다. 피라미드 하단에 서식하고 있는 팀장, 팀원들끼리 서로 불평불만을 늘어놓는다고 해서 달라질 게 없다는 의미다.

물론, 네이버, 카카오, 스타트업과 같이 소규모 팀 위주의 애자일Agile형태로 운영되는 조직이거나 삼성전자나 아모레퍼시픽처럼 사내 벤처제도를 신설해 팀원들에게 전적인 의사결정 권한을 주는 방식은 예외일 수 있다. 모든 기획안, 실행계획, 예산, 결과의 책임이 프로젝트를 실행하는 TF팀에 있기 때문이다. 하지만 수직적 의사결정 구조와 상명하복 문화가 주를 이루는 곳일수록 앞서 사례로 든 상황은 기본값Default이라고 봐도 무방하다. 직급과 연차가 곧 권력이자 목소리 크기인 곳에서 그들의 말이 틀리고, 내 말이 맞다고 시시비비를 가리는 건 의미가 없다.

게다가 그럴 때 괜히 사수, 팀장과 부딪히기라도 하면 나만 손해다. 상식적으로 이해가 가지 않는 상황에 치밀어 오르는 화를 누르지 못하고, 씩씩대며 성질을 부리는 과정에서 내 평판은 깎이고, 팀장, 팀원들과 관계가 껄끄러워지면 회사생활의 불편함만 커질 뿐이다. 내 정신건강은 소중한 만큼 바뀌지 않는 것에 쓸데없이 힘을 쏟지 말자. 적당히 분위기 맞추면서 시키는 일을 주어진 시간 내에서 적당히 하고 추이에 맞춰서 보완하거나 수정해서 주는 정도면 충분하다.

그럼에도 되지 않을 것 같은 일들을
해내는 것이 프로 직장인이다

★ ★ ★

삼성 갤럭시의 Z플립의 초기 모델은 품질 이슈와 가격 때문에 외국 언론과 소비자들로부터 조롱을 당하기까지 했지만 이제는 연간 1000만대 판매를 올릴 수 있을 정도의 폼팩터(제품 외형, Form Factor)로 도약함으로써 젊은이들 사이에서 선풍적인 인기를 끌고 있다. 주말이면 엄청난 인파가 몰리는 신세계그룹의 스타필드도 처음에는 그 먼 곳까지 누가 가냐며 회의와 조롱 섞인 시선을 받았던 프로젝트였다.

'이건 기술적으로 불가능해', '그렇게 하면 아마 위에서 싫어하실 거야', '규제당국에서 절대 허락하지 않을 거야' 등등. 안정을 추구하는 사람들은 대부분 안 되는 이유를 찾느라 바쁘지만 변화를 만드는 사람들은 되게 만들 수 있는 방법을 찾는다. '한번 시도라도 해볼 수 있지 않을까?', '이렇게 풀어보면 되지 않을까?'

만들어 놓기만 하면 팔리는 명품, 알아서 손님들이 몰리는 점포에 인재가 왜 필요하겠는가. 누구나 예상할 수 있고, 누구나 해낼 수 있는 일을 해내는 것은 큰 의미가 없다. 삼성전자 모바일 사업부는 고객의 비아냥거림을 극복하고, 강력한 S/W와 생태계, 브랜드, 수익성을 두루 갖춘 애플에 맞설 수 있는 방법을 찾아야 되고, 반도체 파운드리 부문에서는 TSMC와의 줄어들지 않는 격차를 줄일 묘안을 찾아야만 한다. 난세에서 영웅이 나듯이, 험지에서 자신을 증명하는 것이 실력이다.

누구나 고생스럽게 위기를 마주하고, 극복해야 한다는 의미가 아니다. 당연히 직장인들은 월급을 받고, 주어진 업무를 잘 수행해내는 것만으로도 기본적인 책무는 다한 것과 다름없다. 하지만 그만한 정도의 노력만으로 이뤄낼 수 있는 일들은 한계가 있다는 점을 인정할 필요가 있다. 적게 일하고, 주어진 업무만 수행하면서 대단한 성과를 내고, 자기 효용감을 느끼며 회사에서 인정받는다는 아름다운 각본은 현실에서는 존재하지 않는다.

되지도 않을 일에 대처하는 자세

★ ★ ★

아, 그건 저희 색깔에 맞지 않습니다.
그건 예산 문제로 어렵습니다.
저희도 이미 고려해봤지만 쉽지 않습니다.
지금까지 전례가 없는 일입니다.

대한민국 90% 이상의 직장인들은 위와 같은 화법을 구사한다. 분명

입사 전까지는 "도전을 마다하지 않는 삶을 살아왔고, 앞으로도 끊임 없는 변화와 혁신을 추구합니다."라고 했던 이들인데 몇 개월의 시간 만 지나면 금세 회사생활에 최적화되어 변화를 기피하고, 기존의 것 을 고수하는데 최선을 다하는 '안 됩니다' 봇이 되어버린다.

핑계 없는 무덤이 어디 있으랴. 각자에게는 합당한 히스토리와 이유가 있을 것이다. 필자도 아무리 일해도 늘지 않는 연봉과 복지, 답답한 상급자의 업무수행 방식과 하나같이 수동적이고, 나태한 동료 직원들을 타박하며 '그러니 나도 이럴만하다'라고 나의 태만을 합리 화하던 시절이 있었다.

하지만 대다수의 사람들이 그렇게 현실과 타협하고 타성에 젖는 와중에도 누군가는 보이지 않는 곳에서 도무지 이해할 수 없는 제도, 부조리함과 치열하게 싸우며 불합리한 제도와 시스템을 바꿀 수 있는 날을 기다리며 조용히 힘을 키우고 있다. 그런 대조적인 태도가 드라 마 〈슬기로운 의사생활〉의 한 장면에도 나왔다.

임신 19주된 산모가 양수가 터져 병원 응급실에 들어왔다. 응급 당직인 염세희 교수는 산모에게 상황을 설명한다.

"지금 주수(19주)에서는 더 이상 할 수 있는 게 없습니다. 아기가 살려면 최소한 24주는 되어야 하는데 지금은 너무 빨라서 주수를 끄는 게 의미 가 없어요. 설령 주수를 끈다고 해도 너무 일찍 양수가 나와 버려서 폐 성숙도 안 될 거고, 태어난다고 해도 얼마 버티지 못할 겁니다. 염증의

소스가 될 수 있어서 산모도 위험할 수 있어요. 마음을 추스를 시간이 좀 필요하실 것 같네요."

절망에 빠진 산모는 옆에 있던 추민하 선생(레지던트 2년차)에게 산부인과 전문의 양석형 교수로 담당 의사를 바꿔 달라고 간곡히 부탁하고, 염세희 교수의 허락을 전제로 양석형 교수는 산모의 담당을 맡기로 한다.

"상황이 안 좋은 건 사실입니다. 아기 생존 확률이 상당히 낮아요. 하지만 그 확률이 제로는 아니니까 그 확률에 모든 걸 걸고 최선을 다해 보겠습니다. 아기는 항생제 쓰면서 지켜볼 거고, 23주 정도 되면 폐 성숙 주사도 고려해 볼 거예요. 불행 중 다행으로 아기는 아직 엄마 뱃속에서 잘 움직이고 있네요. 엄마가 감염에 대한 징후나 열도 없고 안정적이고, 혹시나 수축이 생기면 수축 조절할 수 있는 약도 쓰면서 경과 지켜볼 겁니다. 내일 회진 때 뵙겠습니다."

같은 날 같은 산모에게 내려진 천당과 지옥을 오가는 진단을 보며 깊은 생각에 빠지는 추민하 선생, 서로 다른 환자의 차팅이라고 생각한 동료 선생의 질문에 이렇게 답한다.

"같은 날, 같은 산모예요. 차팅한 사람도 같은 사람 추민하, 저고요. 산모도 같고, 날짜도 같고, 전공의도 같고, 교수님만 바뀌었는데 차팅이 몇 시간 만에 완전히 바뀌었어요…!"

회사에는 안정을 추구하는 이들이 가득한 듯 보이지만 그 안에서도 회사를 변화시키는 상위 10%의 셀프 리더들이 있다. 항상 전례 없는 시도를 마다하지 않는다. 모두의 반대를 무릅쓰고, 가능한 방법을 찾는다. 끊임없이 반대하는 세력들을 회유하고 설득한다.

"납기가 너무 빠듯합니다", "법 규정이 까다로워 리스크가 큽니다", "저희 내부 통제기준과 절차상 불가능합니다" 필자도 플랜트 회사 해외영업 사원 시절, 프로젝트 수주까지 짧게는 수개월, 길게는 1년 가까운 시간 동안 끊없는 반대와 설득을 마주했다. 상급자들의 의사결정과 리더십에 끌려가며 시키는 일을 했을 뿐이지만 PM, 구매, 생산, 설계 등 수많은 부서들의 반대를 마주할 때마다 임원진과 팀장은 수도 없이 공장을 오가며 미팅을 진행했고, 그렇게 답을 찾기 위해 동분서주, 고군분투 한 끝에 수 조원대의 공사 하나를 따낼 수가 있었다.

세상에 되지 않을 일은 존재하지 않는다. 혁신과 변화는 항상 되지 않을 일에 도전했던 사람들의 것이었다. 그 되지도 않을 것 같은 일에 부딪혀 보고, 방법을 찾는 것이 진짜 똑똑한 사람들의 역할이다. 끊임없이 성장과 생존을 위해 고군분투하는 경영진 입장에서는 하나하나 시시비비를 따지는 직원보다 되든지 안 되든지 일단 해보겠다고 외치고, 방법을 찾기 위해 고심하는 부하직원을 계속 찾고 곁에 두고 싶을 수밖에 없다.

맹목적인 YES가 아니라 합리적인 NO를 지향하라

★ ★ ★

회사의 비전과 전략적 목표에 따라 각 본부, 팀, 개인별 업무가 할당된다. 개별적으로 수행된 업무는 보고와 취합의 과정을 거쳐서 다시 위로 전달된다. 대리, 사원들이 수행한 업무들이 모이고 취합되어 차·과장에게 보고되고, 차·과장들의 업무가 모여 부장에게, 부장들의 업무가 모여 이사·상무에게, 이사·상무들의 업무가 모여 경영진 임원에게, 경영진 임원들의 업무가 모여 CEO에게 전달된다.

결국 상부에서 내려온 전략적 목표가 수행 불가능하다면 왜 못하는지에 대한 이유가 모두에게 필요하다. 그리고 보고자 입장에서 이는 노력했다는 증거가 된다. 내가 받는 급여만큼 회사를 위해서 고민했다는 결과물이자 성과이다. 뭐만 주면 투덜대는 직원과 우선 "알겠습니다!"를 외치고서는 가서 한참 고민해서 안 되는 이유를 열심히 찾아서 가져오는 직원. 누가 더 좋은 평가를 받을지는 안 봐도 답은 뻔하다. 임원에게 지시를 받은 부장도 이유와 근거가 필요하고, CEO에게 지시 받은 임원도 이유와 근거가 필요하다.

누가 봐도 안 되는 일이라고 하더라도 안 되는 이유라도 찾고, 정리해서 보고를 올려보자. 그래야 사업을 접든지 문제를 해결할 수 있는 방법을 찾아서 새로운 관점을 제시하든지 회사차원의 의사결정이 이어질 수 있다. 말도 안 된다고 생각되는 지시가 위에서 내려왔을 때 이제는 그러려니 하고 받아들이고, 웃으면서 안 되는 이유라도 잔뜩 찾아서 보고할 수 있는 여유를 가져보자.

모두가 각자의 게임에 충실할 뿐이다

★ ★ ★

ENA에서 방영된 〈이상한 변호사 우영우〉 12화에서는 미래생명의 인수합병으로 부당하게 해고당한 여성들이 제기한 소송을 다룬다. 미래생명의 인사부장은 직원들을 한 명씩 불러 회사의 일방적인 방침을 설명하고, 회유 아닌 회유를 하며 퇴사를 유도한다. 극악무도한 역할을 자행한 인사부장은 법무법인 한바다 변호사들과의 대화에서 이렇게 얘기한다. (소를 제기한 두 명의 여성 직원들에 대해) "딱히 문제 삼을 건 없었어요. 회사 일을 열심히 했다고도 볼 수 있었죠. 두 번이나 최우수 사원에 꼽혔으니까. 이지영 대리도 회사생활 적당히 잘 하는 편이었고요"

이 무슨 두 얼굴의 사나인가 싶지만 그의 행동에 대한 답이 12화 말미에서 나온다. 결국 소송은 미래생명의 승리로 끝났다. 그런데 승소를 했음에도 좋지 않은 인사부장의 표정을 보고, 정명석 변호사가 이유를 묻자 "판결 잘 나와봤자 저한테 좋은 일인가요. 회사만 신났지. 사실은, 저 해고될 것 같습니다. 알고 계셨던 거 아닌가요? 회사에 인사부장 뒤탈 없이 자르는 방법 같은 거 조언해주시지 않았나 싶은데. 명목상으로는 이번 구조조정 잘 못해서 자른다는데, 재판에 집회에 뉴스보도까지 일이 커지긴 했으니까요. 근데 처음부터 이럴 생각이었던 것 같아요…"

결국 인사부장도 사람이다. 인수합병이라는 회사의 전략적 방침에 따라 인사부장으로서 수행해야 되는 일을 했을 뿐이다. 양심적 업무거부를 할 수도 있었겠지만 쉽지 않았을 것이다. 그가 하지 않았다면 새로운 후임자나 다른 대체할 사람이 나타나서 똑같은 업무를 했을 것이고, 개인적 측면에서 봐도 한 집안을 책임지는 나이 50의 오갈 곳 없는 가장이 회사의 지시를 거부하기란 쉽지 않은 일이다. 생존과 생계가 걸려 있는 일이니까.

감사팀은 모든 회사원의 공공의 적으로 인식된다. 불필요해 보이는 규정을 앞세워 업무 프로세스와 절차, 비용이 적합하게 쓰였는지를 깐깐하게 따져 묻고 몰아붙인다. 당하는 입장에서야 아무리 짜증 난다고 한들 그들의 역할이 있어야 회사의 자원을 부당 편취하는 이들을 잡아낼 수 있고, 상품이 위험하다고 사사건건 따져 묻는 리스크 부서가 있어야 영업·마케팅의 무분별한 매출확대 기조를 억제시킴으로써 조직의 리스크를 낮출 수 있게 된다.

영업팀은 매출극대화를 위해서 때로는 불리한 조건으로 계약을 체결하기도 하고, 재무팀은 자금회수율과 수익성을 높이기 위해 영업팀의 채권추심을 지원하고 비용 지출을 억제한다. 마케팅팀은 좋은 제품을 만들기 위해 설계·R&D 부서에 끊임없이 방법을 도출해줄 것을 요구하며, 설계·R&D는 일정과 비용의 어려움 때문에 마케팅팀의 계획이 비현실적이고 달성 불가능하다고 자신들의 입장을 끊임없이 주장한다.

결국 직장인들은 직급 고저에 관계없이 각자에게 주어진 책무와 역할에 최선을 다한다. 그 과정에서 각 부서들 간의 팽팽한 균형이 유지되면서 하나의 조직이 굴러가게 된다. 내 뜻대로 도와주지 않는다고 하여 너무 미워할 필요도, 내가 뜻한 대로 타 부서의 협업을 이끌어내지 못했다고 해서 자책할 필요도 없다. 다만 그 안에서 **Physical**과 **Relationship** 스킬을 활용해 각 부서들 간의 팽팽한 대립 사이에서 변화를 만들고 일을 추진시킬 수 있는 능력을 가진 이들이 진정한 실력자가 될 것이다.

때로는 끝없는 시비와 반대로 일관하는 빌런들을 만나기도 한다. 왜 내 앞에 '이런 빌런이 나타나서 나를 괴롭히나'라는 생각이 들 때도 많을 것이다. 그럴 때마다 이렇게 생각하자. '내가 더 똑똑하고, 내가 더 너그럽기 때문에 한 발짝 물러나서 회유해보자. 낮은 자존감, 높은 자존심만 가지고 있는 이들과 싸워서 얻을 게 없다'라고.

실제로 사회에는 상식으로 이해할 수 없는 사람들이 많다. 상식적이지 않은 사람에게 상식을 강요하는 것은 어리석다. 인생을 모르는 초등학생에게 인생을 논하고 사랑을 논하며 스트레스를 받는 어른이 있다면, 분명 초등학교 수준의 인성과 인내를 가진 미숙한 어른임에 틀림 없다. 빌런들을 만났을 때 난 더 크게 될 사람이라는 생각으로 그들에게 한 수 접어주는 배포와 자비를 보여주자.

열심히 일해도
'전문성'이 보이지 않는 이유

많은 초년생들이 회사·직무를 선택하는데 있어서 '전문성'을 따진다. 그런데 재밌는 사실은 마케팅, 영업, 인사, 구매, 기획, 생산, 설계 등등 어떤 직무의 직장인도 '나는 전문성을 쌓고 있다는 느낌이 든다'는 말을 하는 선배 직장인들은 찾아보기 어렵다는 사실이다.

대체 왜일까?

이는 '전문성'에 대한 정의 자체가 잘못된 탓이다. 결론부터 말하자면 어떤 직장·직무에서도 '전문성을 쌓는다'는 느낌을 받기는 어려울 것이다. 예를 들어보자. 동네축구 1,000게임을 뛰었다고 실력은 절대 끝없이 늘지 않는다. 동네에 있는 무리들은 언제 붙어도 가볍게 누를 수 있을지 모르지만 천재가 아니고서야 아무리 많은 게임을 뛰어도 동네축구 수준을 벗어날 수 없는 게 한계다. 하지만 전국구, 해외로 나가면 기본적인 기술 습득 수준뿐만 아니라 여러 기술 간의 조합부터 게임 전체를 보는 눈과 상황에 맞는 전술 전략까지 질 높은 경험을 빠르게 쌓을 수 있다. 때문에 동네축구 수준을 벗어나기 위해서는 맹목적인 '횟수 늘리기'가 아니라 '지식의 확장'을 기반으로 한 횟수 늘리기가 필요하다. 지식의 확장 없이는 미술품에 담긴 작가의 의도 하나 제대로 읽을 수 없고, 김연아 선수의 피겨 스케이팅을 봐도 '아름답다'라는 말만 반복할 수 있을 뿐 어떻게 점수가 계산되는지 평생을 가도 알 수가 없다.

회사생활에서의 전문성도 똑같다. 전문성은 '지식'과 '경험'의 구분에서 출발한다. 4년제 대학교에서 우수한 성적을 거둔 졸업생에게 전공 관련된 이론이나 개념에 대해서 물었을 때 제대로 답변하는 사회 초년생들은 거의 없다. 대부분은 그저 높은 학점을 목표로 커리큘럼에서 주어진 과제와 시험에만 충실했기 때문이다. 대신, 공모전, 대외활동, 인턴 등의 다양한 경험을 쌓았다는 것에 만족감을 느낀다. 하지만 그들이 쌓은 것은 '지식'이 아니라 '경험'이다. 축구로 치면 '횟수'를 늘렸을 뿐 '지식의 확장'이 일어나는 부분은 거의 없다. 일부 업계와 회사와 관련된 지식 일부를 쌓았다고 주장할 수 있는지 모르겠지만 이는 '일회성 지식'일 뿐 평생을 먹고 사는데 쓸 수 있는 '지식'은 확실히 아니다.

보통 직장 초년생들이 맡는 업무에는 고도의 지식을 요하는 것들이 없다. 시장조사, 거래처 관리, 매출분석, 판매 제품 품목 별 원가분석 등 시간이 갈수록 같은 업무를 더 효율적이고 빠르게 해낼 수 있게 되면서 업무범위는 계속 확장된다. 하지만 '깊이'는 쉽게 생기지 않는다. 농축수산물의 품질을 꼼꼼하게 파악하기 위해서는 '날카로운 눈'보다도 '농축수산물의 품질을 판단하는 상품별 특성과 요소들'에 대한 이해가 먼저다. 데이터들 간의 상관관계를 더욱 심도 있게 분석하고 인사이트를 도출하기 위해서는 통계적 지식과 빅데이터와 AI를 활용한 데이터 처리의 속도를 높여야 한다. 데이터 부하를 줄이기 위한 방법을 고안해내기 위해서는 DB와 모델링, 백엔드에 대한 이해가 필수적이다.

아는 만큼 깊이 있게 사안을 들여다보고 다각도로 분석할 수 있는 힘이 생긴다. 물론, 경험을 통해서 감각적으로 확장되는 지식도 있지만 체계를 갖춘 지식이 아닌 파편화된 단편적인 지식들이 대부분이다. 애석하게도 4년제 대학교를 나와서 학부생들이 맡게 되는 대부분의 직무들은 '반복되는 경험'을 통해 해낼 수 있는 일들이 대부분이다. 더 복잡하고, 어려운 분석·기획적인 업무들은 해외 유수대학 출신, 석·박사 인력들이 맡고, 학부 출신의 인력들은 그들이 제시한 방향성에 따라 영문도 모른 채로 따라가는 경우가 많다. 그리고 이러한 트렌드는 제조업 중심의 노동집약적 시대를 벗어나 지식과 기술 기반의 고부가가치산업 중심 시대로 빠르게 전환될수록 가속화될 것이다.

학부 졸업생들이 맡는 업무들 대부분은 쉽게 대체가 가능하다.

내가 아무리 회사에 불만을 제기하고, 투정을 부려도 회사 입장에서 크게 동요하지 않는 이유다. '나 같은 인재를 홀대한다'는 생각은 오롯이 혼자만의 생각이다. 나는 일반적인 기본 전공과목들을 이수하고 취업한 학부생일 뿐이며 나를 대체할 수 있는 인력들은 차고 넘치기 때문이다. 물론, 그 중에 뛰어난 실행력을 보이는 잠재성을 가진 이들이 있는 것도 사실이지만 100명 중 1명 꼴도 되지 않으며 1%에 들기 위해서는 '지식의 부족'을 '시간과 에너지, 열정'이라는 피지컬로 가득 채워야 가능해진다.

사회초년생 시절 맡는 업무의 대부분은 높은 수준의 지식을 요구하지 않는다. 하지만 점차 업무 범위가 넓어지고, 사안의 복잡성, 의사결정의 중요성과 난이도가 더해질수록 수준 높은 지식을 필요로 할 것이다. 연차의 상승에 맞춰 필요한 지적 수준을 갖추지 못한다면 연차에 비해 기대실력이 미치지 못하는 순간이 도래한다. 문제는 대부분이 냄비 속 개구리처럼 물이 언제 끓고 있는지도 모른 채 하루하루를 보낸다는 것이다. 위험이 닥치고서야 뒤늦게 변화의 필요성을 느끼지만 이미 너무 늦은 때인 경우가 많다. 대기업 임원, 팀장급 인사에서 40~50대가 밀려나고, 30~40대가 파격승진했다는 소식이 공공연하게 들려온다. 열심히 회사를 위해 몸 바쳤음에도 견장 하나 차지 못한 중간관리자들이 외부에서 낙하산을 타고 온 나이 어린 상사 밑에서 군소리 없이 묵묵하게 최선을 다할 수밖에 없는 이유일 것이다 .

전문성은 알아서 쌓이지 않는다. 새로운 지식을 탐구하고 습득해 사고의 깊이를 더하고, 경험의 질을 높여 나갈 때 비로소 실마리가 보일 것이다.

기본 스킬만 100% 발휘해도
괴물 신입으로 시선집중!
_ 피지컬

보고서 작성의 기본,
Top Down & Detail

보고서는 논문이 아니다. 학교에서 한 달 내내 공들여 작성했던 소중한 15장짜리 리포트는 회사에서는 의미 없는 종이다. 본부장·임원까지 갈 것도 없이 팀장·사수 선에서 한마디면 컷 당한다.

"결론이 뭐야? 그래서 뭐 하자는 건데?"

보고서 작성배경과 작성목적, 시장동향부터 느긋하게 작성된 보고서로 급변하는 시장변화에 빠르게 대처할 수 있을까? 대학생 마인드로 잔뜩 늘어지게 작성한 보고서는 회사에서 누구의 시선도 끌지 못한다. 1주일을 꼬박 새서 찾은 정보와 자료들이 너무 소중해서 하나도 빠짐없이 꾹꾹 눌러 담은 보고서는 보고서가 아니라 혼자만의 비밀일기에 가깝다. 급변하는 경영환경 속에서 빠른 대처가 필요하다고 가장 크게 부르짖은 이들이 누구였는가? 보고는 의사결정권자의 빠른 결정에 필요한 유용한 정보를 제공하는 데 목적이 있다. 서론부터 장황하고, 자신의 수고가 녹아있는 온갖 불필요한 자료들이 총망라되어 있는 리포트도 현업에서는 이면지에 불과하다.

보고서는 Top Down

★ ★ ★

보고서는 항상 '결론'부터 제시한다. 의사결정이 필요한 사안이 무엇인지, 어떤 의사결정이 필요한 것인지를 빠르게 파악할 수 있도록 작성하는 게 핵심이다. 그리고 그렇게 판단하는 근거와 이유, 대안별 장·단점과 기대효과 등을 위에서부터 아래로 제시하자. 보고 받는 입장에서는 결론을 통해 의사결정이 필요한 사안인지 아닌지를 빠르게 판단한다. 중요한 사안이 아니면 빠르게 넘겨 버리고, 중요한 사안이라고 판단된다면 문제원인을 파악하고 그에 따른 대응 전략을 수립하게 된다. 효율적인 의사결정에 최적화된 프로세스다.

수십, 수백 페이지에 달하는 보고서는 상층부의 의사결정을 위한 목적 또는 수개월짜리 프로젝트의 결과 보고가 아니고서야 현업에서 없다고 봐도 무방하다. 99%의 보고서는 반드시 1페이지 내로 결론을 포함한 핵심사항들을 전달할 수 있어야만 한다. 표지에서 혹은 헤드Head에서 결론이 제시되지 않았거나, 제시된 결론이 시선을 끌지 못한다면 철저하게 외면당할 것이라는 사실을 명심하자. 먼저 확실하

〈수정 전〉

최신 소비 트렌드 및 기술동향 조사

2023.02.18

1. 작성배경
   - 자사 제품, 서비스 전략 제고에 접목할 수 있는 신기술 트렌드 및 동향 파악
   - 자사와 경쟁사의 제품/서비스 전략 비교를 통한 비교우위, 약점 및 개선안 도출

2. 기술동향
   - 블록체인 기술
   - NFT기술에 대한 관심도가 높아지면서 게임업계에서도 활발하게 NFT 기술을 적용 중
   - 제페토에서는 450만원짜리 구찌백이 판매되며 샤넬 화장품도 제작되고 있는 상황

〈수정 후〉

최근 소비 트렌드 및 기술동향 조사

2023.02.18

1. 핵심요약
   - MZ세대 중심으로 메타버스 게임 내 NFT기술 적용 아이템 판매가 전년 대비 3배 증가.
   - 유저 참여형 플랫폼 제공으로 유저들의 자발적 참여 및 신규 앱의 지속적 양산 유도

2. NFT기술 적용 사례
1) 제페토의 NFT활용 전략
   - 글로벌 2억 명의 사용자가 이용하는 제페토는 글로벌 유수 브랜드 제휴 기반 한정판 아이템을 게임 내 출시하여 최근 구찌에서 출시한 가방이 450만 원에 판매.

게 관심을 끌고, 그에 대한 배경자료와 근거, 계획을 차례로 제시한다는 생각으로 보고서를 작성하는 습관이 필요하다.

보고서 작성의 목적을 생각하라

★ ★ ★

Ohms Intl. 영업본부 월간 업무 보고↵

1. 5월 월간 판매목표 달성률↵

↵	Planned↵	Actual↵	달성률↵	↵
영업1팀↵	230M↵	250M↵	108.7%↵	↵
영업2팀↵	150M↵	140M↵	93.3%↵	↵
영업3팀↵	96M↵	150M↵	156.3%↵	↵
합계↵	476M↵	540M↵	113.4%↵	↵

- 지난 달 목표를 13.4% 초과한 540M 수주 달성↵
- 영업1팀, 영업2팀, 영업3팀 각 목표 대비 8.7%, -6.7%, 56.3% 초과달성↵

처음에는 다들 기계적으로 보고서를 작성한다. 월요일엔 주간 업무보고, 월초엔 월간 업무보고, 판매가 끝나면 판매실적 보고를 작성한다. 유관부서들로부터 숫자를 받아서 매주, 매월 같은 양식에 복사, 붙여넣기로 때려 넣는 단순한 일처럼 보인다. 이유야 어쨌든 기계적으로 취합된 자료를 팀장에게 들이밀면 항상 빨간펜 신세를 면치 못한다. 기계적으로 수행되는 업무라 해서 의미가 없는 것은 아니다. 보고자가 보고서 작성의 의미를 모르는데 보고 받는 입장에서는 의미를 어찌 파악하며, 핵심 없는 자료를 들고 어찌 팀장·본부장에게 가서 보고를 할 수 있을까.

Ohms Intl. 영업본부 월간 업무 보고

1. 5월 월간 판매목표 달성률

	Planned	Actual	달성률	
영업1팀	230M	250M	108.7%	
영업2팀	150M	140M	93.3%	
영업3팀	96M	150M	156.3%	
합계	476M	540M	113.4%	

- 영업3팀 3Q 계약예정 건 선반영 영향으로 5월 목표 13.4% 초과 달성
- 영업2팀 자주공업 계약(20M) 건 6월초 이연으로 목표 미달
- 영업3팀 메카텍 8월 계약(70M) 예정 건 조기수주로 56.3% 목표 초과달성

　　예를 들면, 주기적인 실적과 진행상황을 파악하는 이유는 목표 대비 실적 간의 진행률 파악을 통해 빠르게 문제나 리스크를 파악하고 대처하는데 있다. 우리가 계획했던 주간 생산량 100만개 대비 10만 개가 부족했다면 이유가 무엇인지를 파악하고, 10만 개를 보충Makeup 할 수 있는 방안을 찾아야 고객사의 납기를 맞출 수 있을 것이다. 반대로, 새로 출시된 신제품의 주간 판매량이 목표치의 150%를 초과하는 상황이 발생했다면 자축하는 대신 시장 반응이 좋을 때 제품 생산을 재빨리 늘려 공급하는 게 중요할 것이다.

직급과 연차가 올라갈수록 모든 현안들을 일일이 챙기고 파악할 수 없다. 때문에 실무자 레벨에서 작성해서 올리는 정확하고 신속한 현안 보고는 단순해 보이지만 그 의미가 매우 중요하다. 내가 작성한 보고서로부터 기민한 대처와 대응이 시작될 수 있기 때문이다. 단순한 숫자 이면에 가려진 사건, 사고, 문제, 이유를 선제적으로 파악하고 상관에게 의사결정에 필요한 유용한 정보를 제공해야 된다는 본질을 항상 생각하면서 보고서를 작성해야 된다.

단편적인 사례를 제시한 것도 그런 이유다. 숫자 하나, 의미 하나를 파악하는 연습이 매주, 매월, 매년 쌓이면서 실력이 향상된다. 탁월한 업무수행능력과 보고서 작성능력, 어느 것도 어느 한 순간 벼락처럼 떨어지지 않는다.

그 놈의 디테일…

★ ★ ★

보고서를 작성해서 올리다보면 정신병이 걸릴 것 같은 순간이 하루에도 몇 차례 빈번하게 찾아온다. 보고서 하나를 작성해서 올리면 "옴 사원, 이거 표 간격이 안 맞는 것 같은데?", "여기 장평이 다른 거 아닌가?", "옴 사원? 재고하자고? 재고 아니야?", "옴 사원~~ 여기 쉼표 빠졌고, 여기는 마침표 빠졌네?"

…분명히 고쳐 가면 뒤에서 누가 몰래 다시 고쳐 놓는 것인지 싶을 정도로 보이지 않던 자잘한 숫자, 단위, 오타가 계속 등장한다. 분

Ohms Intl. 영업본부 월간 업무 보고

1. 5월 월간 판매목표 달성률

	Planned	Actual	달성률
영업1팀	230M	250M	108.7%
영업2팀	150M	140M	91.2%
영업3팀	96M	150M	156%
합계	476M	540M	113.4%

오답 *단위?*

소수점

– 영업3팀 3Q 계약예정 건 선반영 영향으로 5월 목표 13.4% 초과 달성
– 영업2팀 자주공업 계약(20M) 건 6월초 이연으로 목표 미달

– 영업3팀 메카텍 8월 계약(70M) 예정 건 조기수주로 56.3% 목표 초과달성

장평

주하게 재차 수정하는 과정에서 '내가 이러려고 대학 졸업 했나'라는
자괴감과 '이런 것까지 신경 써야 돼?'라는 볼멘소리가 절로 나온다.

이 부분이 언뜻 잘 와닿지 않는다면, 본인이 부하직원으로부터
위의 보고서를 전달 받았고, 그대로 팀장·임원에게까지 보고를 올려
야 된다고 생각해보자. 군인들도 다 같은 사람이니까 설렁설렁 군화
끈도 풀려 있고, 철모도 삐뚤게 쓰고, 이제 막 자다 일어난 퀭하고 멍
한 눈빛으로, 고무링 하나쯤은 챙기지 않아도 이해해줄 수 있겠는지.
아무리 전쟁이 났어도 그렇지 수류탄 하나 놓고 왔다고 너무 하는 거
아니냐고 화낼 수 있는지 생각해보자.

회사는 '거대한 성과' 하나로 인정받을 수 있는 곳이 아니다. 언제, 어디서, 무엇을 시켜도 빠르고, 정확하게, 꼼꼼하게 해내는 사람에게 믿음이 가기 시작한다. 1년, 2년, 3년이 되어서도 그 텐션을 꾸준하게 유지했을 때 더 단단한 신뢰가 쌓인다. 그러면서 '이 친구한테는 더 책임감 있는 일을 맡겨도 되겠구나'라는 확신을 갖게 된다. 때문에 매일매일 작성해서 올리는 보고서는 곧 나의 분신이나 마찬가지다. 상사는 사소한 보고서 하나를 올려도 눈에 잘 들어오는 균일한 간격으로 그려진 표와 통일된 단위, 오와 열을 잘 지켜 배열된 텍스트, 오타 하나 없이 작성된 텍스트를 보면서 당신이라는 사람을 판단한다.

때문에 우리는 보고서 하나도 허투루 쓸 수 없다. 사회초년생 때는 그렇게 어렵고 답답했던 보고서 작성의 기본원칙은 1~2년 정도만 회사 짬밥을 먹으면 금세 익숙해질 수 있다. 여기서는 조금 더 빨리 깔끔하고 정돈된 보고서를 쓰고자 하는 초년생들을 위한 자잘한 팁들만 정리한다.

❶ 기준 통화와 단위를 통일하라.

113쪽에 삽입된 보고서도 잘못된 부분이 있다. 바로 '단위'가 없다. 원인지 달러인지, 천원인지, 백만인지 단위를 반드시 기입해주는 게 중요하다. USD, EUR 같은 이종통화라면 환율기준도 함께 기입해 줘야만 한다. 예를 들면, '(단위: 천 원), (단위: USD Mil.)'같은 식으로 말이다.

❷ 단위와 소수점 기준을 맞춰라.

초보적인 내용이지만 초년생들이 자주 실수하는 부분이다. %를 표기하거나 큰 단위를 줄여서 표기하는 경우 소수점은 필수다. (26,370,123 USD라면 26.4 Mil. USD로 표기하는 경우가 그렇다.) 소수점을 기입할 시 소수단위에 0이 있는 경우 빼먹는 경우가 많다. 소수점 이하의 숫자가 0이라고 해도 반드시 소수점 표기를 해야 오와 열이 맞고, 소수점이 없음을 명확하게 알 수 있다. (예를 들면, 소수점 둘째자리 반올림인 경우 36.0%, 26.0 Mil KRW / 소수점 셋째자리 반올림인 경우 36.50%, 26.03 Mil KRW)

❸ 오와 열을 맞춰라.

보고서의 심미성은 가독성을 높이고, 꼰대 선배님들의 심리적 불안을 안정시키는 데 특효다. 오와 열 맞추는 게 뭐가 어렵냐고 생각할 수 있겠지만 기본적으로 표를 그릴 때에는 '행과 열 간격 동일하게' 기능을 활용해서 비교가 필요한 열 사이에 너비를 반드시 맞춰주고, 행 간격은 기본적으로 모두 동일하게 하는 게 좋다. 보기 좋은 떡이 먹기도 좋고, 청결하고 깔끔한 식당일수록 만족도는 높아지기 마련이다.

Ohms Intl. 영업본부 월간 업무 보고

영업기획팀 옴스
2023.02.18

1. 5월 월간 판매목표 달성률
   1) 영업3팀 3Q 계약예정 건 선반영 영향으로 5월 목표 13.4% 초과 달성
      i. 영업2팀 자주공업 계약(20M) 건 6월초 이연으로 목표 미달
      ii.

장평도 마찬가지다. 문서를 작성하다 보면 장평이 달라지는 경우가 비일비재하게 발생한다. 제목과 표 사이의 간격은 표 다음 이어지는 텍스트 사이 간격과도 동일해야 좋다. (이렇게까지 해야 되나 싶으면 스킵해도 좋다.) '1. 1) a)'와 같이 제목이 상위에서 하위로 갈수록 들여쓰기를 통해 내용 구분이 한 눈에 보이게 한다.

❹ 쓸데없어 보이지만 빠뜨리면 안 되는 것

보고서 작성일, 부서, 작성자를 점검하자. '내가 올리는 걸 몰라서 쓰라는 것이냐'고 생각할 수 있겠지만 이 보고서가 몇 단계 위까지 보고될지 모를 일이다. 그들은 나의 존재를 모르고, 우리 팀 말고도 여러 팀의 보고를 동시에 받는 사람이다. 어떤 팀, 누가 작성했는지 알아야 궁금한 점이 생기면 연락이라도 할 수 있지 않겠는가.

그리고 보고서 마지막에 넣는 '끝'을 잊지 말자. 잘린 부분은 없

는지 확인하고, 보고서 종료지점을 알 수 있는 중요한 부분이다. 그리고 페이지 '바닥글'에 반드시 '페이지 번호'를 넣어주자. 지금 보고 있는 보고서가 1장인지, 2장인지, 끝인지 아닌지를 판단하는데 있어서 매우 중요한 요소다. 보고서가 한 페이지더라도 '- 1 -'보다는 '- 1/1 -'이 명확하고 좋다.

❺ 오탈자를 점검하자.

신기하리만치 보고만 하러 가면 오타가 보인다. 그럴 수 있다. 한 번 틀렸던 부분들을 잘 체크했다가 이후에 잘 보면 된다. 필자 또한 '성미가 뭐 그리 급해서 보고서만 썼다 하면 오타가 왜 이렇게 수두룩 하냐'라며 초년생 내내 핀잔을 들었었다. 중요한 건 누가 '실수를 반복하지 않느냐'이다. 각자마다 쓰는 보고서, 내용, 상황 모두 다르기 때문에 상황에 맞게 최선을 다해서 작성하고, 혼날 때마다 고쳐 나가면 된다. 열심히 혼나고 포스트잇에 써서 모니터에 붙이자. 보고서를 다 쓰고 나서 포스트잇에 써놓은 사항들을 한 번 더 점검하자.

우리는 날 때부터 완벽한 사람이 아니다. 학습과 반복을 통해 나아간다. 누가 더 빨리 문제점을 자각하고, 누가 더 빠르게 개선해 낼 수 있느냐가 실력이다.

보고서 작성의 응용, 변칙보다는 기본과 속도

청찬 받는 보고서 작성, 생각보다 어렵지 않다. 특별함, 화려함에 집중해봐야 핀잔만 듣기 십상이다. 보고서는 탄탄한 기본기에 집중하는 게 가장 중요하다.

1. 기존의 형식에서 벗어나지 않는 게 좋다

★ ★ ★

tvN 드라마 〈미생〉에서 장그래는 영업3팀 IT관련 자료들을 정리하라는 명을 받는다. 제 딴에는 어렸을 적 대국기록을 정리하던 로직을 활용하여 기존의 폴더, 파일 관리·저장 구조를 논리적으로 수정했지만 장그래에게 돌아온 건 극대노였다.

초년생 입장에서는 모든 게 비효율적으로 보일 수 있다. 하지만 장그래가 바꾼 것은 영업본부 전체 인원이 오랜 시간 사용하고 익숙해져 있는 파일관리 형식이었다. 내 기준에서는 아무리 '이게 맞다' 싶어도 조직 관점에서는 아닐 수 있다는 이야기를 여러 차례 했었다. '보고서 형식'에 있어서도 그렇다.

나름대로 새롭게 고안한 형식과 패턴, 멋지고 화려한 디자인에 신경 써봐야 말짱 도루묵일 수 있다. 보고서는 내 눈, 내 마음에 편한 게 중요한 게 아니라 '보고받는 입장'에서 편한 게 중요하다. 그들은 수 년, 십수 년 동안 작성하고, 보고 받아왔던 보고서 패턴에 익숙하다. 구닥다리 파워포인트 포맷과 예스러운 폰트의 교체는 '전사적 차원'에서만 변화될 수 있다. 회장님, 사장님의 지시로 회사 CI 리뉴얼 **Corporate Identity Renewal**과 함께 모든 체계가 새롭게 정립되는 시점에서야 가능하다. 물론 그 때도 기본적인 보고서 작성 포맷과 폰트, 장평, 크기 등은 내가 정하지 않는다. 전사적 차원에서 통일된 표준양식이 제공될 것이다.

더 멋있게, 더 예쁘게 하겠다고 애먼 노력은 하지 않는 게 상책이다. 오히려 최근에 작성되었던 스타일의 보고서, 파워포인트 양식을 그대로 차용해서 보고서를 작성하는 게 안전하다. 상급자들이 특히 흡족해하던 보고서 양식과 작성방식을 그대로 차용해라. 본래 보고서는 형식보다 '내용'이 중요하다. 내용물이 빈약할수록 포장에 더욱 신경을 쓰기 마련이다.

여기는 화려함을 뽐내는 대학교가 아니다.

2. 내 뜻대로 보다는 네 뜻대로 써주자

★ ★ ★

보고서 작성 시에는 강한 자아를 없애는 게 물리적, 심리적 모든 측면에서 좋다. 내가 아무리 용을 쓰고 고민해서 보고서를 작성해도 팀장한테만 가면 퇴짜를 먹을 가능성이 99%다. 내 딴에는 틀리다고 생각한 문제도 실제로는 사수, 팀장의 관점이 맞는 경우가 많다.

사수, 팀장 관점에서도 생각해보자. 보고서 작성을 지시했더니 혼자 하루, 이틀을 꼬박 고민해서 마감 직전에 가져온 결과물의 방향성이 예상과 정반대이고 내용도 엉망이라면? 미치고 팔딱 뛸 노릇인 상황이 된다.

부하에게 보고 받은 보고서는 결국 다시 자신의 상관에게 보고해야 하는 자료가 된다. 그들은 통상적으로 상급자들이 선호하는 보고서 작성방식을 잘 알고 있다. 어떤 내용을 좋아하는지, 어떤 구성을 원하는지, 어떤 부분을 파고드는지 등등. 때문에 내 관점보다는 사수, 팀장의 관점을 최대한 활용해서 보고서를 작성하는 게 나뿐만 아니라 조직원들 모두의 시간을 효율적으로 관리하고 마음을 건강하게 유지할 수 있는 방법이다.

필자도 초반에는 나름대로 고민해서 이렇게 저렇게 보고서를 작성해 보았으나 결국 차장, 팀장 앞에 대령하는 순간 빨간 펜으로 난도

질당하지 않는 날이 없었다. 새로운 접근이 필요했다. 미팅이 끝나면 항상 지시한 사람에게 방향성을 확인했다. "과장님, 그러니까 고수익 카드 출시가 목적이니 소득수준 기준으로 고객군별 매출, 수익성 분석을 진행하고, 상위 소득고객들의 주요 소비패턴을 분석하라는 말씀이시죠?", "이번 문제의 원인을 분석해서 작성할 때 저희 쪽은 기한 내 수행한 테스트 내역과 결과를 명확하게 보여주는 데 집중하라는 말씀이시죠?" 내가 잘못 알아듣지는 않았는지 확인도 할 수 있을 뿐만 아니라 나중에 뭐라고 할 때 '응, 네가 쓰라는 대로 썼으니까 네 책임' 스킬도 시전 가능하다.

뭐 그러면 '무조건 까라는 대로 까라는 소리냐'라고 생각할 수도 있겠지만 일부는 맞고 일부는 틀리다. 먼저, 정해진 기준과 틀 안에서 내용으로 승부를 보는 게 중요하다. 두 번째로, 내 관점과 생각도 중요하지만 보고서의 작성 목적을 생각했을 때 윗사람들이 생각한 방향이 있을 수 있기 때문에 먼저 점검하면 불필요한 삽질과 추후의 멘탈 붕괴를 방지할 수 있다. 세 번째로, 윗사람들의 작성 지시 이면에 숨겨진 보고서 작성의 참의미를 깨닫는 게 중요하다. 예를 들어 제품테스트 단계에서는 문제가 없었고 생산단계에서의 문제가 명확한 상황이라고 하자. 직접적으로 생산단계의 문제라고 꼬집게 되면 자칫 본부 간의 감정싸움으로 번질 수 있다. 때문에 우선은 우리 본부가 다치지 않는 선에서 우리의 귀책이 없음을 명백하게 하는데 최선을 다하고, 이후의 과실에 대한 논의는 생략하는 것이 좋은 보고 전략이 될 수 있다. (누군가의 감정을 건드리지 않으면서도 나를 지키고, 그러면서도 원하는 일을 원활하게 수행해낼 수 있는 '적을 만들지 않는 절묘한 줄타기'가 중요하다)

상관이 원하는 작성의도, 보고서 구성, 흐름, 디테일대로 맞춤형 보고서를 써보자. '속도'와 '정확성'만으로도 그들은 매우 흡족해 할 것이다.

3. 보고서 작성 과정에서 수시로 점검 받아라

★ ★ ★

대학생들은 무언가를 남몰래 열심히 준비해서 짠하고 놀라게 해주고 싶어 하는 습성이 있다. "어우~ 나 시험공부 하나도 안 했는데 어쩌나 모르겠어.", "넌 이번 과제 잘 돼 가? 나 정말 어질어질 하네 ㅜㅜ" 하다가도 결과물을 내는 날만 다가오면 깜짝 퍼포먼스를 보여주는 것을 즐긴다. 물론 내가 무엇을 하고 있는지 누가 왈가왈부 참견하는 것도 싫고, 굳이 내 전력을 노출하고 싶지 않은 마음도 작용했을 것이다. 필자도 누구의 간섭을 받기 싫어하는 성격이라 너무 잘 알고 있다.

하지만 회사에서의 서프라이즈는 필패다. 기본적으로 회사에서는 뭔가 몰래 하는 것을 좋아하지 않는다. "옴 사원, 잘 되어가?", "정말 안 봐줘도 괜찮겠어?", "정말 잘 되고 있다고?"라는 질문은 '우리는 네가 뭘 하고 있는지 너무 두려워. 제발 얘기해주면 안 될까?'라고 생각해도 무방하다. 회사에서의 시간은 곧 금이고 돈이다. 나름대로 혼자만의 시간을 갖고 골똘히 생각하면서 이런저런 관점을 제시해보겠다는 생각은 '대학생 마인드'다. 회사는 함께 일하는 곳이고 내가 하는 일은 조직·팀의 방향성과 일치해야만 의미가 있을 수 있다.

반대의 경우도 있다. 나한테 보고서 작성을 지시하고서는 자기 일이 바빠 마감 직전까지 신경조차 쓰지 않는 경우도 비일비재하다. 그러다가 열심히 보고서를 작성해가면 그제야 버럭 화내기 시작한다. "아니, 옴 사원 대체 지금까지 뭐 한 거야!? 이제 와서 이렇게 써오면 지금 어쩌자는 거야??!!!!" 공황장애가 오는 순간이다. 시키는 대로 열심히 했는데 욕은 욕대로 야무지게 먹는 뭐 같은 순간이다.

때문에 우리는 보고서를 작성하면서 사수나 팀장으로부터 수시로 점검 받는 게 좋다. 내가 엇나가고 있지는 않은지, 방향설정은 제대로 되었는지, 너희들 입맛에는 맞는지를 말이다. 귀찮을 수 있다. 하지만 한참 삽질을 하고 난 다음에 방향이 틀렸으니 다시 하라는 지시를 받을 때의 참담한 심정이란 이루 말할 수 없다. 나나 그들이나 서로의 좋은 결과를 위해서는 불편함과 귀찮음을 무릅쓰는 게 차라리 낫다.

도대체 그들이 원하는 방향성이 무엇인지 알 수 없을 때는 대놓고 얘기하는 것도 스킬이다. "차장님, 어떤 식으로 작성하라는 말씀이신지 잘 이해가 가지 않습니다. 급한 보고서 같은데 제가 괜히 잘못 쓰면 안 될 것 같아서요. 죄송한데 조금 더 구체적으로 방향 좀 잡아주시면 안 되겠습니까?"라고. 그러면 어쩔 수 없이 한숨을 푹 쉬면서 빨간 펜을 들고 전체적인 밑그림을 그려줄 것이다. 나는 자리로 돌아가 열심히 색칠만 해오면 된다.

서프라이즈는 자신의 커리어를 위해 남몰래 자격증을 취득했거나 이직준비를 해서 퇴사를 통보할 때 정도면 충분하다. 나의 업무과정은 되도록 투명하게 윗사람들에게 공개하는 게 좋다. 내 업무가 투명해지는 만큼 그들의 부담과 책임은 커지고 나의 부담은 적어질 것이다. 팀 전체 업무 효율도 덩달아 높아진다. 난 속도와 정확성만 신경 쓰면 된다.

4. 비교자료 제시가 중요하다

★ ★ ★

회사생활은 항상 새로운 문제와 이슈의 연속이다. 어쩔 수 없다. 현재는 시간이 지나 과거가 되고 지속적인 변화 없이 회사와 조직은 경쟁에서 자연스럽게 도태될 수밖에 없다. 또한 새로운 이슈와 변화에 대응하기 위해서는 기준이 필요하다.

기본적으로는 과거의 이력, 데이터를 제시해줄 수 있다. 과거와 상황이 똑같을 수 없더라도 유사한 성격을 가진 과거 프로젝트나 이력들을 중심으로 비교 수치를 최대한 자세하게 제시해주는 게 핵심이다. 최대한 다양한 관점에서, 여러 기준을 제시해주고 한눈에 비교하기 쉬운 형태로 보고서를 작성해주면 좋다.

Utopia Construction Project 견적가 비교 분석

1. Utopia Plant Construction Project 개요
   - 발주사: Ohms State
   - 설치지역: North Sea
   - 공사규모: 35,000 tonnage
   - 공사기간: 36M
   - Scope of Work: Construction, Delivery, and Operation

2. 유사 Project 개요 및 실적

	Kris	Irine	Grin
공사규모	25,000 T	38,000T	16,000T
공사기간	24M	30M	14M
설치지역	North Sea	Gulf of Mexico	UAE
Scope of Work	CD	CD	CD
공사완료	2018.09.30	2019.06.03	2020.07.10
견적가	500Mil. USD	600Mil. USD	300 Mil. USD
주요 단위별 실적 비교			
T/Month	1,042 T/M	1,267 T/M	1,142 T/M
USD/T	20,000 USD/T	15,789 USD/T	18,750 USD/T

(T: Ton, M: Month, Mil: Million)

신규 프로젝트 입찰을 위한 보고서 작성 사례다. 공사의 주요내용과 함께 과거 수행했던 공사의 주요 실적을 1차적으로 정리해주었다. 하단에는 각 공사별 톤당 생산납기와 톤당 견적가격을 정리해줌으로써 유토피아 프로젝트의 적정 공사규모나 견적가격을 예상할 수 있는 기준을 제시해줬다. 수주영업 업무의 사례이지만 개발부서를 위한 보고서라면 과거 개발 프로젝트별 투입비용, 공사기간, 난이도 등

의 수치를 비교해줄 수 있을 것이며 상품기획 부서에는 과거 자사제품이나 경쟁사 제품의 가격, 스펙 등을 비교 기준으로 제시해줄 수도 있을 것이다.

보고 목적에 맞게 어떤 비교 데이터가 필요한지 생각해보고 어떻게 한눈에 내용을 전달할 수 있는지를 고민하자.

5.버전 관리가 필수다

★ ★ ★

팀장의 입맛대로 보고서를 작성해서 올렸다고 끝이 아니다. 전제와 가정이 바뀌는 순간 호떡보다 쉽게 뒤집히는 게 보고서다. 처음에는 마진율 15%로 신규상품을 기획했으나, 임원보고 후 마진율을 10%로 낮추고 신규고객 확보에 전념하는 전략으로 보고서를 수정해오라고 한다. 이제 끝인 줄 알았다면 오산이다. 마진율을 5%로 했을 때 버전을 요청했다가, 아예 5·10·15% 마진율별 비교표를 만들어 보자고 한다.

실제로 보고서를 쓰다 보면 이런 상황은 비일비재하다. A로 하자고 해서 A를 주면, B와 C가 보고 싶다고 하고, B와 C를 주면 다시 A를 보자고 한다. 때문에 하나의 파일에 전제와 조건이 바뀔 때마다 작성해 덮어쓰기를 하다가는 큰 낭패를 볼 수 있다. 전제나 조건이 바뀔 때마다 파일명을 바꿔 새롭게 저장해놓는 게 중요하다. 윗분들의 오락가락에도 빠르게 대처할 수 있을 뿐만 아니라 먼 미래에 갑작스럽게 "옴 사원, 우리 지난번에 유토피아 프로젝트 유사 견적 비교 했던 거 있지 않나?"라는 대응에도 빠르게 대처할 수 있다.

- 230218 아이스 핫도그 판매계획 (기본구성)
- 230218 아이스 핫도그 판매계획 ver1 (기본, 마진율 15%)
- 230218 아이스 핫도그 판매계획 ver2 (소스 추가, 마진율 5%)
- 230218 아이스 핫도그 판매계획 ver3 (소스 추가, 마진율 15%)
- 230218 아이스 핫도그 판매계획 ver4 (기본-소스 추가, 마진율 5~15% 별 비교표)

변덕이 죽 끓듯 하는 그들은 내가 이전 버전을 저장해뒀는지 안 해뒀는지 관심 없다. 전제와 조건을 바꿀 때 마다 모든 버전을 착실하게 저장해두자. 손바닥 뒤집듯 이전 보고서를 찾는 상급자들의 요청에 빠르고, 유연하게 대처해보자.

상사의 시간을 아끼고,
신뢰를 얻는 리포팅 기술

직급이 올라갈수록 각 실무자들의 현안과 곳곳에서 발생하는 이슈들을 모두 챙길 수 없다. 때문에 업무담당자들의 신속하고 정확한 보고가 중요하다. 관리자 입장에서는 전체적인 관점에서 실무의 진행상황을 파악할 수 있고, 더 나아가 전체적인 업무흐름과 일정을 조율함으로써 업무장악력과 완성도를 높일 수 있게 된다.

1.윗사람들은 진행상황을 알고 싶다

★ ★ ★

조직구성원들은 같은 목표를 추구하지만 각기 다른 역할을 수행하고 리더는 각기 다른 역할들을 하나로 응집시킨다. 그래서 리더가 성공적으로 전체 업무를 조율해내는 데에는 실무자의 투명하고 신속한 상황 공유가 핵심이다. 이 같은 보고체계가 얼마나 긴밀하게 연결되어 있느냐에 따라서 조직의 의사결정 속도는 크게 달라진다.

내 보고를 받는 팀장은 다른 팀원들의 보고내용을 취합하여 부서장에게 보고를 하게 되고, 부서장은 팀장들의 보고를 취합하여 담당 임원에게 보고를 하고, 담당 임원은 다시 관리본부**Management Level**의 상관에게 진행상황을 보고하게 된다. 알고 보면 내 팀장도 성미 급한 보스들에게 수시로 진행상황과 보고를 요구받고 있다.

"어이, 박 팀장! 지금 경쟁사에서 우리 핵심고객 빼 갔다는 것 들었어?! 옴 사원한테 확인해보겠다고?"

"박 팀장, 우리 신제품 런칭 행사는 어느 정도나 준비됐지? 아직 파악이 안 됐다고?"

"박 팀장~ 법무팀에서는 유토피아 프로젝트 독소조항에 대해 뭐라고 하나? 지금 확인해보겠다고?"

회사 내에서 정보는 빠르고 정확하게 순환할 때 비로소 그 가치가 있다. 빠르고 정확한 업무보고와 정보공유는 사내에서 신뢰를 얻을 수 있는 가장 쉬운 방법 중 하나다.

2.즉각적인 보고로 업무의 속도를 높여라

★ ★ ★

업무 지시를 받았다면 업무의 성격에 따라서 진행 상황을 주기적으로 혹은 즉각적으로 공유하라.

① 주요 거래처나 유관부서에서 생각하지 못했던 문제가 발생했다면 즉각 보고하는 게 좋다. 나름대로는 최대한 상황을 수습해보겠다는 것도 나쁘지 않지만 선 보고, 후 조치가 모든 상황에서 좋다. 경각을 다투는 사안일수록 직접 상황을 해결해보겠다고 나서다가 일을 더 키울 수도 있다.

② 단시간에 끝나는 업무라면 마무리 짓자마자 보고하는 게 좋다. 내가 완료한 업무가 부족할 수도, 잘못됐을 수도 있다. 빨리 피드백을 받아야 문제가 있어도 빠르게 개선할 수 있고 내 결과물에 따라 다음 업무가 이어서 시작될 수도 있다.

③ 시일이 소요되는 업무라면 틈틈이 진행상황과 주요 이슈는 보고해주는 게 좋다. 예를 들어, 매일 아침 팀 미팅에서 업무 추진상황을 공유하고 진행이 더디거나 해결이 어려운 부분은 적극적으로 얘기해서 도움을 청해라. 과거에 유사 업무를 했던 팀원이 나서서 과거 자료를 공유해줄 수도 있고, 자료를 안 주는 유관부서 담당자에게 팀장이 직접 전화해서 자료를 받아줄 수도 있다. 내가 하는 일을 알려주는 것만이 보고의 목적은 아니다. 필요한 도움을 이끌어내 일을 더욱 빠르고 효율적으로 처리하는 것도 보고의 중요한 목적이다.

3.보고는 최대한 구체적으로

★ ★ ★

"옴 사원, 우리 식기세척기 핵심부품 납품 대안업체 찾는 것 어떻게 됐지?"

"네, 잘 되어가고 있습니다!"

"옴 사원, 신제품 출시행사에 초대할 VIP명단과 환영 선물 준비됐나?"

"네, 시간 내에 될 것 같습니다!"

보고 받는 팀장의 속은 부글부글 끓고 있을 것이다. 옴 사원의 보고를 팀장이 그대로 부서장, 담당임원에게 전달할 수 있을까. 생명부지도 어렵다.

"우선 말씀하셨던 주요 품목별로 2~3군데씩 업체랑 연락되었고요. 업체 담당자 통해 제품 카탈로그 요청해둔 상태입니다."

"유튜브, 인스타그램, 틱톡, 채널별로 각 30명씩 선정했고요, 환영선물 리스트는 오늘 내로 마무리해서 1차적으로 보여드릴 수 있을 것 같습니다."

"저희 이번에 문의 들어온 건 유관부서에 전달해서 다음 주 금요일까지 검토 및 견적 요청 메일 보냈고요. 오후 중에는 각 담당자들한테 전화해서 한 번 더 공지할 계획입니다."

"팀장님, 방금 저희 품질팀에 다음 주 월요일까지 요청했던 시제품 테스트 진행상황 확인했는데요. 테스트 장비 문제로 아직 시작도 못했다고 기한을 연장해 달라고 합니다."

진행상황과 이슈를 정확하게 전달하면 보고받는 입장에서 현안 파악과 대처가 빠를 수밖에 없다. 보고받는 사람의 시간을 아끼고 빠른 의사결정이 가능하도록 돕는 것이 실무자의 역량이다.

4.한 번 더 알아보고, 보고한다

★ ★ ★

"팀장님, 생산팀에서 방금 연락 왔는데요. 납기 일자 못 맞추니까 알아서 하라고 하네요. 네? 이유가 뭐라고 하냐고요? 글쎄요." (긁적긁적)

"팀장님, 법무팀에 요청했던 유토피아 프로젝트 계약검토 회신 접수 완료입니다! 방금 메일 전달 드렸습니다. 내용 봤냐고요? 핵심이 뭐냐고요? 글쎄요. 직접 보시면…"

반쪽짜리 보고다. 윗사람으로부터 필요한 의사결정이나 지원을 이끌어내려면 명확한 상황파악이 먼저다. 현안과 문제에 대한 명확한 파악도 없이 "여기 있다, 받아라." 던져 놓을 것 같으면 애초에 실무자에게 업무를 맡길 이유가 없다. 실무 레벨에서 본인이 맡은 업무의 진행상황과 주요 내용을 파악하고 있는 것은 기본 중의 기본이다.

"팀장님, 생산팀에서 납기를 맞추기가 어렵다고 연락이 왔습니다. 상황을 파악해보니 원부자재가 통관이슈 때문에 아직도 출발하지 못했다고 합니다. 고객사에 연락해서 납기 지연 사항을 알리는 게 좋을까요?"

"팀장님, 법무팀에서 유토피아 프로젝트 계약검토 결과가 왔는데요. 다른 부분들은 지난 과거 검토내용들과 유사한데 손해보상 부분Liquidated Damage에서 계약물의 책임범위가 모호하고 불가항력 부분Force Majeure에 제시된 천재지변의 범위가 통념을 벗어나는 수준이라 수용이 어렵다고 합니다."

상황을 정확하게 보고하면 다른 제품생산라인에 투입될 원부자재 여유분을 확보할 것인지 고객사와의 납기 조율을 위한 미팅을 진행할 것인지 팀장이 판단할 것이다. 내 기준에서 판단할 수 있는 자잘한 사항들은 제외하고 중요성이 높거나 자체적인 판단이 어려운 사안들을 보고하면 그에 따른 수용여부나 대응전략 또한 팀장이 판단할 것이다.

판단과 의사결정에 필요한 중요한 근거를 명확하고 빠르게 제시하는 것이 보고의 핵심이다.

전화법 기본, 3가지만 알면
전화포비아 극복

해외영업을 담당했을 당시 전화벨이 울리면 심장이 뛰었다. 앞에서 말했듯이 부족한 영어 실력 때문에 엄청나게 당황하다 내뱉은

"Who are you?"

이 한마디 때문에 팀에서 몇 년간 놀림을 당했다. 그렇게 전화 트라우마가 생겨 통화할 일이 생기면 한참을 피해다녔다. 미팅, 이메일, 메신저 등 다양한 수단을 활용했지만 업무를 더 신속하고 정확하게 처리하는 데 전화만큼 좋은 수단은 없었다.

얼굴을 마주하고 직접 대화할 수 있는 미팅, 혼자 여유롭게 작성해서 발신할 수 있는 이메일과는 달리 전화를 통한 소통은 대면을 하지 않으면서도 즉각적으로 이뤄진다는 측면에서 어렵게 느껴진다. 내

가 전화통화가 어렵고 무섭고 힘들다고 이해를 바랄 수는 없는 노릇이다. 뛰어난 전화응대는 전체 팀원들의 업무 공백을 메꾸고, 업무속도와 정확도를 높이는 윤활유인 만큼 숙달이 필요하다.

1. 수화기를 잡으면 바로 펜을 들어라

★ ★ ★

짧은 시간 동안 자신의 용건을 쏟아 붓는 전화의 특성상 잠깐만 정신을 팔아도 상대방의 이야기를 놓치기가 쉽다. 그래서 학창 시절 강의를 들으며 중요한 내용들을 필기하던 습관이 전화를 받을 때도 필요하다. 어느 회사인지, 담당자는 누구인지, 어떤 용무 때문인지, 요구사항이 무엇인지, 수화기에서 흘러나오는 상대방의 말을 듣고 주요 내용들을 필기하면 재차 내용을 확인하는 시간도 줄어든다. 전화로는 보이지 않는 상대방의 필요를 한눈에 파악해 조금 더 빠르고 정확한 응대가 가능해질 수 있다.

그래서 필자는 항상 책상 중앙에 긴 노란색 노트를 준비해 놓았다. 다이어리가 아닌 노트다. 다이어리는 미팅 내용이나 업무 내용을 모두 적기에 공간도 좁고 일정과 노트 부분을 왔다 갔다 하는 것도 번거롭다. 아무튼, 노트를 상시 책상 중앙에 준비해놓고 전화를 받을 때도 전화를 걸 때도 펜을 들고 메모를 한다.

2. 상대방의 말을 끊는 것을 두려워하지 마라

★ ★ ★

"안녕하세요. 옴스유통 옴 과장입니다. 작년 여름에 저희가 주문해서 받았던 닭다리를 금년에도 재발주하려고 하거든요. 근데 작년에 이 대리님이 공급물량이 딸려서 납품일자도 늦고, 계약품질도 못 맞춰서 금년에 재진행할 때 추가 혜택 주신다고 했었거든요. 저희 급하게 상품 출시 계획이 잡혀서 이번 달 말일까지…"

"아, 죄송합니다. 지금 이 대리님이 안 계시는데 제가 잘 모르는 내용이라서요. 상황을 전달 드리려고 하는데 어디라고 하셨죠?"

상식적으로 상대방의 말을 중간에 끊는 것은 실례로 알고 있다. 하지만 업무에 있어서는 때로는 말을 계속 듣고 있는 것이 상대방에게 더 큰 결례가 되고 자신의 무능함을 고스란히 전달하는 계기가 될 수 있다.

수많은 업체, 이해관계자들과 업무를 하다 보면 앞뒤 분간 없이 자기 할 말만 잔뜩 던져 놓고 "전 그때 분명히 다 얘기했는데?"라는 담당자들이 생각보다 많다. 제때 브레이크를 걸지 못하면 나를 포함한 회사, 부서, 팀이 싸잡아 욕을 먹을 수도 있다. 호구가 되지 않기 위해서는 거절할 수 있는 요령과 용기가 필요하듯 전화에 있어서도 상대방의 템포를 조절할 수 있는 스킬이 중요하다. 정중하게 말을 끊고 죄송하다고 한마디 덧붙이면 그만이다. 정중하게 죄송하다고 하는데 뭐라고 할 사람은 없다. 쫄지 말자.

3. 시작부터 정확하게 듣고, 하나씩 쌓아 올려라

★ ★ ★

전화는 한 번 흐름을 놓치면 이후의 내용을 이해하기 어려워 전체를 놓치게 된다. 또한 회사 업무에 항상 진심인 상급자들은 나의 전화 통화를 항상 듣고 있다. 엿듣고 있는지도 몰랐는데 수화기를 내려놓기 무섭게 질문이 날아온다.

"어딘데? 누군데? 뭐라는데?"의 3단 콤보(연차가 높아도 듣고 있다.)에 "아, 제가 어딘지는 잘 못 들었는데 지난주에 보낸 실적자료 리뷰 빨리 회신 달라고 하네요"라고 하면 전화 하나 제대로 못 받는다는 불호령이 떨어질 수밖에 없다. 때문에 시작점부터 순차적으로 정확하게 정보를 파악하는 게 중요하다.

"안녕하세요. 말씀 중에 죄송하지만 제가 존함을 제대로 못 들어서요. 혹시 어디에서 전화 주셨는지 다시 여쭤봐도 될까요?"

"아, 옴스유통 옴 과장님이시군요. 혹시 어떤 건 때문에 전화 주셨는지요?"

"제가 이 대리님께 전달하려고 하는데 작년 진행했던 시기와 제품명과 주요 계약사항을 정확하게 말씀해 주실 수 있을까요?"

<메모>

옴스유통 옴 과장

긴급 닭다리 납품 문의

작년 8월 매운 닭다리 건 진행 당시 추가 혜택 약속 받음,

이번 달 말까지 납품 가능여부, 가격, 수량 확인 요청,

순차적으로 내용을 파악하면서 이렇게 노트를 하고 전화가 종료되었다면 이 대리가 아닌 김 팀장의 질문에도 신속 정확하게 답할 수 있다.

"옴스유통에서 이번 달 말까지 긴급 납품 가능한지 문의하는 전화였습니다." (사소한 팁이지만 너무 세세한 것까지 일일이 보고하게 되면 이 대리가 불편해질 수 있다.)

업무는 '효율'이 핵심이다. 한 번에 할 수 있는 일을 두 번, 세 번 하는 것만큼 시간낭비, 자원낭비가 없다. 대신 당겨 받은 전화로 주요 현안과 이슈, 요청사항을 파악해서 주담당자에게 전달한다면 불필요하게 다시 통화를 해 요청사항을 파악하고 뒤늦게 대응하는 시간낭비를 줄일 수 있다. 이는 업무 상대방의 시간까지 아낄 수 있는 가장 기본적이지만 중요한 업무스킬이다. 팀장·사수·팀원들은 나를 믿고 자리를 비울 수 있을 것이며 협력사·협업부서 담당자도 나를 신뢰할 수 있게 된다.

전화법 응용,
똑 부러지는 통화로 인정 받기

1. 전화의 힘으로 존재감을 드러내라

★ ★ ★

사무실은 열린 공간이다. 미팅을 가면 내 존재는 사라지고, 앉아서 보고서와 이메일만 쓰고 있으면 내가 뭘 하고 있는지 주변에서 알 수 없다. 전화는 다르다. 나의 존재감과 업무실력을 뽐낼 수 있는 좋은 수단이다. 일 잘하는 사람은 상대방의 의도를 빠르고 정확하게 파악한다. 목소리의 톤도 다르다. 자신감이 넘치고 우렁차다. 나를 포함한 꼰대, 어르신들은 들려오는 통화내용만 듣고도 어떤 업무를 누구와 어떻게 처리하고 있는지를 단번에 파악한다. 해당 직원에 대한 신뢰가 쌓이는 순간이다. 일하는 티도 팍팍 낼 수 있다는 건 덤이다.

반면, 몰래 전화를 받는 이들도 있다. 나도 그랬다. 괜히 부끄러웠고, 틀리면 어떡하나 조마조마한 마음도 있었다. 하지만 잔뜩 기어들어가는 목소리로 전화를 받게 되면 대개 상사는 '대체 쟤는 뭐 하나?'라고 생각한다. 일은 제대로 하고 있는 건지 이상한 실수를 하지는 않는지 걱정한다. 그래서 지시를 해놓고서도 전화가 끝나면 자리로 불러 되묻는다. "잘 얘기했어? 어떻게 얘기했어? 거기서는 뭐래? 그래서 뭐라고 했어?" 애초에 신뢰감 자체가 없다는 의미다.

업무에 적응하는 초반엔 어쩔 수 없는 부분이 있는 것이 사실이다. 그렇지만 연차가 쌓이면서 목소리를 키우고, 자신감 있게 전화를 받는 연습이 필요하다. 부끄럽지 않기 위해서, 틀리지 않기 위해서 더 노력하고 신경 써서 통화를 하게 된다. 행여 내가 잘못 알고 있었거나 틀리게 통화한 부분이 있다면 옆에서 듣고 정정해줄 수도 있다. 같이 업무를 하는 팀원이라면 서로의 통화를 들으면서 굳이 한 번 더 번거롭게 서로 확인하고 되묻고 하는 과정도 줄어든다.

2. 전화 발신 전에 사전준비를 철저히

★ ★ ★

"옴스, 얼른 기술영업팀 박 대리 전화해서 올라오라고 해봐."

"박 대리님, 안녕하세요. 저 영업팀 옴 사원인데요. 저희 팀장님이 찾으시는데 잠깐 올라오실 수 있으세요? 아, 무슨 일이냐고요? 글쎄요… 그럼 뭘 들고 올라오라는 거냐고요? 글쎄요… 죄송합니다."

"옴스, 설계팀에 연락해서 우리 자료 어떻게 된 건지 빨리 확인 좀 해봐."

"아, 김 과장님, 안녕하세요. 저희 팀장님이 전화해서 설계 진행 상황 확인해 보라고 하셔서 연락 드렸는데요. 아, 무슨 프로젝트냐고요? 지난번에 이미 주셨다고요? 무슨 말이냐고요? 죄송합니다…"

사원 시절, 팀장이 여기저기 전화해서 뭐 좀 확인해보라고 하면 매번 당황했던 기억이 대부분이다. 무슨 일인지도 모르고 급하게 전화를 해보라고 하니 헐레벌떡 뛰어가 수화기부터 들고 다이얼을 눌렀다. 전화 받은 상대방이 질문을 던지면 그때부터 꿀 먹은 벙어리가 되었다. 마음만 급해서 사전설명도 없이 다짜고짜 보따리부터 내놓으라는 상대방의 요청에 황당하지 않을 사람은 없다.

'생산팀 이 대리, HMR제품 구성 돈가스에서 함박스테이크로 변동 시 납기, 비용문제, 검토 가능일자 확인할 것'

전화하기 전에 항상 상황파악을 먼저 하자. 상대방이 까칠하거나 어려운 사람일수록 더 가슴 떨리기 마련인 만큼 노트에 미리 전달·요청할 내용까지 정리한 다음에 전화를 해보자. 정확하게 내용을 전달해서 실수를 줄일 수 있다. 전화하기 전에 이슈사항을 간략하게 정리해보고 전화를 걸자. 그만큼 덜 당황할 수 있고 나의 어리바리한 모습을 상대방에게 노출시켜 핫바지로 보일 수 있는 여지도 줄일 수 있다.

3. 분위기에 휩쓸려 확답하지 마라

★ ★ ★

"옴 사원님, 제가 듣기로는 납품금액 5억 원 초과 시 분담비율 줄어드는 걸로 알고 있는데 저희 작년에 5억 넘었으니까 감안해서 비용 생각하고 있겠습니다."

"옴 사원님, 지난 번 상품기획 미팅 때 박 과장님이랑 기능 추가 없이 1차 때 스펙으로 가기로 했거든요~ 모르셨어요? 보내신 자료 기준으로 진행 부탁드릴게요."

"옴 사원님, 그때 본부장님들끼리 협의하셨는데 이번에는 옴 사원님 영업2팀에서 표준계약서 개정 업무 담당하신다고 들어서요. 옴 사원님께서 내부 의견 취합하셔서 법무팀에 통보해주세요~"

사회초년생들은 호시탐탐 업무관계자들의 먹잇감이 된다. 담당자 중에서는 업무이해도와 상황파악 능력이 떨어지는 이들에게 어물쩍 책임을 떠넘기거나 애초에 확정되지 않은 사안에 대한 암묵적 동의를 고의적으로 이끌어내는 경우도 많다.

짬이 있는 이들을 속이기는 쉽지 않기 때문에 최약체로 판단되는 사원을 파고들어 균열을 만든 뒤 추후 문제가 생기면 "어? 그때 옴 사원이 알겠다고, 그렇게 한다고 얘기해서 저희는 그렇게 한 건데요?"라며 덤터기를 씌우는 것이다. 잘못된 내용을 바로잡고자 서둘러 전화를 돌려도 "아니, 방금 전까지만 해도 맞는다고 하더니 갑자기 이러시는 게 어디 있어요?"라며 불만 섞인 짜증을 표출하기도 한다.

팬히 쪽팔림, 혹은 귀찮음 때문에 100% 확실하지 않은 것에 대해 확답을 했다가 독박을 쓸 수도 있다. 나는 최약체이기 때문에 더더욱 조심해야 된다. 나의 무지를 공개하는 것을 부끄러워 할 필요가 없다. 나는 사원이고 초년생이다. 심지어 대리, 과장이어도 마찬가지다. 모르는 것을 아는 체 했다가 나중에 틀려 문제를 더 키우는 게 진짜 무지이자 무식이다. 모르겠다 싶으면 무조건 "정확하게 확인한 후에 답변 드리겠습니다"라고 하고, 내가 수행했던 업무가 아니라면 "담당자를 통해서 확인 후에 알려 드리겠습니다"라고 하자. 전화 끊고 한번 정확하게 확인하고 다시 전화를 해서 알려주는 정도의 수고로움일 뿐이다.

사원이 업무능력 빨리 인정받고 싶다고 쓸데없는 호기를 부리다가는 더 큰 화를 부를 수 있다.

4. 전화의 마무리는 '정리'다

★ ★ ★

"옴 사원님, 저희 금년도 대형복합기 렌트 비용 확인 차 연락 드렸어요. 그리고 전체적으로 저희 사용하고 있는 복합기 모델별 수량이랑 금액이랑 세부내역 한 번 다시 확인해보고 싶고요. 추가적으로 저희 근래 들어서 ohd-m8696 모델이 잔고장이 많은 것 같은데 주원인이 뭔지 알 수 있을까요? 다른 곳에도 유사사례가 있는 건지 내부적으로 문제를 인지하고 계신지 논의 중이신 건지 궁금합니다."

"네 잘 알겠습니다! 제가 연락드리겠습니다!"

잘못된 답변이다. 예상하건데 연락하면서 무언가를 누락하거나 빠뜨릴 가능성이 90% 이상이다. 상대방이 자신이 물어볼 것을 빠뜨렸을 가능성도 있고, 내가 상대방의 요구사항을 정확하게 듣고 이해하지 못했을 가능성도 있다. 신나게 업무는 다 해놓고 나중에 가서 누락된 사항, 틀린 사항들을 발견한다면 그것도 큰 문제다. 전화를 끊기 전에 혹은 전화 중간에 메모한 내용을 활용해서 상대방의 요구사항과 내가 이해한 바가 맞는지를 확인하는 것이 매우 중요하다.

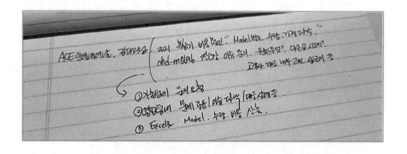

"네 김 대리님, 그런 문제가 있으셨군요. 잘 알겠습니다. 우선, 2021년도 사용 중이신 모델별 수량·금액 정리해서 보내 드리고, ohd-m8696 모델 고장 원인 파악 후에 대응방안까지 마련해서 연락 드리겠습니다! 혹시 제가 잘못 이해했거나 틀린 내용 있을까요?"(위의 사진 참고)

행여 모델명이 틀렸다면 상대방이 바로잡아 줬을 것이고 나는 메모된 내용을 토대로 업무내용을 정확하게 파악했다는 점에서 추후에 발생할 수 있는 누락이나 분쟁을 최소화할 수도 있다.

S급 인재의
이메일 작성 노하우

업무 협업은 크게 미팅, 전화, 이메일 3가지로 이뤄진다. 이메일은 설명서와 같다. 전화로는 많은 내용을 실시간으로 논의할 수 있어도, 모든 정보가 기록되지 않는다는 점에서 서로 간에 전체적인 업무방향성과 세부일정·계획을 확인하는 데에는 어려움이 있다. 그래서 우리에게는 이메일이 필요하다. 이메일로 필요한 업무의 세세한 스펙과 사용법에 대해 하나부터 열까지 친절하게 알려줌으로써 필요한 협업을 빠르고 정확하게 이끌어낼 수 있다.

가독성을 높이는 게 핵심

★ ★ ★

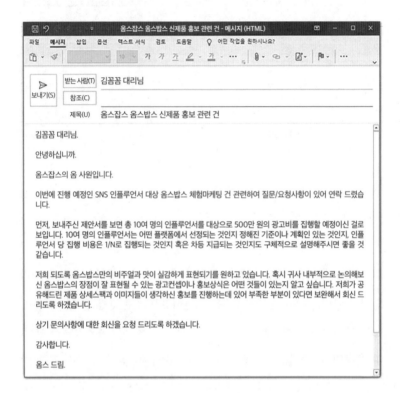

모든 직장인들은 바쁘다. 전자제품을 새로 구매해도 설명서 하나 제대로 읽어보는 사람이 없다. 하루에 십수 개의 메일이 쏟아지는 메일함 속에서 줄글로만 쭉쭉 작성된 이메일은 바쁜 담당자의 시선을 제대로 끌지 못한다. 차일피일 답변을 기다리다가 전화를 걸어보면 그제야 "아, 메일이요? 아, 봤었는데 잠시만요 어쩌죠? 지금 준비가 안

됐는데?" 이 경우 상대방이 원망스러울 수 있겠지만 이미 시간은 지났고 부서 내에서 무능하다는 낙인이 찍히는 것은 '나'다. 이메일을 수신한 담당자들이 최대한 메일을 허투루 보고 지날 수 없도록 명확하게 이메일을 작성해주는 게 중요하다.

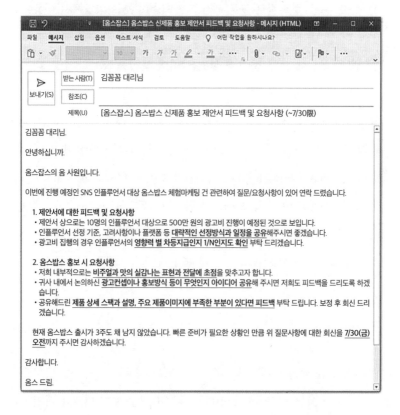

이메일 제목부터 구체성 없는 포괄적인 단어를 사용하게 되면 담당자가 클릭조차 안 해볼 수도 있다. 그렇게 되면 다른 중요한 이메일

더미들 사이에 묻혀버린다. 제목에 이메일의 주요 내용과 주제를 구체적으로 표기하고 경우에 따라서는 기한을 함께 넣어 전달/요구사항을 확실히 각인시킬 수 있다.

줄글로만 쭉쭉 쓰기보다는 중간 제목을 활용해서 전달·요청사항을 '주요 주제·항목별로 구분'해서 작성해주면 보는 입장에서 내용이 눈에 더 잘 들어온다.

모든 문단에 모든 문장과 설명을 이어 붙이는 것보다 주요 내용과 의미 단위별로 끊는 것도 가독성을 높일 수 있는 방법이다. 문의·요청사항에 해당하는 부분은 볼드 처리, 밑줄 처리 등을 활용하면 상대방 입장에서 회신해야 되는 사항이 무엇인지 더 명확하게 파악할 수 있다. (이걸 봤는데 지나쳤다? 자신의 무능함을 입증하는 꼴이 된다.)

요청 시간·기한은 잘 보이도록 한 번 더 표기하는 것도 좋다. 색깔을 사용해도 좋다. (색깔은 너무 많이 사용하면 지저분해 보일 수 있기 때문에 꼭 필요한 부분, 정말 중요한 부분에 한해서만 일부 사용하는 게 좋다.)

회신 메일 작성 및 첨부하기 노하우

★ ★ ★

내가 접수한 메일에 대한 회신을 해야 되는 경우 요청사항별 답변을 기입해주면 보는 입장에서도 원하는 회신 내용을 보다 빠르게 확인할 수 있다. 해당 메일을 수신하는 옴 사원 입장에서는 메일을 그대로 뽑아서 사수, 팀장에게 보고해도 될 수 있을 정도다. 회신을 하는 내 입

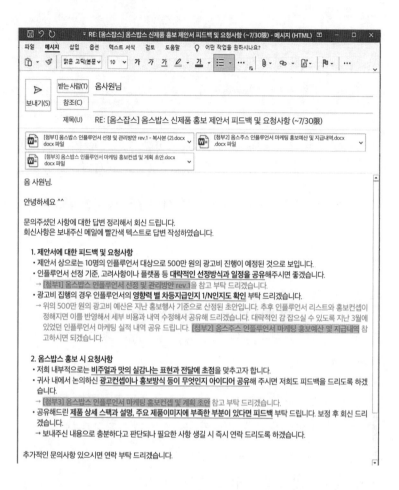

장에서도 빠뜨린 부분은 없는지 더 확실하게 확인할 수 있다.

이메일의 첨부파일만 봐도 상대방의 꼼꼼함을 가늠할 수 있다. 첨부파일의 파일명도 제대로 정리하지 않고 순서도 뒤죽박죽 전달한다면? 수신하는 입장에서 일일이 첨부파일을 열어보고 필요한 내용을 찾아야 하는 상황이 빈번하게 발생한다. 상대방의 너저분한 첨부파일 관리는 나의 화를 돋우기 충분하고, 업무 진행과정에서의 지연, 실수, 오류, 누락의 가능성을 더욱 높인다.

이메일의 주요 내용에 따라 첨부파일에 순서대로 파일명을 붙이고, 제목에서도 주요 내용을 명확하게 파악할 수 있도록 정리해서 상대방에게 전달한다면 나에 대한 신뢰도는 상승한다. 알아서 깔끔하게 정리해서 전달해주는 김꼼꼼 대리 같은 사람과 일을 하면 너무도 편안할 수밖에 없다. "안녕하세요, 저는 김꼼꼼 대리님이랑 논의하고 싶은데 혹시 어디 멀리 가셨나요?" 나를 찾는 전화가 빗발치게 될 것이다.

이메일을 쓰고, 전화를 걸어라.
그리고 주기적으로 체크하라

★ ★ ★

할 일이 없어서 인터넷 뉴스를 보고 지인들과 카톡을 하는 짬은 있어도 잔뜩 쌓인 이메일 하나 더 확인할 여력은 없는 직장인들이 태반이다. 아무리 어그로를 잘 끌 수 있는 메일 제목과 형형색색 텍스트로 주요사항들이 잘 정리된 이메일이라고 하더라도 미처 깜빡하고 놓칠수 있는 상황은 무조건 생기게 마련이다. 근무태만이 기본값 Default인 담당자에게도 모든 일을 빠르고 정확하게 처리하는 프로직장인에게도 예외는 없다.

때문에 이메일을 보내고 난 뒤에는 반드시 전화로 한 번 더 확인하자. 곧바로 전화하기보다는 1~2시간 뒤 혹은 퇴근 때 보냈다면 다음 날 아침에 전화를 해라. "김꼼꼼 대리님~ 제가 어제 제안서에 대한 문의사항 정리해서 메일 드렸는데 확인하셨나요? 혹시 제가 보내드린 내용에 이해 안 되는 부분은 없으시고요?" 메일을 제대로 수신하고 읽어봤는지 여부를 확인할 수 있을 뿐만 아니라 미처 잘 이해되지 않았던 부분이 있다면 추가적으로 설명해서 업무 내용과 데드라인을 정확하게 이해시켜줄 수도 있다.

여기서 멈추면 중수다. 분명히 내용도 인지시켰고, 데드라인도 설명했으니 정해진 일정에 맞춰 알아서 메일이 수신될 거라고 생각하면 오산이다. 예기치 못한 사고가 터졌을 수도 있고 '다른 급한 업무를 먼저 처리하고 해야지'라고 생각했다가 업무가 머릿속에서 잊혀져 시작조차 안하고 있을 수도 있다. 이런 불상사는 언제 어디서나 누구에게나 발생한다. (나조차도 요청 받은 일을 까마득히 잊고 있다가 전화 받고 번쩍하는 경우가 빈번하다) 때문에 요청 기한이 중간 정도 지났을 때 혹은 접수요청 일자 전날이나 이틀 전 즈음에 한 번 더 전화를 걸어 진행상황을 확인하는 게 좋다.

결국 기한 내 필요한 회신과 자료를 접수하지 못하면 회사 내에서는 내가 무능한 것이지 자료를 제때 보내지 않은 상대방이 무능하다고 생각하지 않는다. 업무 진행 시 상대방에 대한 신뢰와 기대보다는 '불신'에 기반한 업무수행이 훨씬 더 좋다. 제때 자료를 정확하게 회신 받는 것 또한 실력이고 능력이다.

수신, 참조의 의미

★ ★ ★

❶ 이메일을 누구에게 보내느냐, 그리고 누가 볼 수 있게 하느냐는 의미 가 다르다.

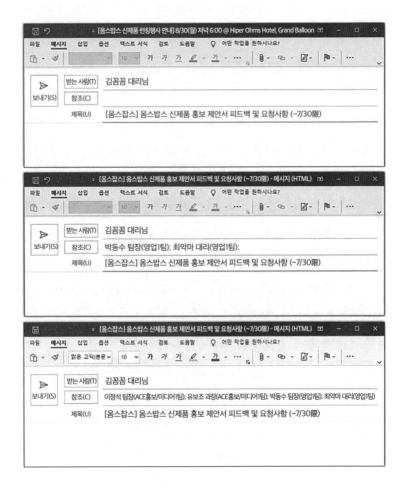

첫 번째 메일은 김꼼꼼 대리와 영업1팀 사원인 나의 비밀스러운 대화다. 김꼼꼼 대리 외에는 해당 업무를 대신 챙겨줄 사람도 없다. 또한 내가 어떤 메일을 어디에 보내는지 부서 사람들은 알지 못한다. 내가 무슨 실수를 하고 있는지 알 수 없고 오로지 김꼼꼼 대리와 나의 감각과 실력에 의존해서 모든 업무가 진행된다. 김꼼꼼 대리가 내용을 놓치면 사고가 터진다.

두 번째 메일에는 내가 속한 영업1팀 팀장과 사수가 포함되어 있다. 내가 누구와 어떤 업무를 진행하는지 보는 이들이 존재한다. 내가 실수를 할 경우 그들에게도 도의적인 책임이 있다. 메일을 수신하는 입장에서는 우리쪽에서 '팀장님'까지 신경 쓰고 있는 사안임을 참조를 통해서 전달해 업무 부담을 높일 수 있다. 하지만 여전히 수신처는 한명이라는 점에서 업무 공백의 우려가 있을 수 있다.

세 번째 메일에는 상대 회사 ACE홍보의 미디어1팀 팀장과 부서 팀원, 우리 팀장과 사수까지 모두 포함되어 있다. 업무의 진행상황을 모두가 명확하게 파악할 필요성이 있고 일의 중요도가 높으면 이렇게 참조처를 활용해서 업무를 진행하는 게 좋다. 내가 메일을 잘 쓰고 명확하게 내용 전달을 한다면 신뢰를 쌓을 수 있는 기회가 되며, 틀린 점이 있다면 그들의 지적을 받을 수 있을 뿐 아니라 내가 부재한 상황에서 대신 업무를 수행해줄 수도 있다. 경우에 따라서 문제가 터지면 팀장·사수에게도 일부 도의적 책임이 생긴다.

❷ 수신처, 참조처에 장유유서가 웬 말?

보고서 작성 시에 표의 오와 열과 균형의 미를 잘 지키는 게 중요하다고 했던 것과 비슷한 맥락으로, 메일 받는 수신인을 직급 순으로 정리하는 것이 중요하다. 내용을 보고 숨이 턱턱 막힌다면 그냥 넘어가도 좋다. 필자는 꽤나 중요하게 생각하는 부분이지만 강요하고 싶은 생각은 없다.

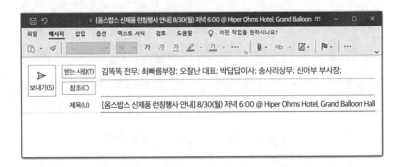

런칭 행사 안내 메일이고, 수신처에 회사 주요 임원들의 이름이 보인다. 전무, 부장, 대표, 이사, 상무, 부사장… '필요한 사람들은 다 들어갔으니 됐군'이라고 생각할 수 있다. 하지만 완성도가 떨어지는 이메일 작성사례. 수신자들이 직급순으로 배열되지 않았기 때문이다.

이메일 수신처까지 짬 순서를 지켜야 된다는 것이 도무지 납득이 가지 않을 수도 있다.

하지만 위의 메일을 수신하는 수신자 중 한 명이라고, 생각해보자. 이게 누구한테까지 전달되는지가 한눈에 파악이 되지 않는다. 일일이 수신처를 뜯어보지 않으면 누구에게 발송된 메일인지 확인하기 쉽지 않다. 반대로 직급 순서대로 수신처가 정리된 이메일을 확인해보자.

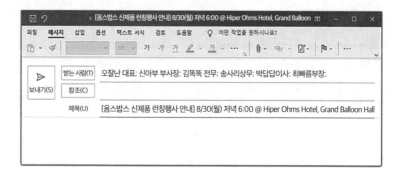

누구부터 누구에게까지 전달되는 메일인지가 명확하게 보인다. 오잘난 대표부터 최빠름 부장에게까지 전달된다. 내가 행사를 준비하는 담당자이고, 초대명단이 존재한다면 참석자가 제대로 이메일 수신처에 포함되었는지 확인할 때도 보다 빠르고 정확하게 Top Down 으로 확인이 가능하다.

첫 사례처럼 중구난방으로 난사된 수신처에서 누락된 사람이 누군지 찾는다면? 수신처가 수십 명을 넘어간다면? 답답함은 본인 몫이다. 또한 직급 순으로 수신처와 참조처를 넣게 되면 신경 쓰고 있는 최고 의사결정권자가 누구인지가 명확하게 보인다. 메일을 수신하는 입장에서 해당 메일이 어떤 선에서 신경 쓰고 논의되고 있는지를 한눈에 파악할 수 있다는 의미다.

꼰대 형님들 사이에서는 수신처의 순서를 놓고서도 신경전을 벌이기도 한다. 우리팀 옴 사원이 10년차 팀장인 나예민 팀장보다 8년차 후배 팀장을 참조처에서 먼저 배치한다면? 나예민 팀장은 매우 예민하게 굴 것이다. 오 마이 갓, 한국사회에는 위계에 목숨거는 이들이 생각보다 많다. 여기까지만 한다.

히스토리 파악과 데이터/ 레퍼런스 관리의 중요성

회사업무의 대부분은 반복적이다. 필자의 경우 고객사로부터 제품 견적 문의가 오면 세부 스펙, 일정, 가격, 계약조건 등을 파악해서 내부 보고를 완료하고, 좀 더 면밀한 검토를 위해 설계, 구매, 생산, 법무, PM부서에 검토 요청을 보낸다. 각 부서들로부터 회신이 오면 유사성이 높은 과거 프로젝트를 중심으로 검토 내용이 적정한지를 파악하고, 각 부서별로 추가적인 논의를 진행해 제안서의 설득력을 높인다. 고객사에게 회신을 보내는 패턴도 비슷하다.

With reference to your request to Ohms Huge Plant
'상대방이 보낸 요청/메일 관련하여~' 라는 관용구
Project, **we appreciate your invitation for** the project
형식적이지만 상대방에게 감사 표시

quotation, and **we will prepare our suggestion by** 31

<u>'언제까지 제안을 준비하겠다'는 관용구(혼선 피하기 위해 기한 한번 더 확인!)</u>

Aug 2021 **as you have requested.**

Regarding the Conditions of Contract 3.1.1 Price

<u>계약 관련 논의 시 해당하는 계약 조항 참조 시 사용</u>

Calculation, **please be advised that** we would like to

<u>'참고해라'는 의미지만 격식 차리기 위해 사용</u>

suggest you to replace "upon request" with "at cost" as

purchasing cost can fluctuate due to varied market situ-

ation.

Thank you for considering our requests, and **we**

<u>고객사의 너그러운 수용을 유도하는 격식 있는 감사 표현</u>

would like to propose a meeting to discuss further

<u>추가적인 미팅 제안을 하고 싶을 때 쓰는 격식 표현, about 뒤에는 agenda, 말미에는 시점 언급</u>

about Conditions of Contract in August. **Please let us**

know of your available schedules.

<u>상대방의 일정 확인을 요청할 때 쓰는 격식 표현</u>

"옴스, 우리 가격 조항에서 이 부분은 수용 불가능하다고 얘기하고, 다음번에 논의하자고 회신안 써서 가져와" 필자는 본래 토종 한국인이었고, 클라이언트를 상대로 당사의 의견을 회신해야 되는 경우가 빈번하게 있었다. 영어도 못하는데 대형 클라이언트를 상대로 격식있는 비즈니스 메일을 작성한다는 것은 가슴 떨리는 일이었다.

그럴 때마다 나를 위기에서 구해준 것은 클라이언트들에게 나갔던 과거 메일들이었다. 내가 한참을 고민할 필요도 없이 과거 메일에는 주옥같은 관용어구들과 문장들이 잔뜩 널려 있었다. 상황에 맞게 필요한 문구와 어구를 따와서 현재 프로젝트 내용에 맞게 단어만 바꿔주면 그만이었다. 머리를 싸매고 종일 앉아 엉성한 문구를 가져온 다고 한들 돌아오는 것은 버럭 뿐이었지만 과거 이메일 내역들을 참고해서 보고를 올리는 것만으로도 칭찬 받을 수 있었다. 그게 그들의 패턴이니까.

물론 모방이라고 볼 수도 있다. 그렇지만 처음에는 모방이었던 것들이 지속적으로 반복되고 체화되면서 영어 말하기 실력도 덩달아 향상됐다. 의미를 모르고 종일 연습했던 테니스 손목스냅이나 유도 낙법이 자기도 모르게 튀어나오는 것과 같은 이치다. 자존심 상할 필요는 없다. 오히려 빠르게 업무패턴을 익히고 체화해서 내 실력을 발전시킬 수 있는 길은 과거 업무내역과 진행방식을 따르는 것이다.

"옴스야, 우리 작년에 옴스잡스 프로젝트 할 때 미들웨이사 부품 기준으로 견적 냈던 것 있지? 그거 어디 있지?"

"옴스야, 우리 작년에 협력사별 인력, 공사기간, 비용 전체적으로 쫙 비교했던 거 있지 않았나?"

"옴스야, 우리 작년에 올해 영업목표 수립하면서 참고했던 근거 자료들 혹시 갖고 있나?"

같은 맥락에서 수많은 업무상황을 마주하다 보면 습관적으로 과거 자료를 찾는 경우가 생긴다. 의사결정을 하기 위해서는 판단 기준이 필요하기 때문이기도 하고, 유사 업무를 다시 수행해야 되는 경우 과거 수행내역을 찾는다면 번거로움을 줄이고 보다 빠르게 처리할 수도 있기 때문이다. 이때 저장해 두었던 자료를 빠르게 공유해주는 것만으로도 "옴스, 빠른데?"라는 인정을 받을 수 있다. 급박하게 돌아가는 경영환경 속에서 임원들은 숨 가쁘게 다양한 업무지시를 내린다. 그 시시각각 몰려드는 주문을 빠르게 처리해내는 게 업무생산성, 효율성, 속도와 직결되기 때문이다.

따라서 필요한 시점에 빠르고 정확하게 필요한 자료를 찾을 수 있도록 업무내역들을 체계적으로 저장하고 관리해두는 게 중요하다. 그중에서도 가장 기본적인 내용들만 추려본다.

1) 연도별·고객사별·프로젝트별로 이메일을 구분해 저장해두자.
2) 업무 관련 파일들도 시기별·프로젝트별·업무 성격별로 폴더를 따로 관리하자. 파일명으로 다른 버전을 표시하여 나중에 검색이 용이하게 관리하자.
3) 회사 기획업무 관련 자료들도 잘 정리해두자. 연간/분기별 목표와 중점추진과제, 실적·성과보고, 업무표준정립 등등 부서 주요 업무 이외 부수적 성격을 갖는 업무들도 따로 관리해두면 좋다. 특히, 인사 관련된 사항들은 철저하게 잘 관리하자. 연도별 업무수행내역과 성과지표 설정 내역과 인사고과 결과까지 잘 정리해두자. 나중에 이직할 때 큰 도움이 될 것이다.

사회생활은 혼자 고독하게 모든 것을 해내고 성취감을 느끼는 수능시험이 아니다. 모든 수단과 방법을 동원해서 주어진 문제를 빠르고 효과적으로 해결하는 자원 활용 능력이 곧 실력이다. 맹목적인 집념과 오기로 업무를 풀어가는 것보다는 검색능력이 뛰어난 사람이 더 인정받을 가능성이 높다.

디자이너 패트릭의 폴더 · 즐겨찾기 관리

디자이너 패트릭은 10년 이상의 경력을 쌓으면서 본인만의 데이터 관리 체계를 쌓았다. 수많은 프로젝트가 동시에 진행되고, 프로젝트별로 엄청난 양의 수정사항과 백업 자료들이 필요했기 때문에 이 분야에서는 체계적인 자료 관리 능력 자체가 실력이다. 패트릭에게 과거 진행된 프로젝트나 히스토리에 대해서 물어보면 순식간에 관련된 내용을 찾아서 보여준다.

doc	2022-12-02 오전 11:54
font	2018-12-31 오후 10:24
old	2022-12-02 오전 11:53
psd	2018-12-31 오후 10:25
ref	2022-12-02 오전 11:55
res	2022-12-02 오전 11:55
귀저기(cg)	2018-12-31 오후 10:25
기저귀구조도	2018-12-31 오후 10:25
기저귀 패키지 도면(LDPE)	2015-12-14 오후 4:13
마이스위티 로고	2015-04-07 오전 12:35
마이스위티_v13_NB	2015-12-14 오후 2:31
마이스위티_v14	2015-12-17 오후 2:22
마이스위티_v14_L	2015-12-17 오후 2:24
마이스위티_v14_XL	2015-12-17 오후 2:24
마이스위티_v15_L	2015-12-18 오후 3:43
마이스위티_v15_M	2015-12-18 오후 3:45
마이스위티_v15_NB	2015-12-18 오후 4:18
마이스위티_v15_S	2015-12-18 오후 3:49
마이스위티_v20_(e)(c)(cs3)_M	2017-03-20 오전 11:21

폴더 명칭

- doc : 문서, 서류, txt
- old : 오래된 작업파일, 참고용으로 중요도가 낮은 작업파일
- from : 프로젝트 진행시 타부서, 외부로부터 받은 파일
- ref : 레퍼런스, 참고 사항으로 사용되는 이미지, 파일, 웹 링크 등
- res : 프로젝트를 위해 따로 가공해 만든 소스
- pj : 프로젝트(xxxxxxxxx-S01 ~ S10 같은 프로젝트내 버전 관리)

헬기획 - 1st .ver	2022-09-05 오전 1:58
헬기획 - 2nd .ver	2022-09-05 오전 1:59
헬시안	2022-09-05 오전 1:59
사이트인밴	2022-01-28 오전 9:00
히튼멘토-헬기획-s01-v2.3	2022-03-25 오전 1:19
히튼멘토-헬기획-s01-v2.4	2022-03-31 오전 1:18
히튼멘토-헬기획-s01-v2.5	2022-04-01 오전 12:20
히튼멘토-헬기획-s01-v2.6	2022-04-05 오후 5:01
히튼멘토-헬기획-s01-v2.7	2022-04-17 오후 9:49
히튼멘토-헬기획-s01-v2.8	2022-04-18 오후 11:25
히튼멘토-헬기획-s01-v2.9	2022-04-21 오전 12:10
히튼멘토-헬기획-s01-v3.0	2022-04-21 오후 11:57
히튼멘토-헬기획-s01-v3.1	2022-05-05 오전 12:25
히튼멘토-헬기획-s01-v3.2	2022-05-11 오전 10:14
히튼멘토-헬기획-s01-v3.3	2022-05-11 오후 10:30
히튼멘토-헬기획-s01-v3.4	2022-05-21 오전 1:40
히튼멘토-헬기획-s01-v3.5	2022-05-29 오후 5:01
히튼멘토-헬기획-s01-v3.6	2022-06-02 오전 12:50
히튼멘토-헬기획-s01-v3.7	2022-06-04 오전 2:39
히튼멘토-헬기획-s01-v3.8	2022-06-07 오전 2:06
히튼멘토-헬기획-s01-v3.9	2022-06-19 오전 2:16
히튼멘토-헬기획-s01-v4.0	2022-06-22 오전 1:47
히튼멘토-헬기획-s01-v4.1	2022-06-28 오전 1:14
히튼멘토-헬기획-s01-v4.2	2022-06-30 오후 11:38
히튼멘토-헬기획-s01-v4.3	2022-07-08 오전 1:04
히튼멘토-헬기획-v0.1	2022-01-28 오전 9:00

업무를 진행하면서 찾은 좋은 레퍼런스들도 즐겨찾기 링크를 추출해 체계적으로 관리한다. 즐겨찾기 목적에 해당하는 주제·키워드들을 중심으로 폴더를 별도로 생성하고 링크들을 저장해, 필요한 시점에 빠르게 레퍼런스를 찾아서 업무에 활용한다. 매번 필요한 자료를 찾느라 기억을 더듬고 주변 동료들에게 수소문할 필요가 없다. 자신의 전체적인 업무 특성을 잘 파악하고 본인만의 데이터/레퍼런스 정리 체계를 구축하고 계속해서 습관화하자. 한번 체계가 잘못 잡히면 나중에 관리하기가 어렵다. 자료를 수신하고 저장할 때부터 체계에 맞게 분류하면 불필요한 재정리 시간을 줄일 수 있어 큰 도움이 된다.

시체는 사인을 남기고, 업무는 근거를 남긴다

기록은 중요하다. 분쟁이 생겨 법정공방이 이어지는 경우 승패를 가르는 열쇠도 바로 '증거'다. 외부업체와 회사 내 담당자 및 상사와의 갈등 등 생각하지 못했던 문제들이 곳곳에서 수시로 발생한다. 각종 사건사고, 시비, 분쟁, 갈등으로부터 때로는 회사를, 때로는 나까지 지킬 수 있는 방법이 바로 기록과 증거를 남기는 습관이다.

전화 통화 내용을 이메일로 남겨라

★ ★ ★

부품 납품업체와의 통화에서 8월 첫째 주까지 추가 부품 1000pc를 개당 5만원에 납품 받기로 한 옴 사원, 8월 첫째 주 초에 일정 확인차 거래처에 전화를 했는데 예기치 못한 답변이 돌아온다. "옴 사원님, 제가 가능한지 확인해보겠다고 했지, 가능하다고는 말씀을 안 드렸었는데. 저희 상황이 여의치 않아서 어려울 것 같은데 어쩌죠?"

물론 구두계약도 계약이고, 회사 간의 신뢰도 신뢰지만 그럼에도 불구하고 상식을 벗어나는 일은 항상 발생한다. 아무리 억울하고 시시비비를 따지고 싶어도 근거가 없다. 하지만 옴스가 처음 통화를 했을 당시 전화를 끊고 바로 이메일을 남겼다면 어땠을까? '유선상으로 논의했던 대로 8월 첫째 주까지 1000pc 개당 5만원에 납품 받는 것으로 내부 전달하겠습니다. 필요한 계약서류나 특이사항 있으시면 내일까지 답변 부탁드리겠습니다.'

그리고 1대1로 메일을 주고받기보다는 참조처에 거래처 담당팀장과 우리 팀장님을 참조로 넣었다면 어땠을까? 거래처에서는 해당 메일을 받고 거부의사나 수정사항을 요청한 적이 없다면 도달주의에 따라 메일의 내용에 동의하고 수용한다는 것과 다름없다. 근거를 활용해서 업체의 도의적 책임을 요구하거나 추후 거래에서 훨씬 유리해질 수 있다.

미팅 메모를 쓰는 이유

★ ★ ★

회사생활 중에 제일 졸리고, 귀찮은 게 있다면 미팅이다. 하루에도 수차례 미팅이 이뤄진다. 보통 짧아도 30분, 길면 1시간 넘게 이어지는 미팅에서 참석자들은 수많은 의견을 주고받는다. 문제는 똑같은 말도 사람마다 다르게 이해하는 경우가 많다는 점이다.

서로 다르게 이해한 내용을 토대로 업무를 진행하니 서로의 기대에도 미칠 수가 없다. "저희 분명히 앱 메인화면에서는 광고 띄우지 않기로 하지 않았나요?", "불필요한 카테고리, 메뉴 최소화하고, 4개 대분류로 통합하는데 동의하셨던 거 아니에요?"

그래서 거래처, 유관부서와 진행되는 중요한 미팅은 끝나면 반드시 메모를 쓰는 게 중요하다. 미팅 메모를 작성해서 참석자들과 공유함으로써 추후에 발생할 수 있는 딴소리와 모르쇠를 최소화시킬 수 있다.

미팅 메모를 작성할 때에는 날짜, 시간, 장소, 참석자를 명확하게 쓰는 게 좋다. 주요 논의사항은 발화자와 발화내용까지 작성하는 것도 방법이다. 특히, 중요한 계약사항, 스펙, 가격, 일정 등 핵심적인 논의가 이뤄지는 자리일수록 미팅 메모는 더더욱 중요하다. 녹음을 하는 것도 좋은 습관이다. 물론 녹음은 상대방 동의가 필수다.

상사의 구두지시가 갖는 리스크

★ ★ ★

상사의 업무지시는 때때로 온탕과 냉탕을 오간다. 예시는 본인이 먼저 신규 사업의 경쟁사 범위를 대기업군으로 한정 짓자고 해놓고는 막상 보고서를 들고 가면 모르쇠로 일관하는 경우다.

김뻔뻔 팀장 "뭐야, MSSOFT는 왜 안 넣었어? 규모는 작지만 업계에서 MSSOFT 입지가 낮은 편이 아닌데?"

옴 사원 "제가 전화로 여쭤봤었는데 팀장님께서 안 해도 된다고…"

김뻔뻔 팀장 "내가 언제 그랬어?"

나이를 먹어서 진짜 깜빡깜빡하는 건지 아니면 위에서 대차게 핀잔을 듣고 와서 모르쇠로 밀어붙이는 건지 모르겠지만, 이런 업무 비효율을 최소화하기 위해서는 사내 메신저나 SNS를 활용한 기록 일상화가 도움이 될 수 있다.

"팀장님, 그럼 말씀하신 대로 스타트업 제외하고 대기업군 중심으로 VR사업 진출현황 조사해서 보고 올리겠습니다."

물론, 이런 기록의 습관은 나중에 팀장에게 목에 핏대 세우면서 잘못 없다고 바득바득 우기기 위한 목적만은 아니다. 통화의 내용, 업무지시 내용을 서로 확인하고 정확하게 업무방향성을 확인하는 일이 주목적이다.

중요한 사항은 반드시 결재를 기다려라

★ ★ ★

기록 중에 가장 강력한 구속력을 가지는 게 바로 '결재'다. 결재를 했다는 것은 내가 이 내용을 확인했고 승인했다는 의미다. 잘 알겠지만 최종결재자가 계약사항을 미처 제대로 읽지 못했다고 평계를 대도 소용없다. 그래서 윗사람들은 내가 올리는 보고 내용 하나하나를 꼼꼼하게 매의 눈으로 뜯어본다. 자신이 결재를 하는 순간 책임이 생기기 때문이다.

옴스 유토피아 프로젝트 입찰에 제출할 제안서가 최종적으로 완성되면 내부 품의를 올리는 상황이다. 가격, 일정, 생산방식, 계약사항 등 주요 내용이 포함된 제안서는 중요도에 따라 의사결정권자의 결재를 받은 뒤에 외부로 나가게 된다. 결재를 받지 못한 상태에서 나가는 제안서나 대외문서는 '회사의 공식 답변'이 될 수 없다. 자칫 일정이 급하다는 이유로 결재가 끝나지 않은 상태에서 제안서나 공식답변을 회신할 경우 이로 인해 파생되는 모든 문제는 나의 귀책이 될 수 있다.

내 입장에서는 회신이 시급한 상황이라 어쩔 수 없다고 생각할 수 있겠지만 책임감과 절차는 확실하게 구분해야 한다. 최종 임원의 결재 단계에서 입찰 미참여가 결정될 수도 있고, 가격이나 계약조건을 추후 협의하는 조건으로 변경하자는 피드백이 있을 수도 있다. 내가 해야 할 일이 있다면 직속상관인 팀장에게 카톡이나 메시지를 활용해서 최대한 결재를 빨리 받을 수 있도록 압박을 가하는 일이다. "팀장님, 저희 제출 마감시간이 2시간밖에 안 남아서 빨리 결재 받아야 될 것 같습니다!"

혹은, 팀장이 전화로 "옴 사원, 제안서 구두 승인 받았으니까 지금 보내"라고 지시를 했다면 참조처에 팀장의 이메일 주소를 넣고 카톡으로라도 답변을 남기자. "팀장님, 지시대로 방금 전에 제안서 메일 발송 완료했습니다." 물론, 팀장이 카톡으로 지시를 했다면 바로 보내도 좋다.

사실 '굳이 이렇게까지 해야 될 필요가 있나' 싶은 생각이 들 수도 있다. 하지만 나는 회사를 지킬 책임이 있고 나를 지킬 의무가 있다. 상대방과 싸워서 이기자는 목적이 아니라 악의적으로 상황을 이용하려는 구성원들로부터 회사와 나를 지키기 위한 최소한의 장치가 필요하다는 것을 꼭 강조하고 싶다.

기획은
아이디어 공모전이 아니다

"팀장님, 아시겠지만 최근 들어 십대를 중심으로 메타버스가 유행하고 있고, NFT 기술을 활용해서 디지털 자산을 소유하는 게 트렌드가 되고 있습니다. 저희도 마인크래프트나 제페토 같은 유행 게임 내에서 가상 편의점을 구축하고, 다양한 상품들을 활용해 자신만의 족적을 남길 수 있게 한다면 MZ세대와의 교감을 높여 신규 고객을 확보할 수 있을 것이라고 생각합니다."

"우리가 왜 십대를 신규 고객으로 확보해야 하지? 그들의 구매력은 어느 정도지? 편의점에서 족적을 남기는 과정에서 우리가 얻는 효용은? 게임 내 매장 구축에 필요한 IT인력은? 아웃소싱인가 아니면 직접 제작인가? 대체 자네는 뭘 하자는 건가?"

기획안을 써오라고 하면 많은 초년생들은 신박한 아이템, 톡톡 튀는 아이디어 제시에 몰두한다. 대학생 시절 공모전 꽤나 해본 초년생들은 자신감을 보이기도 하지만 막상 들여다 보면 현실성과 기획력 모두 떨어지는 경우가 대부분이다. 그저 반짝하는 아이디어 자체에만 초점을 맞추고 있을 뿐 비즈니스 관점이 부족하다.

기업 활동의 목표는 이윤창출을 목적으로 한다. 이윤은 '매출-비용'이므로 투입한 비용보다 큰 매출을 거뒀을 때 이윤이 창출될 수 있다. 인풋Input은 줄이고, 아웃풋Output을 키움으로써 기업 가치를 극대화할 수 있다는 것은 기업 활동의 기본 중의 기본개념이다.

회사의 자원은 한정되어 있다는 조건도 중요하다. 가상계좌에 꽂힌 수억 원의 투자금을 여기저기 손 가는 대로 주워 담고 보는 모의투자와는 차원이 다르다. 수없이 많은 투자안 중 한 곳에 자원Resource을 집중시키는 순간 다른 투자기회는 상실된다. 잘못된 선택으로 떡상과 떡락의 희비가 교차할 수 있다는 의미다.

무작정 멋지고 화려한 프로모션과 홍보, 최첨단 신기술과 기계장비를 쏟아서 돈을 버는 것은 상상 속에서나 실현 가능한 이야기다. 좋은 기획은 거창한 계획이 아니라 작지만 확실하고 효율적인 개선에 가깝다.

MBC 드라마 〈미치지 않고서야〉는 퇴직하지 않기 위해 몸부림치는 직장인들의 삶을 그린다. 현재 인사팀으로 밀려난 주인공 최반석 부장은 본래 엔지니어다. 5화에서 최 부장은 기획안의 레전드라는 입소문을 타게 되고, 노하우를 전수 받고자 하는 직원들이 부리나케 몰려드는 장면이 등장한다. 최반석 부장은 3가지 원칙으로 깔끔하게 기획의 핵심을 정리한다.

직원1 "완전. 일리 있어요. 화려한 거 신박한 것에 목숨 걸지 마라. 기존 기술을 최대한 활용해라. 연구에 최소 일 년 이상 걸린 아이디어는 과감히 패스해라."

직원2 "나는 이 부분에 별표 다섯 개요. 최악은 머신러닝, 빅데이터, IOT, AI 기능까지 다 때려 박은 기획안이다. 여기는 우주도 화성도 아니다. 1차로 떨어진다."

-MBC 드라마 〈미치지 않고서야〉 5화 중

(1) 화려한 것, 신박한 것에 목숨 걸지 마라.

거창한 기획은 돈이 많이 든다. 시간도 많이 걸린다. 때문에 어지간해서는 결재를 받기도 쉽지 않다. 실행계획을 세우는 것도 어렵고, 계획이 구체적이지 않으면 설득력도 떨어진다. 기획안의 실현가능성을 사전에 예상하기도 어렵다. 추진할 때 유관부서의 불만과 투정도 덤이다. 그래서 온갖 핫하다는 신기술을 모두 접목시킨 변화보다는 작지만 확실한 개선이 더 큰 실효성을 갖는다.

최반석 부장 "아니 형은 뭐 AI랑 사귀어? 죄다 인공지능이야?"

노병국 팀장 "AI가 대세잖아. 인공지능 없으면 너무 약하지 않나."

최반석 부장	"아이고, 이걸로 해. 인공지능 빼고. 기존 모델 버전2로 가. 그게 안 전빵이야. 초음파 세척이니까 소음이 심할 거 아냐. 형이 잘하는 거 있잖아. 소음저감 챔버. 내장컨셉으로 밀어."
노병국 팀장	(희번뜩! 왜 그 생각을 못했지라는 표정)
안선임	"차 선임이 그러는데 한 팀장님 거 진짜 1빠로 떨어졌대요."
동책임	"진짜? 소름… 와! 최 부장님 예언 적중"

-MBC 드라마 〈미치지 않고서야〉 5화 중

머신러닝, 빅데이터, IOT, 인공지능 다 때려 넣은 한세권 팀장의 기획은 탈락!!

(2) 기존 기술을 최대한 활용해라.

기업 내에는 기존에 개발되고 존재했지만 제대로 활용되지 않는 자원들이 많다. 기존의 틀을 벗어나지 않는 시도는 접근이 용이하다. 기존의 자원을 활용한다는 점에서 추가적인 비용 투입에 대한 부담도 적다. 안 되면 마는 거고, 되면 좋다. 최소의 자원으로 최대의 효과를 내는 그 자체다.

'편의점 내부 인테리어 컨셉을 바꾸면 좋겠다' 보다 '고객의 동선과 시선을 고려해 품목별 위치와 진열방식을 바꾸면 좋겠다'가 좋은 기획이다. "저희도 유행하는 트렌드에 맞춰서 제품 라인업 확장과 신규제품 개발이 필요합니다"보다 "저희 30년 된 베스트셀러 제품의 재해석을 통한 리포지셔닝Repositioning으로 20~30대까지 타겟을 넓혀보면 좋겠습니다"가 좋은 아이디어다.

(3) 연구에 최소 1년 이상 걸리는 프로젝트는 과감히 패스하라.

본부장, 팀장이 자기가 있는 동안에 끝나지도 않을 지루한 프로젝트에 관심을 가질까? 평가 시점마다 자신의 실적과 성과를 입증해야 되는 마당에 전사 전략 차원에서 진행되는 프로젝트가 아니고서야 일개 직원이 제안하는 중장기 프로젝트를 밀어줄 여유는 없다. 제안 사항대로 회사의 자원이 투입되는 만큼 제안자의 책임도 커진다. 초년생 입장에서 수십, 수백억 원이 투입되고, 여러 부서의 참여가 필요한 대규모 프로젝트를 이끌고 결과에 대한 책임까지 감당할 자신은 있는가? 보고 받는 입장에서도 짧은 시간에 실적으로 연결될 수 있는 프로젝트를 선호할 수밖에 없다. 팀장, 본부장, 상무, 부사장도 보고를 받고 다시 보고를 올린다. 보고를 올리는 입장에서 빠르게 개선된 지표, 수치, 도출된 성과가 있다면 어깨가 올라갈 수밖에 없다.

회사는 대학시절 상상의 나래를 맘껏 펼치던 공모전의 장이 아니다. 회사의 자원을 활용해 최고의 효율을 내고 이윤을 창출하는 곳이다. 회사의 입장에서 사업이 갖는 의미를 생각하고, 보고를 받는 입장에서 한 번 더 생각해보면, 힘을 적게 들이면서도 더 좋은 결과를 낼 수도 있는 곳이 회사다. 회사는 '열심히' 보다는 '효율'이 핵심이다.

조직도와 핵심인물을 알면
업무속도가 세 배 오른다

옴 사원   "박구매 대리(구매3팀)님, 안녕하세요. 다름이 아니고, 저희 이번에 진행 중인 플랫폼 프로젝트 주요 LLI_{Long Lead Item}장비 도착 일정들 확인하고 싶은데 혹시 자료를 받아볼 수 있을까요?"

박 대리   "옴 사원님 안녕하세요. 플랫폼 프로젝트요? 그런데, 저희는 플랫폼 쪽 구매 안 하는데. 저희는 벌크 구매만 하거든요. 그리고 제가 알기로는 LLI는 다른 구매팀에서 따로 관리하는 걸로 알고 있는데… 상선 쪽은 LLI 중요도가 낮아서 같이 일할 일이 없다 보니 담당자가 누구신지 저도 잘 모르겠네요."

옴 사원   "네, 감사합니다." (하, 구매1팀? 구매2팀? 어디부터 전화해서 알

혼자 할 수 있는 일은 없고, 유관부서들로부터 확인해야 될 것들은 태산처럼 쌓여 있는데 어디가 주관부서인지 누가 주 담당자인지를 파악하는 것만으로도 진이 빠진다. 사원 입장에서는 일면식도 없는 담당자들에게 전화해서 일일이 담당자인지를 물어보는 것만으로도 진땀이 난다. 설상가상으로 수많은 직장인들은 나의 어려움을 해결하는데 적극적이지 않다. "음~ 글쎄요. 저도 잘 모르겠네요. 제 담당이 아녀서요. 그럼 이만."

때문에 우리 부서에서 주로 협업을 하는 부서별 담당 업무와 주 담당자를 파악하는 것은 당장에 엑셀 수식 하나 더 배우는 것 보다 훨씬 중요도가 높은 스킬이 될 수 있다.

조직도를 정확하게 파악하라

★ ★ ★

조직도를 중심으로 각 주요 부서별 업무를 파악하면 필요할 때 더욱 빠르게 협조를 요청할 수 있다. 견적에 필요한 생산 시간과 인력 투입 계획을 수립하는 부서는 생산기획팀, 프로젝트 성격에 맞는 공법과 기술을 검토하는 부서는 생산기술팀, 실제 생산현장에서 일어나는 이슈들을 파악, 통제하고 작업자들을 관리, 감독하는 부서는 생산관리팀에서 담당한다.

고객사의 제안요청서 Request for Proposal에 대해 경쟁력 있는 생산 시간과 일정을 검토하기 위해서는 생산전략·기획팀과의 협의가 필요하다. 실제 공사가 진행되는 동안 생산현장에서 발생한 문제에 대해 클라이언트로부터 불만사항 혹은 현황 파악 요청이 들어온다면 생산관리팀과의 연락을 통해서 세부적인 이슈사항과 히스토리를 정확하게 파악하는 게 우선이다.

새로운 프로젝트 제안을 위해 레퍼런스가 필요할 수도 있다. 유사성이 있는 프로젝트의 견적 사례를 통해서 제안 수준을 비교해보고 합리적 결과물을 도출해볼 수 있기 때문이다. 이때에도 같은 영업본부 내에서 영업팀이 지역별로 나뉘는지, 품목별로 나뉘는지, 주요 수행 프로젝트가 무엇이었는지를 파악하고 있다면 필요한 시점에 빠르게 도움을 청할 수 있게 된다.

시간이 날 때마다 조직도를 보면서 각 조직별 주요 업무범위와 성격, 내용들을 파악해 둔다면 유관부서의 협조를 요청할 때나 궁금한 점을 해결하기 위해 문의전화를 할 때에도 보다 정확하고 빠르게 확인할 수 있게 된다.

파악하는 것은 그렇게 어렵지 않다. 눈치만 빨라도 충분하다. 팀장, 사수가 발신, 수신하는 메일들을 주시하는 게 핵심이다. 어떤 부서, 어떤 담당자와 어떤 논의를 진행하는지를 미리미리 파악하면서 조직도를 중심으로 나만의 비밀노트를 만들어보자.

상대 업무의 특성을 알아야 일이 빠르다
(각 부서의 역할 이해하기)

★ ★ ★

우리는 수많은 유관부서와 업무를 진행한다. 영업부는 마케팅부와의 긴밀한 협의를 통해 시장에서 잘 팔리는 상품특성과 동향, 프로모션 전략 수립과 예산 편성 관련된 논의를 진행한다. 생산 부서와는 고객사의 요청에 따라 제품을 생산하는데 필요한 비용과 기간, 가능여부 등을 확인하면서 고객사와의 협의를 이끌어 나가게 된다. 유관부서와의 협업은 전사적 차원에서 더 높은 성과를 창출하는 데 있어 반드시 필요하다는 것을 누구나 공감하고 있지만 현실은 생각만큼 녹록지 않다.

대다수 직장인들에게는 회사의 목표달성보다 자신에게 주어진 당장의 업무가 더 중요하다. 더군다나 핵심성과지표에도 들어가지 않는 유관부서의 요청을 적극적으로 듣고, 내 시간을 뺏겨 가면서 업무에 심혈을 기울일 이유는 더더욱 없다. 그렇다보니 비판적인 사고와 깊은 고민 없이 기계적으로 요청에 대응하는 경우가 비일비재하다. 경쟁력 있는 품질과 가격수준을 가진 하청업체를 새롭게 찾기 보다는 지난 프로젝트 당시 제안했던 부품과 가격을 그대로 활용한다. 공사의 성격은 기존과 크게 다르지만 공사에 필요한 인력 투입 규모와 기간, 계획도 기존에 사용했던 자료를 활용하기도 한다.

"어우 옴 대리님, 저희 이게 그렇게 말씀하신다고 뚝딱 되는 게 아니에요."(실제로 뚝딱 되는 일이라고 해도 절대 그렇게 얘기하지 않는다. 탄로 나면 계속 뚝딱뚝딱 해줘야 하니까.)

"옴 대리님, 저희가 내부적으로 치열하게 고민했는데요. 이게 최선입니다."(영업부에서 접수한 자료를 그대로 하청업체에 보내고 접수된 자료를 그대로 영업부에 전달하더라도 표현은 다르다.)

현장에서 보내오는 자료의 기술사항과 공법 등을 이해할 수 없다면 그저 유관부서들로부터 받은 자료를 주문자에게 그대로 넘기는 데 급급한 까막눈에 불과할 뿐이다. 그렇다고 유관부서에서 접수한 견적 자료를 자의적으로 고칠 수도 없다. 월권이고, 큰 사건이다. 게다가 자료를 접수하는 것도 험난한 과정이다. 실제로는 별 것 아닌 일임에도 불구하고, 업무수행 과정과 방식을 모른다면 눈앞에서 갑질을 당할 수밖에 없다.

"박기계 과장님, 저희 이번 옴스 휴즈 프로젝트는 공사지역이 동남아라 블록형태도 차이가 많은데 지난 번 북해 쪽 옴스 잡스 프로젝트랑 같은 기술난이도에 동일 원가 산정방식은 문제가 있지 않을까요?"(공사 특성을 고려하지 않고, 기계적으로 이전 공사에 적용된 단가를 적용하는 유관부서의 업무패턴을 알고 요청)

"최느굿 대리님, 공조장비 견적 산정하신 거 잘 봤습니다! 그런데 저희가 지금 견적가가 경쟁력이 없어서 … 단가를 줄일 수 있는 부분을 찾고 있거든요. 저희 통상 설계에서 5~10% 정도 마진 추가해서 주셨던 걸로 알고 있는데 혹시 조정할 수 있는 여지가 조금 있을까요?"

(업체에서 받은 견적에 마진을 많이 붙이는 부서 특성을 알고 먼저 접근)

틈날 때마다 친한 동료나 선배들로부터 타 부서의 업무 수행 방식이나 주요 이슈 등을 파악해두면 좋다.

핵심인재 Key Player는 따로 있다

★ ★ ★

박 사수　"옴스야, 우리 품질팀에 요청했던 검토의견 회신 어떻게 되고 있어?"

옴 사원　"아, 그거요! 지난주에 품질팀 최어린 사원한테 요청해뒀습니다!"

박 사수　"아니, 걔가 뭘 안다고 걔한테 요청을 해. 그거 김 과장이 다 처리하는 업무인데"

같은 회사 직원이라고 직원들의 역량수준이 동일한 것은 아니다. '8:2법칙'은 직장 내에서도 고스란히 적용된다. 업무에 대한 높은 이해수준과 빠릿빠릿한 업무수행 능력을 보이는 스페셜리스트는 따로 있다. 번지수를 잘못 찾는다면 질 낮은 자료는 기본이고, 언제 올지 모르는 회신을 함흥차사 목 빠지게 기다리는 경우도 다반사다.

특히, 나보다 직급이 높은 사람에게 전화를 거는 것이 두려운 신입사원 입장에서는 가장 만만한 상대팀 사원에게 전화하거나 메일을 보내는 경우가 많은데, 그들도 결국 부서 내에서는 말단이기 때문에 사수나 상사에게 의사를 제대로 전달하지 못하는 경우가 대부분이다. 당장에 연락하기 쉽다는 이유 하나로 상대부서의 말단사원만 믿고 있다가는 낭패를 보기 십상이다.

해당 부서 사원에게 메일을 보냈다는 평계는 무의미하다. 회사에서는 필요한 자료를 제때 받아 업무를 완료했느냐가 중요할 뿐이다.

때문에 주요부서별 업무파악과 함께 '일을 잘하는 핵심인재 Key Player'가 누군지를 파악하는 것도 중요하다.

그리고 각 담당자별 전문분야를 파악하면 좋다. 작년에 새롭게 설계1팀으로 이동한 과장보다 3년 전부터 설계팀에서 잡무를 담당해왔던 3년차 사원이 더 잘 이해하고 있을 수도 있다. 때문에 특히 연락이 잦은 주요부서의 경우 각 담당자별로 맡았던 프로젝트의 이력들이나 전문 분야를 미리미리 파악하면 나중에 요긴하다.

김 팀장   "음, 우리 3년 전에 옴스 잡스 프로젝트 진행할 때 신규 협력사 검토했던 거 누구한테 물어봐야 되는지 아는 사람 있나?"

옴 사원   "제가 알기로 설계1팀에 갓 사원이 당시 관련 자료들을 직접 취합하고 저희 쪽이랑 연락해서 잘 알고 있을 겁니다!"

김 팀장   "오~ 옴스 땡큐"

업무처리속도와 멀티태스킹을 향상시키는 잡 스킬

잡일은 신속함과 효율이 생명이다. 잡일을 처리하는 속도는 윗분들의 만족도 증가와 비례하며, 나의 추가적인 자유 시간 혹은 빠른 퇴근으로 이어지는 핵심적인 요소이다. 정확성 또한 빠질 수 없다. 아무리 빠르게 단순 반복적인 업무를 끝냈다고 한들 실수나 오타가 있다면 완성도와 신뢰도가 떨어진다. 처음에는 손에 익지 않아 답답함과 막막함을 느낄 수 있지만 차츰 손에 익어가는 과정에서 잡무 수행능력에도 엣지가 생기기 시작한다. 쪼랩 시절부터 다양한 잡일들을 신속, 정확하게 수행하고, 하루 빨리 어리바리에서 탈출하는 데 도움을 줄 수 있는 유용한 꿀팁들을 전수한다.

프로그램별 즐겨찾기

★ ★ ★

과거 즐겨찾기는 웹브라우저에서 시작됐지만 지금은 다양한 프로그램, 서비스에서 활용 가능한 기능이 되었다. 각종 프로그램에 흩어져 있는 즐겨찾기 기능을 어떻게 활용하느냐는 업무의 속도를 끌어올리는 데 큰 도움이 된다.

❶ 웹 즐겨찾기

아침에 출근하자마자 PC를 켜서 확인하는 주요 프로그램들, 주요 지표들이 있을 것이다. 아침-점심-저녁 루틴으로 따로 만들든 출근 루틴이라는 형태로 만들든 주요 사이트들을 하나로 모아서 관리하면 최소한의 클릭으로 필요한 브라우저들을 한 번에 켜고 빠르게 확인할 수 있다.

이외에도 자신의 개인 목적 또는 업무 성격에 맞게 다양한 즐겨찾기 폴더를 구성하고 관리해 나가면 좋다. 필자의 경우 전반적인 시황 관련 자료들을 확인할 수 있는 사이트, 각종 경제동향과 전망, 분석 보고서들을 확인할 수 있는 사이트(SERI, LG전자연구소, 포스코연구소, 우리·KB금융연구소), 부수적인 업무지식과 스킬 향상에 도움이 될 만한 사이트뿐 아니라 개인적인 관심사(AI·빅데이터, 대학원 등)도 폴더로 만들어서 좋은 내용이 보일 때마다 즐겨찾기에 저장하고 있다.

❷ 워드 · 엑셀에도 즐겨찾기가 있다.

많은 사람들이 잘 모르지만 워드, 파워포인트, 엑셀에도 즐겨찾기 기능이 있다. 작업 중인 문서에 고정됨을 설정하면 '파일' 탭의 '고정됨' 항목에서 내가 고정한 문서들을 한 눈에 확인할 수 있다. 빈도 높게 사용하는 파일의 경우 해당 기능을 사용하면 파일이 필요할 때마다 일일이 폴더를 찾아다닐 필요가 없어진다.

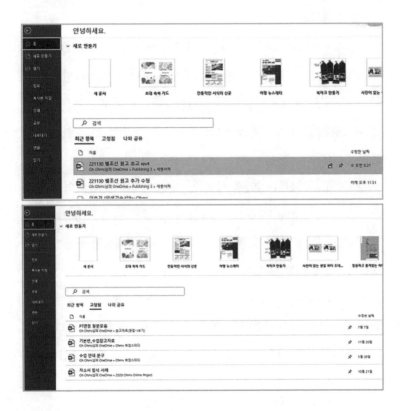

특히, 반복적 주기적으로 수행되는 업무가 있는 경우 포맷이 되는 파일을 만들어 놓거나 자주 사용하는 주요 문구들을 따로 저장해서 활용할 수도 있다. 필자는 주간·월간 업무보고 양식, 회사소개자료, 상품·서비스 설명자료, 상사가 빈도 높게 찾는 보고자료 등을 '고정됨' 설정해 두고 있다. 예를 들어 3년간 주요 수주 실적 및 비용·수익성 분석 등과 관련된 자료는 수시로 필요한 대표적인 자료다. 신규 프로젝트 수주를 위한 제안서를 작성할 때, 수주한 프로젝트의 수익성을 확인해야 될 때 가장 중요한 기준점이 되는 자료이기 때문이다.

❸ 탐색기의 즐겨찾기를 활용해라.

윈도우 탐색기에도 즐겨찾기를 모아볼 수 있는 기능이 있다. 각자마다 빈도 높게 사용하는 파일들이 있듯이 자주 찾는 폴더도 존재한다. 필자의 경우 본부 공용 폴더, 주·월간 보고자료들이 모여 있는 폴더부터 유관부서와 함께 공동으로 관리하는 폴더, 최근에 진행 중인 주요 프로젝트 폴더를 즐겨찾기해서 관리했다. 사용법은 간단하다. 그림처럼 자주 쓰는 폴더에서 마우스 우클릭을 하고, '즐겨찾기에 고정'을 선택하면 탐색기 좌측 상단에 해당 폴더가 고정된다. 이 기능을 활용한다면 '윈도우키+E'로 탐색기를 켜고 원하는 폴더로 접속해서 필요한 파일을 빠르게 실행할 수 있다.

❹ 주요 뉴스 즐겨찾기로 관리하기

회사 내부의 업무에만 몰두하다 보면 시야가 좁아지기 마련이다. 계속해서 산업, 업계, 경쟁사 동향을 살피면서 변화를 파악하고 업무에 반영할 수 있는 게 중요한데 이때 전반적인 추세와 방향성을 확인하는 데 있어서 '뉴스' 만큼 좋은 게 없다.

필자는 주 3회 이상 경제뉴스를 통해서 전체적인 경제상황, 산업계 동향과 주요 이슈들을 꾸준하게 파악하고 있다. 관점을 넓히는 데 도움이 되거나 반드시 숙지하고 체크해야 될 기사들은 즐겨찾기 기능을 활용해서 스크랩 중이다. 문제는 기사는 건수가 많아서 관리가 어렵다는 점인데 네이버앱의 keep서비스를 활용하면 좀 더 쉽게 관리가 가능하다.

네이버에서 제공하는 뉴스들의 경우 기사 제목 우측 하단에 여러 아이콘들이 있는데 여기서 '네이버keep'을 누르면 해당 기사 링크가 저장된다. 그리고 마이페이지에 가면 내가 keep한 모든 기사들이 모여 있다. 난삽하게 리스트 된 기사들은 본인의 스타일과 목적에 맞게 분류하면 된다. 필자는 정치, 경제, 사회, 산업 등과 같은 대분류부터 개별 산업·업종별로 카테고리를 만들어서 관련된 기사들을 꾸준하게 누적·관리해 나가고 있다.

이렇게 꾸준하게 저장·관리하게 되면 특정 산업·업종 내 주요한 사건과 흐름들이 하나로 정리된다는 장점이 있다. 반도체라고 한다면 과거 2020년부터 꾸준하게 저장된 주요 기사들의 제목만으로도 주요 이슈와 히스토리들이 한 눈에 들어올 수 있기 때문이다.

네이버keep을 활용하면 하나의 기사에도 다양한 태그를 삽입할 수 있다. 특정 기사를 여러 카테고리에 중복해서도 저장할 수 있다는 의미다. 그리고 네이버 외부의 주요 링크들도 따로 저장이 가능하다. 직접 링크를 따서 저장하고 태그를 달아서 다른 네이버의 주요 뉴스 기사들과 함께 정리해 나갈 수 있다.

❺ 퇴근 시간 이후에는 예약 메시지

늦은 밤, 혹은 주말에 갑작스레 타부서 담당자, 혹은 고객사·관계사에 확인할 게 생각이 났는데 왠지 출근하면 기억이 나지 않을 것 같을 때 활용할 수 있는 꿀팁이 있다. 바로 카카오톡의 예약메시지 기능이다. 카톡 채팅방의 하단에 보면 '메시지 예약'이라는 기능이 보인다. 날짜와 시간을 설정해서 발송 메시지를 미리 예약할 수 있다. 업무진행 상황 확인 목적으로 활용할 수도 있다. '브리핑 보드'를 누르면 예약된 메시지 내역들을 한 번에 확인할 수도 있다.

❻ 카카오톡 캘린더 활용하기

회사생활 중 제일 귀찮고 정리 안 되는 것 중 하나가 일정관리다. 회사 달력에 회사 일정과 개인일정을 같이 쓰자니 곤란하고 따로 쓰자니 확인하기 번거로운 경우가 많다. 그래서 필자는 카카오 캘린더를 사용한다.

먼저, 색깔에 따라 스케줄의 목적을 구분해서 한꺼번에 관리한다. 주황색은 취업관련, 남색은 회사, 하늘색은 가족 일정이다.

개별 일정을 생성할 때 색 구분, 시간, 장소, 알림 설정이 가능하며 참석자 초대를 통해서 모임 참석자에게도 해당 일정을 동시에 보낼 수 있다. 아웃룩Outlook에도 유사 기능이 있으나 가장 큰 차이점이 있다면 '카카오톡'을 기반으로 하기 때문에 회사 동료, 가족, 친구 구분 없이 통합적인 일정 관리 및 공유가 가능하다는 점이다.

이렇게 설정된 일정은 '톡캘린더'를 통해서 초대메시지 전송 및 정해진 시점에 알람 전송도 가능하다.

회사생활에
날개를 달아주는 기술
_ 릴레이션십

신입사원은 남는 게 시간, 관계조급증 멈춰!

'혼자 가면 빨리 갈 수 있지만 멀리 갈 수는 없다'는 말이 있다. 사회 생활은 더더욱 그렇다. 혼자서는 한 달 내내 자신이 관심 있는 주제의 보고서를 수십 페이지 정도 쓰는 게 고작이지만, 여럿이 머리를 맞대면 수조 원대의 프로젝트를 수주하고 공사를 수행해 제품을 납품하여 세상의 발전에 기여하는 거대한 업무도 거뜬히 해낼 수 있다. 혼자서 모든 것을 해내려는 사람은 결코 높이 올라갈 수 없고 자기효능감에 취한 사람의 주변에는 사람들이 모이지 않는다. 강력한 관계는 더 나은 결과, 더 높은 성장을 위한 필수조건이다.

　사회초년생 입장에서 알아채기 어려운 관계의 힘, 그리고 사람들의 마음을 얻고 강력한 관계를 구축할 수 있는 관계의 묘를 풀어본다.

H증권 정희선 사원 "옴스님, 저희 부서에 신입이 저 밖에 없고 위에는 저보다 6~7년 많은 과장님들뿐이에요. 어떻게 먼저 다가가야 할지 고민입니다 ㅠ"

옴스 "음, 그냥 부담 갖지 말고 천천히 친해져도 돼. 억지로 먼저 가서 엉겨 붙지 않아도 자연스럽게 기회가 생길 테니까 그럴 때 친해져."

정희선 씨는 수시채용으로 입사해 동기들도 많지 않은 상황에서 어떻게 적응해야 하는지 걱정과 부담이 컸다. 먼저 다가가서 말을 붙이고, 밥도 먹어야 된다는 생각은 있는데 선배들에게 먼저 다가가는 게 어렵게 느껴졌다고 한다. 특히, 점심시간이나 퇴근 시간에 어떻게 해야 할지 난감했다고.

물론, 사람의 성향에 따라 조금씩 차이가 있을 수 있으나 과장, 대리 직급의 직장인들은 보통 20대 후반에서 30대 중반의 나이대다. 이들 또한 상명하복의 군대식 문화를 싫어하고 퇴근 후 개인적인 취미나 여가활동에 시간을 쏟는 것을 좋아하는 이들이다. 근무경력을 쌓으면서 조직적 관점도 생겼지만 개인적인 성향 또한 갖고 있기 때문에 후배들이 먼저 다가서지 않는다고 해서 크게 신경 쓰지 않는다. 작위적이고 과도하게 깍듯한 2010년대식 매너도 달가워하지 않는다.

대신 부서의 막내이자 신입으로서 좋은 이미지를 유지하는 정도면 충분하다. 아침에 출근해서 적어도 옆 팀, 같은 팀 직원들과 밝게 인사를 나누고, 주어진 업무는 확실하게 수행해내면 된다.

정희선 씨도 필자의 조언에 따라 부담을 덜었더니 한결 회사생활이 편했고 실제로 선배들도 크게 신경 쓰지 않았다고 한다. 점심시간에는 자유롭게 동료, 동기 혹은 친구들과 만나 밥도 먹는다고 한다. 초반에는 또래 선배들끼리 가깝게 농담을 주고받는 모습을 보면서 '끼어야 될까'라는 부담을 느끼기도 했지만 지금은 그러려니 생각하면서 부담 없이 관계를 구축해 나가고 있다고 한다.

K금융 장병호 사원	"벌써 입사 3개월 차인데 제가 아직 사수님이랑 친해지지 못했거든요. 이제 와서 친해질 기회도 마땅치 않고… 타이밍을 놓친 것 같은데 어떻게 해야 할까요? 사수가 결혼도 하신 여자 선배님이시고 제가 선뜻 밥 사달라는 게 결례는 아닐지도 걱정이 되네요."
옴스	"그냥 편하게 '선배님, 식사 한번 같이 하고 싶은데 혹시 시간 한번 내어 주실 수 있을까요?'라고 얘기해 봐. 안 된다고 하면 마는 건데 싫어할 선배는 없어."

까칠하고 까탈스러운 일부 직장인을 제외하면 후배의 "식사 한번 하고 싶습니다"를 거절할 선배들은 아무도 없다. 혹여 싫어하는 이가 있다면 다시는 식사 제의를 하지 않으면 그만이다. 병호 씨의 경우에도 초반에는 회사생활에 적응하고 눈치를 보느라 선배들과 식사 한번

하지 못하고, 가까워질 기회가 없이 어영부영하다 시간이 많이 흘러서 고민이 많았다. 게다가 사수의 경우 결혼한 이성 선배라 더 조심스러운 부분도 있었다고 한다.

필자는 병호 씨에게 저녁 대신 점심을 먹자고 하고, 사달라고 할 필요 없이 같이 식사 한번 하고 싶다고 운을 떼우고, 실현이 되면 식사 뒤에 같이 내려는 제스처를 취하라고 조언했다. 그렇게 타이밍을 놓쳐 주저하던 병호 씨는 그날 이후 바로 사수와 식사 약속을 잡았고 이런 저런 얘기를 편하게 나누면서 가까워질 수 있었다고 한다.

사회적 분위기가 변화되고 신입직원들일수록 주관과 개인적 성향이 강하다는 인식이 퍼지면서 먼저 얘기를 꺼내지 않는 이들이 많아지고 있지만 이런 식의 고민은 기우다. 먼저 다가서는 후배를 마다할 선배들은 거의 없다. 사수처럼 가까운 관계가 아니라 팀장, 부장처럼 직급, 직책이 높아질수록 신입직원들의 제의를 더욱 반기기도 한다. 그만큼, 시간이 지날수록 살갑게 먼저 다가와서 관계를 맺고자 하는 직원들을 찾기가 어렵기 때문이다.

관계도 급하게, 어렵게 생각할 필요가 없다. 오히려 여유를 갖고 차분하게 다가가도 친해질 수 있는 기회는 얼마든지 있다.

"옴스님, 벌써 3개월이 넘었는데 사수가 중요한 일은 거의 자기가 다 하고 저한테는 자잘한 업무들만 계속 시키시거든요. 모르는 거 알려주기는커녕 계속 스스로 찾아서 하라고 하시는데… 시간이

지나면 괜찮아질까요?"

실무에 있어서는 조금 다르다. '이 일을 잘 아는 선배들이 나서서 나를 도와주지 않을까?' 라는 생각은 틀릴 수 있다. 같은 조직의 일원으로서 후배를 조력해야 된다는 '도의'적인 책임은 있을지언정 이는 의무사항이 아니다. 직급은 폐지되고 갈수록 개인주의와 경쟁이 심화되는 사회적 분위기가 확산될수록 자신만의 업무 노하우와 네트워크를 공유해야 될 필요성은 줄어든다.

필자도 개인주장이 강한 성향으로, 선배라는 이유로 고압적 자세를 취하거나 내가 수행한 업무의 결과물에 대해서 피드백 받는 것을 잘 참지 못하는 성격이었다. 그런 나였지만 첫 회사에서 만난 사수는 포용력이 넘쳤고 이해가 되지 않는 부분이나 모르는 게 있으면 하나하나 차분하게 설명해주시는 감사한 분이었다. 지금 생각해도 후배의 투정을 받아주고 친절하게 자신의 업무를 제쳐 두면서까지 하나하나 가이드해주는 직장인은 쉽게 찾아볼 수 없다. 필자에게는 큰 행운이었다.

금융사 이직 당시 사수였던 김연수 선배는 맺고 끊음이 확실하며, 회사 내부뿐만 아니라 고객들 사이에서도 탁월한 실력을 인정받는 분이었다. 후배들과의 동반성장을 지향해 배움에 대한 욕심과 열정이 있으면 많은 것들을 알려주고 방향을 잡아줬지만 피드백은 직설적이었고 나태함과 게으름에 있어서는 가차 없었다. 필자는 이직했을 당시 주 1~2회 이른 아침에 출근해 금융시장의 주요 동향과 이슈들을 찾고 정리하고 토론해보자는 연수 선배의 제안에 어쩔 수 없이 응했지만, 덕분에 시장을 바라보는 더 깊은 관점과 통찰을 얻게 되었다. 이후에 필자 뒤로도 여러 후배들이 들어왔고 연수 선배는 똑같이 공부를 제안했지만 적극적이지 않은 태도 때문에 오래 유지되지는 못했고 이후부터는 특별한 제안을 하지도 않았다.

뛰어난 선배들이 주변에 있다는 건 행운이다. 시행착오를 줄이고, 더 깊고 앞선 관점과 새로운 통찰을 얻을 수 있다. 하지만 그 시작을 만드는 건 내 몫이다.

최근 들어 대기업에서 40~50대 팀장을 밀어내고, 30대 팀장을 전진 배치하고 있다는 뉴스 기사를 심심치 않게 찾아볼 수 있다. 2021년, LG생활건강에서는 30대 직원을 상무로 발탁했다. 2022년, 아모레퍼시픽에서는 70년대생 팀장들을 보직해제하고, 80년대생을 팀장으로 발탁하면서 호봉제 중심의 기업문화가 저물고 있음을 세상에 알렸다. 갈수록 선후배 간의 단단한 유대감을 바탕으로 밀고 끌어주던 과거의 조직문화는 사라지고 철저한 개인주의 중심의 경쟁적 환경이 조성될 것이다.

직급 호칭 없이 서로가 '매니저', '프로', '님'이라는 동등한 호칭을 사용하는 기업문화의 확산도 같은 맥락에서 볼 수 있다. MZ세대가 좋아하는 '실력 중심'의 조직문화는 뒤집어 말하면 내 밑의 후배, 같은 팀의 동료들도 나에게는 잠재적인 경쟁자가 될 수 있다는 것을 의미한다. 가뜩이나 업무지시, 조언, 가벼운 타박을 해도 '꼰대' 소리를 듣는 마당에 신입직원들과 굳이 교류해야 될 필요성은 더더욱 줄어들게 된다.

때문에 누군가 도움을 건네기만을 기다려서는 안 되며 도움을 청하기를 두려워해서도 안 된다. 그리고 그 도움을 청했을 때 반드시 긍정적 인식과 기억을 남겨야만 이후에 다시 또 도움을 청하고 좋은 관계로 발전될 수 있는 여지가 생긴다. 친절하게 먼저 다가가 살갑게 인사도 드리고 '이 분야에서 가장 전문가시라는 얘기를 듣고 왔다'는 너스레도 떨수 있다면 금상첨화다. 조언을 들을 때에는 진지한 표정으로 몰입해서 듣고 도움을 받고 난 뒤에는 반드시 감사 인사 혹은 커피라도 한잔 건네는 건강한 관계 습관을 들이는 게 핵심이다.

마음을
얻는 게 실력이다

어느 날 퇴근 길 사내유치원에서 까칠하기로 소문난 재무팀 박 과장
님을 만난 H사 마케팅팀의 상희 씨, 박 과장님은 급한 일이 생기셨는
지 심각한 표정으로 전화를 받고 있고, 아이가 옆에서 멀뚱멀뚱 서 있
었다고 한다. 상희 씨는 박 과장님이 전화를 받는 동안 아이에게 아이
스크림도 사주고, 이런저런 얘기를 하면서 놀아줬는데 박 과장은 전
화가 끝나고 연거푸 고맙다고 감사를 표하더니 그날 이후로 상희 씨
를 대하는 모습이 친절 그 자체가 되었다고 한다.

마케팅팀 상희 씨 "과장님 저희 혹시 얼마 전 출시한 A제품 추가 마케
팅 때문에 연락 드렸는데요. 추가적으로 프로모션

집행할 수 있는 예산이 남은 게 조금 있을까요?"

재무팀 박 과장   "음, 기다려 보세요. 제가 확인해서 연락드릴게요."

"보니까 B제품 판매가 예상만큼 좋지 않아서 프로모션이 조기 종료됐는데 그 예산 활용하면 일부 쓰실 수 있겠는데요? 결재 올리고 메일 주시면 제가 처리해 드릴게요."

해외영업 시절 필자의 사수였던 장인호 과장은 좋은 인품으로 사내에서 명망 높고 윗사람들로부터 신임이 두터웠다. 필자가 전화해서 읍소해도 되지 않는 일들도 장인호 과장의 전화 한통이면 일사천리였다. 경력으로 이직했던 금융사에서 만난 김우진 사수도 비슷했다. 두 분의 공통점은 유관부서와 교류할 자리가 있으면 마다하지 않고 적극적으로 자리를 만드는 것을 즐긴다는 것이었다. 이를 계기로 필자도 금융사에 이직해서는 재무팀, IT팀, 평가 팀 등 타부서 담당자들을 만날 기회가 있으면 마다하지 않고 찾아다니게 되었고, 실로 업무에 많은 도움을 얻을 수 있었다.

"박 과장님, 저희 계약사항 입력하면서 잘못 기입한 내용이 좀 있어서 연락 드렸는데요. 혹시 급해서 그런데 바로 수정 요청 드리면 아무래도 좀 불편하실까요?"

"괜찮습니다. 간단한 거면 바로 처리해 드릴게요. 얘기해주세요."

"최 팀장님, 정말 죄송한데… 제가 정말 수주하고 싶은 업체가 하나 있는데요. 납기 일정이 조금 말도 안 되긴 하거든요. 1주일 정도 밖에 안 되는데 혹시 가능한지 여쭤볼 수 있을까요…?"

"음, 제가 담당자랑 한번 얘기해보고 최대한 맞춰 볼게요. 수주해 오세요."

수많은 조직과 팀, 구성원들로 이뤄진 조직에서는 뭐 하나 혼자 할 수 있는 일이 없다. 신제품 기획을 하려면 예산편성도 필요하고 영업조직의 적극적인 지원이 있어야 빠른 시장 침투도 가능하다. 타 부서, 타 담당자가 소싱하고 기획한 제품들보다 우리 제품에 신경 써줄 수 있느냐 없느냐는 업무진행에 있어 엄청난 차이다. 온라인 판매팀과 협의가 잘 되어야 웹과 모바일에서 다른 제품, 다른 프로모션보다 좋은 배너 위치를 선점해 효과적으로 제품홍보를 할 수 있고, 생산부서와 협의가 잘 이뤄질수록 고객사에 경쟁사보다 빠른 납기를 제안함으로써 수주 가능성을 높일 수도 있다.

사람 마음에 따라 직장생활이 좌우되는 게 불합리하다고 느껴질 수도 있다. 하지만 안타깝게도 세상은 불합리한 곳이다. 아무 이유 없이 나를 싫어하고 미워했던 친구가 있고, 내 출신과 배경에 관계없이 항상 나를 지지하고 응원해주는 사람들이 있는 것처럼 사람에게는 '마음'이 논리보다 더 중요하다. 상대방에 대한 긍정적인 인식은 어려운 일도 한 번 더 방법을 고민하게 만드는 힘이 되며 번거로움과 불편함도 마다할 수 있는 원동력이 된다.

그런 그들의 도움과 지지가 바탕이 되었을 때 우리는 더 많은 일들을 수월하게 해낼 수 있고, 불가능해 보였던 일들의 가능성을 찾고 예상을 뛰어넘는 결과를 낳을 수도 있게 된다. '맞다, 틀리다'를 가리기에 빠져 있어서는 좋은 관계를 맺을 수 없다. 때로는 선의의 거짓말도 필요하고, 때로는 화를 억누르고 넓은 아량으로 상대방의 부족함을 품을 줄도 알아야 한다. 사내에서 두터운 신임과 명망을 받고 있는 모든 이들에게서 찾을 수 있는 공통점이다.

경력직으로 이직했던 금융사 영업팀의 본부장님은 덕장德將이었다. 사람의 마음을 얻는 법을 알았다. 조직원들에게 기회를 주면 확실하게 밀어주고, 필요한 시점에 나서서 조직원들을 보호하고, 호탕하게 통 큰 회식자리를 마련해 조직원들의 사기를 북돋기도 했다. 여태껏 이런 리더를 본 적이 없었다. 이분과 함께라면 더 열심히 해볼 수 있겠다는 생각이 들었다. 필자가 퇴사를 할 때도 나중에 회사를 창업하면 꼭 연락 달라는 당부를 전하는 것도 잊지 않았다. 사람의 마음을 얻는다는 게 무엇인지 깊이 생각할 수 있게 영향을 준 감사한 분이다.

일만 잘하면 된다는 생각은 실무자까지다. 관리자와 리더는 조직 구성원들을 이끌어가는 사람이다. 사람들이 따르지 않는다면 유리천장을 뚫을 수 없다. 실력 하나만으로 팀장까지는 승승장구 할 수 있어도 그 과정에서 생긴 수많은 적들이 있다면 결코 관리자, 임원이 될 수 없다. 같은 회사, 같은 지붕 아래 있지만 다른 본부, 다른 조직의 장은 결국 다른 의미의 경쟁자다. 새로운 일 하나를 추진하려고 해도 자신의 입신양명과 명예를 좇는 욕심 많은 관리자의 프로젝트를 순순히 도와줄 동료는 없다.

조직과 부서의 새로운 전략과 방향성은 위에서 시작되고, 아래로 내려오면서 일이 세분화된다. 실무자 입장에서 변화를 만들기 쉽지 않은 이유다. 그래서 실력 있는 리더는 실무능력이 뛰어난 사람이 아니라 '조직을 움직이는 방법'을 아는 사람이다. 모든 부서가 서로 유기적으로 연결되어 하나의 목표 달성을 위해 움직일 수 있기 위해서는 상대 조직의 장도 움직이게 할 수 있는 기술이 중요하다. 이런 조직 장악 능력은 한 순간에 생기지 않는다. 하루하루의 직장생활 과정에서 마주하는 담당자, 선배, 후배, 동료 한 명, 한 명에게 좋은 평판이 쌓이는 과정에서 리더가 탄생한다.

> LEVEL UP!

부자에게 밥을 사듯
동료에게 커피를 사라

S그룹 주력 계열사의 마케팅팀으로 입사해 지주사 전략·기획 부서에 근무 중인 박성호 씨는 코로나 이전까지만 해도 한 달에 50만 원을 상대에게 커피와 밥을 대접하는 데 쓴다고 했다. '내가 언제 누구에게 도움 받게 될지도 모른다'는 생각으로 회사 내외에서 만나는 모든 이들에게 마음을 베풀었다고 한다. 꾸준한 노력 덕분에 성호 씨는 당시 전년도 고과가 좋지 않았음에도 계열사를 뛰어넘는 사내 평판 덕분에 지주사 기획팀에 차출되었다. 지주사에 가서도 계열사 곳곳에 포진되어 있는 동료들의 도움을 받으며 탁월한 업무수행능력을 발휘하고 있고, 수많은 조직장들로부터 러브콜을 받고 있다.

필자도 초년생 시절에는 똑같이 회사생활하고, 월급을 받는 마당에 내 돈을 써서 상대방에게 무언가를 사준다는 것 자체가 잘 이해가 가지 않았다. 플랜트 회사를 다닐 때에도 사수 과장과 대리가 자주 커피를 사주셨던 것을 제외하면 타부서에서 내게 돈을 쓴다거나 윗사람이 통 크게 사비를 털어서 사주는 것을 경험해본 적도 없었다. 그런데 S그룹의 성호 씨와 이직했던 금융사 선배였던 김예준 팀장의 경우는 사비를 써가면서 영업을 하고 동료들에게 선심을 베풀었다. 일반 사람들과 확실히 다른 점이 있다면 그들에게 베풂을 받은 사람들은 그들을 확실하게 지지하고 필요할 때 도움을 준다는 점이었다.

사회초년생 시절 필자는 남에게 돈 만 원 쓰는 것에도 벌벌 떨었던 적이 있다. 대학교 시절에는 짠돌이라는 소리를 듣기도 했다. 살아온 환경이 넉넉지 않다는 내 사정을 다른 사람들이 감안할 이유는 없었다. 직장생활 5년차 즈음 나눔과 베풂의 의미가 조금씩 와 닿았고 스스로도 많이 변하려고 노력하게 되었다.

주변 사람들에게 도움을 청하고 부탁하고 말로 때우는 것도 하루이틀이었다. 맨입으로만 하는 칭찬, 언제 식사 한번 하자는 빈말 대신 작은 호의라도 빈번하게 베풀어보고자 노력했다. 팀장 생일에 고급 핸드크림을 선물하고, 잦은 음주로 숙취에 허덕이는 사수 팀장님을 위해서는 숙취해소음료를 놓아두고, 바쁜 와중에도 갑작스런 요청도 너그러이 응해준 타 부서 담당자 분에게는 감사의 기프티콘을 보내 드리기도 했다. 효과는 확실했다.

아무리 작은 돈이라도 자신의 주머니를 털어가면서 감사를 표하는 사람들은 생각보다 많지 않다. 금전적 득실을 따지는 이들은 여전히 회의적으로 생각할 수도 있겠지만 작지만 남들과 다른 진심은 상대방에게 진실되게 전달되어 나중에 큰 보답으로 돌아온다. 가까워진 관계는 빠른 업무협조, 불필요한 설명의 단축으로 이어져 업무 효율을 높이는 결과로 이어지기도 한다.

필자도 어느새 한 달에 20~30만 원 가량은 주변 사람들에게 크고 작은 선물을 전달하는데 쓰고 있다. 비용이라는 생각보다는, 지금까지 나를 도와준 이들에 대한 감사이며 평생 함께 할 사람들과의 미래를 위한 투자라고 생각한다.

베푸는 만큼 쌓이고, 쌓인 만큼 결국 나에게 돌아온다. 쿨하고 좋은 이미지는 덤이다. 물론, 내 호의를 대수롭지 않게 여기고 비아냥거리는 이들이 있다면 그 선에서 관계의 발전을 멈추면 그만이다. 커피한 잔 값으로 빌런을 걸러냈다면 그것이야말로 싸게 먹히는 장사다.

져 주는 게 이기는 것.
가끔은 연기자가 되자

● 고객사와 납품일정 논의

K테크 옴 대리 "임 과장님, 안녕하세요! Y기술에서 이번에 의뢰주신 건은 너무 감사합니다. 그런데 내부적으로 논의했는데 일정이 빠듯하다고 해서요. 혹시 이틀만 여유를 더 주시는 것이 가능할까요?"

Y기술 임 과장 "아니, 다른 회사들은 별말 없이 다 가능하다는데 왜 매번 K사만 어렵다고 하시는지 이해할 수가 없네요. 타사에 비해서 요청사항도 많고 정말이지 너무 번거롭고 불편하네요!"

K테크 옴 대리 "과장님, 알겠습니다. 노여움 푸시고요. 제가 다시 한

번 내부에서 논의해서 어떻게든 맞출 수 있도록 하겠습니다. 정말 죄송합니다."

● **내부 유관부서와 협의**

생산팀 신 팀장 "아니, 옴 대리님, 이러시면 어떡하자는 거예요? 저희가 분명히 일정 안 된다고 말씀 드렸는데 일주일 만에 납기 맞춰 달라고, 메일을 보내시다니요? 이러면 저희 일 못하죠!"

영업팀 옴 대리 "팀장님, 정말 죄송합니다. 저희도 생산팀이 정말 바쁘신 거 잘 알고 있는데요. 고객사가 갑작스럽게 요청을 해오는 바람에 저희도 어쩔 수가 없어서요. 이번 한 번만 어떻게 해주실 수 있는 방법이 없을까요? 앞으로는 정말 이런 일 없도록 하겠습니다."

우리 회사의 내부 규정이나 특수한 상황 때문에 고객사의 요청을 있는 그대로 수용할 수 없는 상황이 빈번하게 발생하지만, 고객사는 이러한 상황을 고려하지 않는다. 납기 문제 때문에 고객사에게 가능 여부를 문의했을 뿐인데 담당자는 예민하게 날이 바짝 선 말을 퍼부었다. 전화기 너머로 떠들썩한 불평이 들려올 때면 얼굴이 화끈거리고 온몸이 달아올랐다. 잔뜩 움츠러든 자세로 "죄송합니다"라는 말과 함께 연거푸 고개를 위아래로 끄덕이는 순간에는 벌거벗은 채로 사람들에게 구경 당하는 느낌까지 들었다. 그럴 때마다 '내가 이렇게까지 살아야 되나'라는 생각이 들었지만 이렇게 억울하고 불편한 순간은 꽤 자주 찾아왔다.

내부에서의 상황도 비슷하다. 필자가 속한 영업팀은 슈퍼 갑 고객사의 무리한 요청에 대응해야 하는 상황이지만, 업무 당사자인 생산팀 입장에서는 당위성보다 당장의 과도한 업무 부담이 더욱 크게 느껴질 수밖에 없다. 그럼에도 담당자를 회유하지 않으면 일을 진행시킬 수 없기에 연신 고개를 숙이고 매달리는 방법 밖에 없었다.

일을 하다 보면 정말 자존심 상하고 자존감 무너지는 상황을 자주 마주한다. 비슷한 상황이 반복되고 시간이 지나도 불편함은 쉽게 익숙해지지 않았지만 연차가 차면서 문득 '이게 내가 월급을 받는 이유일 수 있겠다'는 생각이 들었다. 고무줄처럼 유연한 회사 정책, 어떤 부탁에도 고분고분 의견을 수용해주는 고객사, 갑작스런 요청에도 언제든 원하는 자료를 회신해주는 유관부서 담당자들이 존재한다면 나라는 존재가 필요할 이유가 없다. 기계가 대응할 수 없는 수많은 돌발 상황과 불편한 고객과의 관계 개선, 수동적인 유관부서 담당자들의 협업을 이끌어내 업무를 돌아가게 만드는 것이 결국 회사에서의 내 역할이고 실력인 것이다.

그래서 생각을 달리하기로 했다. 상대방의 온갖 불만과 욕은 나를 향하는 게 아니라 회사를 향하는 것이고 나는 그저 회사를 대신해

내 자리에서 급여를 받고 들어주는 것뿐이라고. 그리고 나는 진짜 미안하고 죄송해서가 아니라 돈을 받고 연기를 하는 배우들처럼 월급을 받고 미안한 척 연기를 하는 것이라고 생각을 고쳐먹었다. 한결 편했다. 얼마든지 미안한 척 해줄 수 있었다. 어차피 내가 그들의 일을 대신해줄 수 없는 것. 회사로부터 급여 받고, 일이 돌아갈 수 있게끔 대신 욕 들어주고 연기하는 것이 나의 일이라고 생각하니 나의 자존감도 지키고 마음도 한결 편해질 수 있었다.

물론, 그렇다고 불쾌함이 사라지지는 않는다. 다만, 생각을 고쳐먹는 것만으로도 불필요하게 나의 자존감까지 떨어뜨리지 않을 수 있다. 상대방의 갑질을 느닷없이 당할 때마다 최대한 미안한 척 상황을 모면한 뒤 전화를 끊고 나서는 시원하게 질러주며 화를 풀기도 한다. "아오, 더럽고 치사해서 내가 참는다!" 그럴 때 옆에서 "옴스야, 고생했다", "잘 참았다" 해주는 팀원, 동료들이 있을 때 위로가 된다. 주변 동료들 모두 내가 '핫바지'가 아님을 알고 있고 그 순간 화를 참고 상황을 모면하는 것이 가장 현명하고 똑똑한 대처라는 것을 잘 알고 있다.

처음부터 익숙해질 수는 없다. 나는 가끔 돈을 받고 연기하는 배우라고 생각하자. 연기가 끝나면 시원하게 욕 한번 해주고 나의 자존감과 회사에서의 평판도 모두 지켜내자.

가벼운 칭찬이 갖는
묵직한 힘

보통 사람들은 어릴수록 칭찬에 인색하다. 나이가 어릴수록 자의식이 강하고 타인을 쉽게 인정하지 못하는 경향이 있다. "난 아무나 칭찬하지 않아!"라며 자신의 높은 안목에 뿌듯해하는 이들도 있지만 그건 칭찬의 의미와 강력한 힘을 모르는 얕은 생각이다. 칭찬 한마디로 상대방의 기분을 좋게 만들어주는 과정에서 '나에 대한 호의'라는 작은 포인트들을 차곡차곡 쌓을 수 있고, 호의 포인트가 커질수록 나에 대한 상대방의 행동은 점차 부드러워지고 우호적으로 변할 수밖에 없다.

"선배님, 어떻게 그런 생각을 하신 건가요? 정말 대단하십니다."

"에이 뭔 소리야, 이상한 소리하지 마~"

"팀장님, 오늘 머리 하셨네요. 커트가 깔끔하게 잘 돼서 엄청 젊어지신 것 같습니다!"

"하하하하, 마음에도 없는 소리 하지 마~"

아무리 실없는 칭찬에도 배시시 웃게 되는 게 사람이다. 게다가 사람은 나이를 먹을수록 칭찬에 더더욱 약해진다. 필자가 나이를 먹어봐서 확실히 체감한다. 갈수록 재미는 없고 심각해지는 회사생활 속에서 살갑게 건네는 말 한마디, 별것 아닌 듯 오가는 칭찬 한마디는 진실 여부를 떠나 엔도르핀을 돌게 해 기분을 더욱 좋게 만든다. 물론, 칭찬에도 격이 있고, 연습을 거듭할수록 칭찬의 기술은 향상되고 더 강렬한 인상을 남길 수도 있다.

1. 칭찬은 마음을 얻는 스킬이지 나를 낮추는 게 아니다

★ ★ ★

"옴스님, 피부 왜 이렇게 좋으세요?"

"옴스님, 오늘 완전 힙하신데요?"

"옴스님, 천재세요? 옴멘…"

빈말이라도 유쾌한 기운과 에너지가 더해지면 듣는 사람 입장에서도 유쾌하고 좋은 느낌을 받는다. 처음에는 마음에도 없는 소리를 한다고 느껴질 수 있다. 하지만 익숙해지면 기분 좋은 하루를 열고, 기분 좋은 관계를 쌓는 인사말이 된다. '난 굳이 그렇게 생각하지도 않는데', '손해 보는 느낌인데' 등등의 생각을 덜어내자.

필자도 어렸을 적 내 잘난 맛에 취해 칭찬에 인색했다. 하지만 명

MC 강호동과 유재석이 모자라고 부족해서 패널들에게 약점을 잡혀주고 판을 깔아주고 칭찬으로 북돋아 주는 게 아니다. 칭찬은 나를 낮추는 말이 아니라 사람의 마음을 얻는 스킬이다. 절대로 칭찬에 인색해지지 말자.

2. 평소부터 빈번하게, 혹은 가장 먼저

★ ★ ★

꼭 자기가 필요할 때 칭찬하는 이들이 있다. 혹은 이미 많은 이들이 칭찬할 때 휩쓸려 한마디 보태는 상황도 자주 있다. 큰 의미 없다. 내가 아쉬운 상황에서 하는 칭찬의 의도를 상대방이 모를 리 없다. 그리고 이미 많은 이들의 칭찬이 쏟아지는데 내 칭찬이 기억에 남을 리도 없다.

그래서 칭찬은 평소부터 자주 하는 습관을 들이는 게 좋다. 축하도 같은 맥락이다. 상대방을 축하하고 칭찬할 일이 생겼다면 누구보다 빠르게 연락해라. 이를테면 연말연초 인사결과 발표를 미리 기다렸다가 지인의 이름을 찾고 가장 빠르게 축하를 전해라. 확실한 각인 효과를 남기는 게 핵심이다.

3. 구체적으로 콕콕 찔러 넣어라

★ ★ ★

빈번한 것도 좋지만 매번 형식적인 수준의 칭찬만으로는 부족하다.

"와 너 오늘 멋있다~!" 보다는 "이야, 청바지에 셔츠만 입고, 잘 어울리기 쉽지 않은데…"가 더 좋다. "보고서 잘 썼다" 보다는 "프로젝트 예산 설계 부분이랑 실행 계획 부분이 진짜 현실성 있는 게 인상적이다"가 더 좋다. "넌 역시 대처가 빠르다!" 보다는 "와, 그거 1분만 늦었어도 우리 본부 난리 나는 건데 어떻게 그렇게 대처가 빨라?"가 더 좋다. 피상적 수준의 칭찬만 반복하는 이들은 자칫 '영혼 없이' 보일 수 있다. 옷 차림새, 업무, 기타 등등 어떤 칭찬이든 포인트를 짚어서 구체적으로 하는 게 핵심이다.

거절은 똑 부러지게,
상냥하게 웃는 얼굴로

T유통사 구매팀 최혜선 씨는 성격이 유하고 남들한테 싫은 소리를 못하는 성격이다. 게다가 일 욕심도 있어서 부서에서 공백이 생기는 업무가 있으면 직접 나서서 대신하는 경우도 있었다. 코로나19로 공급망 이슈가 발생했을 당시 사수가 맡았던 공산품 수급에 차질이 생겼을 때에도 최혜선 씨가 공급사 담당자들에게 전화를 걸어 선처를 부탁하며 재고를 확보해 어려움을 극복하기도 했다. 하지만 위기 대처에 대한 칭찬은 사수가 받고, 설상가상 사수가 혜선 씨를 믿고 오히려 더 일을 하지 않는 최악의 상황이 전개되면서 큰 스트레스를 받았다.

신입사원 시절에는 '나한테는 언제 일을 시켜줄까'를 걱정하지만 이 생각이 기우였음을 확인하는 데까지 2~3개월도 채 걸리지 않는다. 처음에는 막내로서 빨리 배워야 된다는 생각으로, 같은 팀의 업무니까 도와줘야 된다는 생각으로 했던 자잘한 업무들은 어느새 나의 고정업무가 되어 있다. 시간이 지나면 당연하다는 듯 능숙하게 일을 던져 놓고 너스레를 떨며 커피타임을 하러 가는 선배들도 종종 있을 것이다. 부서의 잡일이란 잡일은 몰아하면서 유관부서·협력사의 욕받이, 감정 쓰레기통 역할까지 담당하며 뚫리지 않는 답답함을 토로하는 초년생들이 많다.

팀의 막내로서 싫은 티를 적극적으로 낼 수 없기 때문에 대처가 어려운 부분도 있기는 하겠지만 과도한 업무 욕심은 버리고 때로는 확실하게 선 긋기를 할 필요가 있다.

사람들은 기본적으로 타인에 대한 감사보다 본인의 안위와 편안함을 더 크게 생각한다. 누군가 나서서 나를 도와주면 당장에는 감사함이 크지만, 상대방이 특별한 요구 없이 도움을 지속적으로 준다면 '그냥 알아서 잘 도와주는 사람'으로 인식하게 된다. 보통 회사에서 군소리 없이 잡일을 묵묵하게 맡거나 손해를 봐야 되는 상황에서도 크게 반항하지 않는 이들은 '감사함의 대상'이 아니라 '표적'이 된다. '내가 안 하면 혜선 씨가 알아서 하겠지', '이번 주말에는 당직 서기 싫은데 혜선 씨한테 부탁해야지'가 된다. 사람이 참 무섭다.

'내가 열심히 하면 알아주겠지', '내가 많은 일을 하면 알아서 분담해주겠지'라는 생각은 위험하다. 나는 혜선 씨에게는 아무리 사수의 업무가 위태로워 보여도 먼저 본인이 하도록 두라고 조언했다. 일

욕심도 좋고 책임감도 좋지만 정식으로 팀장을 통한 업무지원을 요청 받고 진행하는 것이 본인을 지키고 수행한 업무에 대해서 공정하게 평가 받을 수 있는 방법이라고 설명했다.

또한 업무배분이 불공정하거나 과도하게 쏠린 부분이 있다면 상사에게 넌지시 얘기해 볼 필요도 있다. 가족, 연애 관계에 있어서도 서로 말을 하지 않으면 알 수 없는 속내와 속사정들이 있다. 특히나 팀장 정도의 직급부터는 임원 레벨에서 수시로 하달되는 지시에 온 신경이 쏠려 있는 만큼 부하직원들의 고충이나 어려움이 무엇인지 신경 쓸 겨를이 없다. 수시로 불만을 토로해서는 안 되겠지만 때때로 적당한 의사표현과 감정표출도 할 수 있어야 된다.

같은 말도 화법에 따라 결과가 달라진다

★ ★ ★

"지금 바빠서 못하겠는데요?" 보다는 "지금 급하게 처리하는 건이 있어서요. 내일 늦게나 모레는 가능할 것 같은데… 그때라도 괜찮으시면 다시 연락 한번 주시겠어요?"가 낫다.

"이번에도 오늘까지 바로 달라고요?" 대신 "그때는 과장님 상황도 그렇고 제가 여유가 있어서 바로 드리긴 했는데 오늘은 저희가 내부적으로 미팅도 많고 급한 건들이 많아서요. 정말 죄송해요."라고 말하자.

"팀장님, 저도 물론 막내로서 맡아야 되는 기본적인 업무들이 있다고는 생각하는데요. 그래도 최근 들어 과도하게 저한테 업무들이 쏠려서 본 업무 부담이 많이 커지고 야근이 잦아져서 체력적으로 다소 힘든 부분이 있습니다. 살짝 조율해주실 수는 없을까요?"

"팀장님, 물론 같은 팀이기 때문에 부서원의 업무를 도와줄 수 있는 건 당연하고, 칭찬을 받고 싶어서 한 건 아니긴 한데요. 그래도 나름대로는 책임감 있게 나서서 긴박한 상황을 해결하는 데 함께 기여했다고 생각하는데 저한테는 별 말씀이 없으시니 섭섭한 기분도 드네요."

거절과 선긋기가 필요하다고 해서 불편함과 불쾌함을 수시로, 직설적으로 표출하라는 의미는 아니다. 거절도 상냥하고 부드럽게 하는 게 중요하다. 같은 말도 말투와 뉘앙스에 따라서 듣는 이들의 감정과 기분은 크게 차이가 나기 마련이다. 최대한 상대방 입장에서 기분이 나쁘지 않을 수 있도록 말투와 뉘앙스에 신경 쓰고, 불평불만도 우회적으로 표현하면 조금 더 나은 결과를 얻을 수 있다.

처음엔 너무 어색하고 어렵다. 뭐든 처음은 다 그렇다. 〈원피스〉의 해적왕 루피도 촌구석 악당 하나도 버겁게 상대했던 시절이 있다. 실력과 요령은 키워 나가는 것이지 어느 날 갑작스럽게 찾아오는 행운 같은 게 아니다. 어색하고 부족하고 서툴러도 첫 발을 내딛고 차츰 볼륨을 높여가면 된다.

내 밥그릇은
내가 챙긴다

신입사원 시절 필자는 '레알 호구'였다. 본래 상대방의 눈치를 잘 보는 성격이라 거절 한 번 제대로 하지 못했다. 번개나 회식이 잡히면 항상 고정 멤버였고 남들 쉽게 가는 연차 휴가 하나도 나에게는 쉽지 않았다. 회사나 부서 분위기 자체가 애초에 그렇다면 어쩔 수 없겠지만 나의 사수는 얄밉게 회식도 쏙쏙 빠져 나갔고, 부서 전체가 늦게까지 야근을 하는 날에도 개인적인 사정을 핑계로 먼저 들어가는 경우도 종종 있었다. 나라고 회식이 좋아서, 야근이 좋아서 했을 리가 있겠나. 그렇게 한번 정립된 내 포지션은 고착되어 점점 더 벗어나기 어려워졌다.

참아왔던 화가 크게 터졌던 순간은 연말 성과평가였다. 끝없이 이어지는 야근 속에서도 1년 내내 술자리에 불려 다니며 허드렛일을 도맡았고, 프로젝트의 성과도 좋았던 만큼 좋은 평가를 기대했다. 헛된 기대였다. 당시 해외영업 업무에 쉽사리 적응하지 못했던 후임이 있었는데 진급 1년을 당기기 위해서는 3호봉을 한 번 받아야 되니 올해는 평가를 양보하자는 게 골자였다. (당시 평균 성과자는 2호봉 상승이었다.) 나는 강하게 불만을 제기했지만 이미 내 의견은 안중에도 없고 결정이 되어 있는 사안이었다.

그렇게 다른 듯 비슷한 상황은 계속 반복됐다. "이번 일은 옴스가 좀 하자", "옴스야, 작년엔 그랬는데 올해는 상황이 달라졌네. 한 번 더 이해하자"

대기업 D사 해외영업 직무에 합격해 연수를 마친 수빈 씨, 연수 중에 무사히 인사면담을 마치고 당연히 해외영업으로 배치를 받을 것이라고 생각했지만 지원부서로 배치를 받았다. 알고 보니 정원보다 많은 인원이 채용됐는데 그중 해외영업이 아니면 안 된다고 울며불며 면담을 치른 지원자를 해외영업으로 올렸다고 한다.

항상 자기주장이 약하고 수용적인 사람들은 회사에서 손해를 보게 된다. 회사에서는 보통 대의를 위한 희생을 강조하지만 순간을 모면하기 위한 회유인 경우가 많다. 최대한 소란을 일으키지 않으면서 순탄하게 상황을 넘기는 것이 회사 입장에서 좋을 수밖에 없다 보니 평판은 좋지 않을지언정 주장이 강하고 불평이 많은 사람의 이야기에 더 귀 기울인다. 그렇게 인사배치를 하는 과정에서도, 연말 고과시즌에도, 업무배분을 하는 상황에서도 목소리 크게 볼멘 소리를 하는 사람의 이야기를 들어주는 경우가 생각보다 많다.

K사 마케팅 1팀에 다니는 박지민 씨는 작년 말 진급 대상자였다. 전체 대상자는 5명이었으나 정원은 3~4명이었다. 한 해 동안 야근도 마다하지 않고, 탁월하게 업무도 수행했던 만큼 진급에 대한 기대감을 품고 있었지만 사내에서 업무에 대한 평가도 썩 좋지 않았던 마케팅 2팀의 A에게 밀려 진급 누락의 고배를 마셨다. 지민 씨는 자신의 성과나 공적을 어필하는 성격이 못 되었고, 상사가 본인의 노고를 먼저 알아주지 않을까 싶었다고 한다. 나중에 지민 씨를 통해 들은 얘기지만 직속 팀장은 그녀가 그만큼 고생하고 애쓰고 있다는 사실을 몰랐었다고 한다.

성과평가는 1년에 단 한 번 이뤄지는 만큼 이 기회를 놓치면 1년을 잃는 꼴이 된다. 원래 해야 할 진급이 내년에 이루어지면 무슨 의미가 있겠는가. 고된 업무에 어려움을 느끼면서도 자신의 노력을 드러내거나 치켜세우지 않았던 친구라 안타까움이 더 컸다. 앞서 언급했지만 윗분들은 아랫사람들의 고충과 노력을 모르는 경우가 많다. 없는 노력을 포장하자는 게 아니다. 내가 노력한 만큼의 가치를 인정받기 위해서는 최소한의 노력이 필요하다.

시종일관 단호하게 주관을 드러낼 필요는 없으나 손해 보는 상황이 두 번, 세 번 이어지지는 않도록 하는 것은 중요하다.

먼저, 적어도 상급자나 상대방이 나의 희생을 부탁하거나 미안함을 토로한다면 부채의식을 심어주자. '네, 팀장님. 알겠습니다. 그런데 저도 사람인지라… 사실 업무 맡는 게 내키지는 않는데… 이번에는 제가 한 번 희생하겠습니다! 대신 나중에 저도 업무를 선택할 수 있는 기회 한 번은 꼭 주십시오!'라고 시원하게 수용하면서 원하는 것을 내걸어보자.

티가 날 듯 말 듯하게 어려움을 토로해보는 것도 좋다. 보통 시도는 회식자리가 좋고, 팀장급 정도의 상급자가 '옴 사원, 회사생활에 별 문제는 없지?'라고 물어올 때가 기회다. 1.5초 정도의 주저함과 마지못해 뱉는 느낌의 "네"를 시전하게 되면 분명 뭔가 있다는 생각으로 다시 물어올 것이다. 그때, "특별히 그런 건 없습니다"를 한 번 더 얘기하고, "그냥 다 좋은데~"를 서두에 붙인 뒤에 아쉬움을 당당하게 토로해보자. 말미에는 "그냥 해본 소리입니다!"라고 덧붙여주면 완벽하다.

"아유, 특별히 어려운 거 없습니다. 음… 그냥 다 좋은데~ 저도 이제 입사한 지 시간이 꽤 지나서 직접 기획도 한번 맡아보고 배워보고 싶은데 기회가 없는 것 같아서 살짝 아쉬울 뿐입니다. 물론 아직도 배울 게 한참이라 그냥 드려본 얘기입니다!"
"그냥 다 좋은데 올해 나름대로는 정말 개인 시간까지 쏟아가면서 일도 배우고 기여하려고 많이 노력했는데 윗분들께서는 어떻게 생각하시는지… 그만큼 노력을 인정받을 수 있을지 그런 쓸데없는 고민이 좀 들었습니다. 그냥 드려본 얘기입니다!"

백종원 대표가 인정하는 골목 맛집도 홍보 없이는 사람들이 그 맛을 알 수 없다. 열정과 노력도 중요하지만 홍보와 프로모션 또한 '나'라는 제품의 판매에 있어서 빠질 수 없는 요소다.

아무도
믿지 마라

이 차장   "오 사원, 옆 부서 김 대리 얘기 들어보니까 요새 회사생활 적
응하기 많이 힘들다면서? 업무가 잘 맞는 건지 고민도 많다
는 것 같던데?"

오 사원   "네…?"

박 과장   "근데 오 사원, 요새 연애한다면서? 축하해. 뭐 외국에서 공부
하다 온 친구라는 것 같던데 어떻게 만났대? 재주도 좋아~"

오 사원   "네…?"

신입사원 시절의 입사 동기와는 서로의 가련한 처지를 공감하며
급속도로 친해져 연애부터 상사, 사수의 험담까지 서슴지 않고 공유

하는 경우가 많다. 문제는 그중에 꼭 입이 가벼운 친구들이 있다는 것이다. 내가 토로한 사수에 대한 불만을 자신의 사수에게 전해서 결국내 사수의 귀에 이야기가 들어가 난처한 상황이 되는 경우, 공개하고싶지 않았던 연애를 반강제적으로 공개해야 하는 경우 등 의도하지않았던 개인사가 돌고 돌아 피해를 보는 경우가 비일비재하게 발생한다. 심지어 서로 비밀스럽게 했던 회사 이야기를 모두가 있는 자리에서 공개적으로 얘기하는 사람도 있다. 설마라고 생각할지 모르겠지만세상에는 정말 별의별 사람들이 다 있다.

그렇다고 동기, 동료들과 겉도는 이야기만 할 수는 없는 노릇이다. 이런 사고를 막기 위해서는 '내가 어디까지 개인사를 공개할 수있는지' 경계를 미리 설정해두는 게 좋다. 그리고 1~2년 이상 꾸준하게 회사생활을 하면서 서로에 대한 비밀이 쌓이고 상대방을 신뢰할만큼의 시간이 지났다고 판단이 되는 시점에 관계를 단계적으로 발전시켜 나가는 게 좋다.

김민서 씨는 글로벌 소비재 기업 한국지사 마케팅 팀에서 계약직으로 근무했다. 빠릿빠릿한 업무수행 능력과 업무 센스를 인정받아 팀 내에서도 인기 만점이었다. 민서 씨는 가능하다면 정규직이 되고 싶었지만 외국계 기업 특성상 인력편성이 불확실하다는 점에 불안감을 갖고 있었다. 그럴 때마다 팀장은 민서 씨에게 걱정하지 말라며자신이 본사에 적극적으로 정규직 전환을 권유하겠다고 떠들었지만

1년이 넘도록 정원은 생기지 않았고 어느 순간부터 팀장은 정규직 전환에 대한 이야기를 꺼내지 않았다.

직장상사와 부하직원 사이에 영원한 행복이란 존재하지 않는다. 긍정적 업계 상황으로 지속적으로 회사가 성장하는 시기에 직장상사는 부하직원에게 너그러울 수밖에 없다. 하지만 회사에 위기가 닥치고 실적 부진에 대한 책임을 묻기 시작하면 모두가 분주해진다. 각자의 생존 문제다. 당장에는 실력을 인정 받아왔던 자신이 직원들을 위해서 뭐라도 해줄 수 있는 것처럼 떠들지만 그들도 결국 월급쟁이다. 정작 경기가 침체되고 실적이 악화되면 자신의 생존을 걱정해야 되는 사람이다.

"옴스 씨, 1년 뒤에 내가 꼭 정규직 전환 건의해줄게!"라고, 멋지게 얘기하던 팀장은 1년 뒤에 온데간데없을 수도 있다. 그들이 정말 나라는 사람의 가치를 크게 보고 나의 미래를 위해 던지는 말인지, 아니면 자신이 원하는 방식대로 잘 따라와줘서 자신이 존재하는 동안만큼은 회사에 남아 있기를 바라는 것인지는 아무도 모를 일이다. "나만 믿고 따라와"라는 직장상사의 자신감에 찬 말을 걸러들을 필요가 있는 이유다.

직장동료, 상사의 말을 곧이곧대로 신뢰하지 말자. 호의는 호의로만 받고 기대는 접어라. 각자마다의 사정이 있고 각자마다의 삶이 있다. 눈 뜨고 코 베이지 않으려면 정신 바짝 차리고 성악설을 기본적

사상으로 깔고 선의는 내가 베풀며 상대방의 호의는 항상 '의도'를 의심해본다는 생각으로 회사생활에 임하는 게 좋다.

내가 근무했던 첫 회사의 윗분들은 자부심이 대단했다. 주 3일 이어지는 회식자리의 80%는 그들의 영웅담이었고 구성원들에게 자신들의 열정과 헌신, DNA를 강조하며 믿고 따라오면 된다는 식의 말을 수도 없이 강조했다.

회사생활도 그만큼 녹록지 않았다. 입사 1년차 휴가를 냈을 때는 "여기 휴가 안 가고 싶은 사람이 어디 있어?"라는 말을 듣고 죄송하다는 말을 해야 했다. 경조사가 아니면 휴가는 불가하고 연차는 연말에 돈으로만 찾아갈 수 있는 성격의 것이었다.

하지만 입사 3년 뒤 회사가 위기에 처했을 때 그들의 모습은 사뭇 달랐다. 어떻게든 휴가를 사용하라고 종용했다. 1개월의 무급휴가도 필수적으로 써야 했다. 그리고 회사의 실적이 심각하게 악화되는 시점에는 월 기본급의 10%를 회사를 위해 반납하겠다는 동의서가 대대적으로 돌기도 했다. 당시 사정이 어려웠던 만큼 필사적으로 버텨봤지만 임원, 팀장, 지원부서가 돌아가면서 회유한 끝에 어쩔 수 없이 동의서에 사인을 할 수밖에 없었다. 뒤늦게 알게 되었지만, CFO를 포함해 사인하지 않은 상급자들이 꽤 많았다는 사실은 충격적이었다.

그렇게 회사 상황이 어려워지고 야근이 사라졌지만, 그럼에도 당시 이사는 할 일이 없음에도 야근을 이어갔다. 그때 회사는 확정급여형 퇴직연금제도를 채택하고 있었는데 이사는 퇴직을 염두에 두고 야근을 한다는 얘기가 돌았다. 실제로 그는 회사가 희망퇴직을 실시하자 회사를 그만두었다.

당시 퇴사를 하려던 동기를 붙잡으면서 끝까지 같이 해보자고 독려하던 팀장님도 한 명 있었다. 본래 이직을 준비하려던 동기가 계획을 접고 회사에 잔류하기로 결심하게 된 큰 계기였다. 하지만 직속 임원과 갈등이 생겼던 그 팀장이 갑작스레 퇴사를 통보하며 회사를 발칵 뒤집히게 한 사건도 있었다. 새로운 길을 찾아 나서려던 동기는 큰 허탈함을 느낄 수밖에 없었다.

고통과 책임감은 모두 중참, 신참들의 몫이었다. 호황기일 때는 충성을 강요하고 부족한 열정을 나무라며 자신을 믿고 따르라던 상급자들은 회사에 어려움이 닥치자 게 눈 감추듯 자취를 감췄다.

나이를 먹으면서 깨닫게 된 것 중 하나지만 정말 잔혹하고 무서운 것은 생존과 현실이라는 사실이었다. 경영상황 악화로 팀장들에게 희망퇴직을 받으라는 업무지시가 하달되었는데 부서원을 내보내지 못했을 때 자신이 나가야 된다면? 회사의 사업부가 분할되어 외부에 매각될 예정인데 직원들이 동요할 가능성 때문에 절대 비밀에 부치라는 지시를 받았다면? 과연, 자신의 안위를 포기하면서 팀원들을 위할 수 있는 상급자가 얼마나 될까? 나이를 먹고 상급자가 될수록 생존은 더욱 어려워지고 퇴사 이후의 삶은 더욱 두렵게 다가올 수밖에 없다.

같은 상황이라면 나 같아도 집에 있는 가족과 식구들을 위해서 현실적인 선택을 할 것이다.

사람을 믿지 말고 상황을 믿어라.

가스라이팅
대응법

N사에 다니는 지은 씨는 사수 대리에게 도가 지나친 가스라이팅을 당했다. 초반에는 아무런 업무지시도 하지 않는가 하면 아무런 가이드도 없이 보고자료 작성을 지시하면서 지은 씨의 기본소양과 실력을 타박했다. 지은 씨는 나름대로 사수에게 가이드를 요청하거나 야근을 불사하면서 노력을 보여도 오히려 무능함을 트집 잡혔다. 갖은 노력에도 상황은 바뀌지 않았고 워낙 내성적이고 수용적인 성격이었던 지은 씨는 오랜 시간 답답함을 홀로 삭혀야 했다.

모든 게 참을 만한 회사생활. 하지만 단 하나의 이슈 때문에 출근길이 지옥처럼 느껴지는 경우가 있다. 바로 가스라이팅을 시전하는 사수다. 내가 질문을 해도 시큰둥, 일을 해서 가져다주면 이게 뭐냐고 핀잔, 남들 앞에서는 항상 깎아내리기 바쁜 사수… 내가 부족해서인가, 속도가 느려서일까, 더 빠릿빠릿하게 해보려 안간힘 써 봐도 도무지 바뀔 기미가 보이지 않는다. 사수의 이유를 알 수 없는 행동 때문에 하루하루 기가 빨리고 종일 온 신경을 곤두세우다 퇴근하면 어질어질해진다.

하지만 '내가 치명적인 실수를 저질렀나, 혹은 업무수행 능력이 부족해서 그런가' 종일 전전긍긍하며 자책하는 것은 바람직하지 않다. 신입이고 초년생이기 때문에 부족할 수 있다. 그리고 얼마든지 충고를 듣고 받아들일 준비가 되어 있다면 대체 뭐가 문제겠는가. 오히려 뭐가 문제인지, 뭐가 마음에 안 드는지 말 한마디 않고 사람을 더욱 몰아붙이고 난처하게 만드는 그들에게 더 큰 책임이 있다.

이들을 상대하기 위해서는 먼저 생각의 전환이 필요하다. 조직생활을 하다 보면 생각보다 많은 비상식적인 사람들과 빌런들을 만나게 될 수 있다는 것, 그리고 그건 내 잘못이 아니라는 것이다.

가스라이팅은 상황적, 업무적 요인이 아닌 온전히 가해자의 개인적 감정에서 비롯되는 경우가 많다. '단지 내가 싫어서'이다. 나의 표정, 말투, 행동거지 하나하나가 그냥 싫은 케이스다. 정말 이해할 수 없는 심리지만 세상에는 인성적으로 미숙한 사람들이 많다. 나이를 먹었다고, 직급이 높다고 나보다 성숙하고 어른스러운 건 아니다. 정신적, 인성적으로 미숙한 어른이(어른+아이)의 원인모를 심술을 이해하려 할 필요가 없다.

이럴 때는 '빌드 업Build-up'이 중요하다. 내 행동의 당위성을 쌓는 과정이다. 먼저 최소한의 노력을 기울여 보는 게 첫 단계다. 직접적으로 "내가 잘못한 게 있다면 따끔하게 혼내고 부족한 게 있다면 꼬집어서 얘기해주세요"라고 요구하자. 답변을 했을 때 내가 그 기준에 충족하게 되면 나를 괴롭힐 명분이 없어지는 것이다.

두 번째로 그런 것 없다고 얼버무리며 괴롭힘을 이어간다면 적절한 타이밍에 한 번 더 같은 질문을 던지자. "저는 선배님이랑 불편함 없이 지내고 싶은데 제가 많이 부족해서 뭔가 문제인지 스스로 알 수가 없습니다. 선배님께서 혼낼 게 있으면 확실하게 혼내 주시고 지적하실 부분이 있다면 확실하게 지적해 주셨으면 좋겠습니다"라고 말이다. 이는 제 3자의 입장에서 봤을 때 '나는 최대한 잘 지내려고 지속적으로 노력했다'라는 증거가 된다. 최종적으로 울분을 토하는 시점에 '모든 잘못은 너에게 있다'는 주변의 공감을 이끌어내기 위한 과정이다. 가능하다면 이런 이야기는 주변에 다른 직원들이 있을 때 시도함으로써 주변 사람들의 확실한 동정과 공감을 쌓으면 더 확실하다. 말할 때 차분하게 감정을 억누르는 것도 중요한 포인트다.

마지막은 강력한 한 방이 필요하다. 지렁이도 밟으면 꿈틀한다는 걸 보여줘야 된다. 1개월 이상의 노력에도 변화의 기미가 없고 머리 끝까지 화가 치밀어 오르는 상황이 왔을 때 "제가 무능하고 부족한 탓이라고만 하시니 저도 더 이상은 뭘 어떻게 해야 되는지 모르겠다"라고 울분을 터뜨리자. 충분한 빌드 업을 거친 만큼 주변 직원들도 누구나 공감할 수 있는 감정 표출이다. 그렇게 지은 씨는 수개월 간의 시달림 속에서 빌드 업을 하고, 울분을 터뜨린 끝에 사수의 악질적인 가스라이팅을 멈출 수 있었다.

충분한 시간동안 인내하고, 관계 개선을 위한 노력의 과정을 거친 다음은 주변에서도 충분히 이해할 수밖에 없다. 참을 때 참더라도 필요할 땐 똑 부러지게 생각을 전하고 행동하는 것도 중요한 회사생활 덕목이다.

그런 부류의 인간들이 알아서 변하길 기다리지 말자. 약자를 괴롭히는 데서 희열을 느끼는 저열하고 비열한 부류의 사람들은 어디를 가나 존재한다. 좋은 게 좋은 거니까 내가 참자는 식의 대응은 오히려 그들의 저열한 행동에 더 큰 빌미를 줄 뿐이다. 강자에게 약하고 약자에게 한없이 강한 그들에게 내가 결코 만만한 사람이 아님을 확실하게 보여주자.

"퇴사하겠습니다."
판을 바꿀 딱 한 번의 기회

M사 이준성 씨 "옴스님, 저 오늘 결국 퇴사한다고 얘기했습니다. 도저히 못 참겠더라고요."

옴스 "충분히 참아보고 고민하신 다음에 결정하신 거죠? 그럼 잘하셨어요! 한번 반응을 기다려 보세요. 아마 지금까지 준성님이 뭔 일을 하는지 관심도 없던 사람들이 이제야 관심을 갖기 시작할 겁니다."

연인, 부부, 가족 간에도 자신의 감정과 생각을 표출하지 않으면 알 수가 없다. 물론, 신입의 입장에서 업무 초반부터 사사건건 감정과 불만을 표출한다는 것이 바람직하지는 않다. 다만, 담당하는 업무의

양은 계속 늘어나는데 부담을 덜어줄 생각은 하지 않는 상황이 지속된다거나, 반복되는 선배, 사수의 가스라이팅으로 심리적 부담이 커지는 등의 상황에서 무조건 참는 것만이 답은 아니다. 지속적인 항변에도 바뀔 기미가 보이지 않는 상황이 반년이상 지속된다면 수개월을 꾹꾹 참다가 내뱉는 '퇴사 드립'을 시도해 볼 수 있다. 단, 딱 1회 한정이다.

'퇴사 드립'은 나를 다시금 보게 한다

★ ★ ★

M사에 재직했던 준성 씨는 과도한 업무에 시달렸다. 초반에는 일에 대한 열정으로 사원의 업무범위를 넘어서 주체적으로 업무영역을 넓히며 칭찬 받았지만 상사들은 금세 준성 씨에게 태연하게 일을 던지기 시작했다. 감당할 수 없는 업무량과 혼자 해결할 수 없는 문제들이 산적해 있었지만 그의 고생을 알아주기보다는 오히려 잦은 실수와 늦어지는 업무 보고를 지적하고 나무라기 시작했다. 준성 씨는 한계에 다다라 팀장과 사수에게 심리적 부담을 토로하고, 업무분담 개편을 여러 차례 부탁했으나 상황은 쉽사리 바뀌지 않았다. 워낙 책임감이 강한 직원이었기에 그 후로도 몇 개월을 꾸역꾸역 버텼으나 끝내 퇴사를 선언할 수밖에 없었고, 그제서야 상황이 급변했다.

빠른 업무적응력으로 부서의 기본업무부터 타부서와의 협업까지 주도적으로 수행해내는 신입사원이 돌연 회사를 나가겠다고 선언했기 때문이다. 신입사원의 퇴사 선언은 팀장을 거쳐 부장, 본부장에게까지 전달되며 그렇게 되면 당연히 팀장, 사수 책임론이 불거진다. 게다가 퇴사를 선언한 신입사원의 업무역량이 평균 이상이고 적응력 또한 뛰어나다면 그의 퇴사는 회사 입장에서는 인적자원의 손실인 만큼 문제는 더 커지게 된다.

당연히 팀장, 부장과의 면담을 통해 회유가 시작되었고 그제야 준성 씨의 업무부담은 줄어들었고, 주변 선배, 팀장의 업무를 대하는 태도도 개선되기 시작했다.

신입 혹은 초년생, 1회 한정 스킬

★ ★ ★

신입, 초년생이기 때문에 가능한 기술이다. 누구에게나 흑역사가 있듯 신입사원 시절은 모든 게 생소하고 답답하고 불만스럽게 느껴질 수 있는 시기라는 것을 모든 직장인, 꼰대들은 알고 있다. 자신들도 그랬고 나도 그랬기 때문이다. 입사 초반에는 반항도 하고 성질도 부려보다가 2~3년 정도가 지나면 회사의 분위기와 문화에 차츰 적응할 수밖에 없다는 것을 알기에, 싹싹하고 잠재력 있는 신입사원의 일탈과 반항에 "그래, 그럼 나가"라고 할 회사는 거의 없다.

물론, '퇴사'를 습관적으로 지른다면 달가워 할 사람은 없다. 꾸역꾸역 참다못해 터진 상대방의 감정을 받아주는 건 1회 한정이다. '이별'이라는 단어를 밥 먹듯이 사용하는 연인과의 관계는 결코 지속될 수 없는 것과 같은 이치다. '퇴사'는 신입사원 입장에서 느끼는 답답함과 어려움을 이해 받을 수 있는 기회이다. 이후 또 다시 소극적 의사표시와 꾸역꾸역 참아내다 터뜨리는 식의 감정표현이 반복된다면 그때부터는 본인의 잘못이 90% 이상이 된다. 개선된 관계를 잘 끌어갈 수 있도록 자기 자신도 변화된 방식으로 팀장, 선배, 사수 등과 소통해 나가야 한다.

비 온 뒤 땅이 굳어지듯, 크게 한번 지르고 어려움을 이해 받은 뒤에 차분하게 다시 적응해 나간다면 격려와 위로도 받고 일 잘하고 싹싹한 신입사원이라는 칭찬도 들을 수 있을 것이다.

혹시 나는 고문관이었을까?

★ ★ ★

그렇다고 모두의 '퇴사 선언'이 먹히는 건 아니다. 평소부터 항상 투덜대고 자신의 감정을 가감 없이 표출하며 팀 구성원들을 불편하게 했던 이들이라면 모두가 그의 퇴사 선언에 환호를 지를 것이다. 물론 이 책을 보는 독자들은 조금 더 나은 회사생활을 위한 방법과 처세를 고민하는 분들일 만큼 사람 간의 기본적인 예의와 업무는 책임감 있게 완수해낼 수 있는 사람들일 것이라고 생각한다. 다만 지금까지의 회사생활에서 열심히, 묵묵하게, 주어진 바를 책임감 있게 수행해오지 못했다면 퇴사 선언이 진짜 퇴사의 빌미가 될 수도 있다.

필자도 5개월을 다녔던 미디어 기업에서 당시 더 좋은 회사를 가고 싶은 욕심에 퇴사를 선언했던 적이 있다. 감사하게도 모든 사수, 선배들은 진심으로 회사에 남을 것을 권유해 주셨고 다른 계열사 스탭 직군에서도 일할 수 있는 기회가 있으니 원한다면 알아봐준다는 얘기도 해주셨다. 내가 그만큼 일을 잘했다는 것은 아니지만 회사에서는 좋은 인재를 결코 그냥 놔주지 않는다. 묵묵하게 최선을 다하자. 그리고 도저히 힘들고 못 참을 상황이 닥쳤을 때 적극적으로 자신의 심정과 상황을 알리자. 충분히 의사를 전달하려고 노력했고, 그럼에도 변화의 기미가 보이지 않는다면 바로 그때 딱 한 번 주어진 '퇴사 드립 카드'를 슬기롭게 활용하자.

좋은 리더 vs. 나쁜 리더
구별법

이번에는 젊은 꼰대로서 좋은 꼰대·나쁜 꼰대를 가르는 기준을 말해 본다. 사회초년생들에게도 선택권이 있다. 누구를 위해 일할 것인지, 언제 일할 것인지를 영민하게 파악해서 움직일 때 나의 인풋Input 대 비 아웃풋Output을 극대화할 수 있다.

그 중에서도 내가 따라야 할 리더, 사수, 선배를 선택하는 일은 매 우 중요하다. 줄타기를 논하자는 것이 아니다. 열심히 일했는데 날름 내 업무와 결과물을 수탈해가는 여우같은 사수들, 존중과 배려 없이 나를 자신의 입신양명을 위한 소작농 대하듯 하는 못된 상사들도 득 실거린다. 나보다 입사일이 빠르다고 해서 내 주인 노릇을 해서는 곤 란하다. 나는 부하이기 이전에 그들과 같은 직원이다. 맡은 직책과 역할은 달라도 각자에게 주어진 업무범위와 핵심성과지표 내에서 각자 평가받고 평가에 따른 결과를 받는 것 또한 나의 정당한 권리다. 그런 의미에서 우리는 리더와 선배로서 갖춰야 될 최소한의 품격과 자질을 갖추지 못한 이들을 가릴 권리가 있다.

진짜 리더는 팀원과 구성원들을 먼저 생각한다

★ ★ ★

리더는 팀원들을 이끌어 조직의 목표를 달성한다. 조직이 목표를 달성했다는 것은 리더만의 탁월함이 아니라 함께 최선을 다한 조직구성원들의 노력 또한 빛을 발했다는 의미다. 그럼에도 조직의 목표달성을 자신의 공으로 돌리는 리더가 있다. 1순위로 걸러야 될 리더다. 구성원들의 헌신과 노력을 모르는 리더라면 나의 노력은 오로지 그의 입신양명을 위한 도구가 될 뿐이다. 내부 조직원은 챙기지 않고 상관들의 술자리를 열심히 쫓아다니며 자신을 파는 데만 집중하는 상사는 과감하게 걸러도 좋다.

tvN 드라마 〈슬기로운 의사생활〉 속 채송화 교수는 상위 1%의 리더다. 리더 중에 리더. 이런 리더는 쉽사리 만나기 어렵다. 뛰어난 실력을 가진 리더일수록 더욱 고개를 숙이고 공을 돌린다. 나의 땀과 노력의 의미를 알아주는 리더라면 어찌 즐겁게 일하지 않을 수 있을까. 그런 리더라면 그들이 꽃길을 걸을 수 있도록 분골쇄신하겠다고 자처할 수 있을 것이다.

이익준 교수	"아이고, 이게 누구신가. 삼년 차 허선빈 선생 아닌가."
허선빈 전공의	"안녕하세요. 교수님, 얘기 들으셨어요?"
채송화 교수	"무슨 얘기?"
허선빈	"독일 방송국에서 취재 오고 싶다 그랬대요."
이익준	"유경진(환자) 씨. 아직 인터뷰할 컨디션은 아닐 텐데."
허선빈	"유경진 씨 말고 교수님이요. 세계적인 바이올리니스트를 구한 한국 최고의 뉴로 서전으로 병원에 인터뷰 요청했대요."
채송화	"알아. 병원장님한테 들었어. 근데 나 안 한다고 했는데?"
허선빈	"왜요? 왜 안 한다고 하셨어요? 유경진 씨 어머니 때문에 그러시죠? 유경진 씨 어머니 싫어서 인터뷰 안 한다고 하신 거죠?"
채송화	"아니, 나 유경진 씨 어머니 안 싫어. 그리고 싫다고 해도 인터뷰 안 할 건 또 뭐야. 그런 거 아니야. 니들 시간 안 된다고 해서. 같이 고생했는데 어떻게 나만 인터뷰를 해. 니들도 같이 인터뷰하면 좋을 것 같아서 다른 시간 몇 개 더 물어봤거든. 근데 이번 주 토요일밖엔 시간이 안 된대. 그래서 나도 안 한다고 했어. 다음에 서로 시간 맞춰서 여유 있게 제대로 하자고 했어."

-tvN 드라마 〈슬기로운 의사생활〉 2화 중

남들 앞에서 나를 북돋아준다

★ ★ ★

많은 사람 앞에서 면박을 안 주는 것만으로 다행일 수 있지만 다른 사람들 앞에서 나를 북돋아주는 사람은 좋은 선배다. "팀장님, 지난번에 보니까 옴 대리가 엑셀을 잘하더라고요. 저희 점포 월별 매출 집계 한 번 맡겨 봐도 좋을 것 같아요." 내가 무슨 일을 하고 있는지도 모르는 팀원들이 보는 앞에서 나를 칭찬해주고 기회를 열어주는 선배들이 간

혹 있다. "본부장님, 이번에 들어온 옴 사원이 손이 정말 빠르고 에너지도 넘치고 정말 잘 뽑은 것 같습니다." 선배든 팀장이든 나를 계속 지켜보면서 북돋아주는 이들이 있다면 잘 모셔야 한다.

반대로 내가 실수를 했거나 혼날 일이 있을 때 다른 직원들 앞에서 나를 불러 세워놓고 혼내는 선배, 큰 목소리로 나의 실수를 층 전체에 널리 알리는 선배, 알아서 잘 걸러내면 된다. 반면 나의 실수를 남들이 보지 않는 곳에서는 확실하게 짚고 지적해주고, 다른 사람들이 보는 앞에서는 나를 치켜세워주는 따뜻한 선배가 있다면 믿고 따르자.

나에게 기회를 주고 방향을 잡아준다

★ ★ ★

자신의 일을 다 떠넘기는 선배라면 당연히 걸러야겠지만 모든 일을 직접 다 도맡으려는 선배도 좋은 선배는 아니다. 당장에는 나에게 힘들고 어려울 수 있더라도 계속 기회를 주는 선배가 좋은 선배다. 그리고 뭘 하든 괜찮다고 넘어가는 선배도 좋은 선배는 아니다. 잘못된 것, 부족한 것은 따끔하게 알려주고 올바른 방향과 관점이 무엇인지 상세하게 알려주는 선배가 좋은 선배다. 사원도 결국 연차가 쌓이고 업무수행 범위가 늘어나는 과정에서 필연적으로 그만한 업무수행능력이 필요하다. 뭘 하든 받아주고 방치하고 그러려니 하는 선배는 나를 바보로 만들 뿐이다.

마냥 착한 선배는 좋은 선배가 아니다

★ ★ ★

카투사에서 근무할 때 모셨던 미군 소령이 있다. 너무 착하고 다정했다. 서툴게 더듬거리는 영어와 어리숙한 행동 때문에 모두가 필자를 무시할 때도 따뜻하게 간식거리를 건네줬다. 하지만 그는 일에 있어서는 똑 부러지지 못했다. 철저하게 훈련을 준비하지 못해 실전에서 항상 쩔쩔맸고 그의 어리숙함은 팀 전체 일정에 차질을 빚었다. 나같은 말단 병사에게조차도 업무지시를 모질고 확실하게 내리지 못해 나를 포함한 부하병사들도 항상 혼란스러웠다. 그는 결코 좋은 평가를 받을 수 없었다.

평화로운 때를 보내던 중 이라크 필드에서 작전을 지휘하던 중령이 왔다. 상당히 터프했고 거침없고 깐깐했다. 병사들을 불러 해야 될 과업과 준비 사항들을 일사분란하게 지시하고, 수시로 세부내용들까지 빡빡하게 챙겼다. 병사들 입장에서는 미칠 노릇이었지만 당시 사무실의 작전과 계획들은 신속 정확하게 진행되었고, 모든 병사들은 일사분란하게 자신의 역할을 수행해냈다. 멋진 리더, 존경하고 따라야 될 리더의 덕목 중 카리스마가 무엇인지 처음으로 느낄 수 있었다.

누구나 결국 연차가 쌓이면서 그에 따른 실력과 식견, 경험을 갖춘 연장자가 되어야 한다. 당장에는 오냐오냐하는 상사 밑에서 두 다리 쭉 뻗고 회사생활 하는 게 즐거울 수도 있지만, 지나고 보면 그 시간 동안 나의 몸과 머리는 나태함에 익숙해져 기민함과 총기를 모두

잃게 된다. 적당히 까칠하면서 카리스마 있고 업무를 휘어잡을 수 있는 선배가 있는데 성격이 나쁘지 않다면 충분히 버텨볼 만하다. 그 터프함을 버텨내고 흡수하는 것만으로도 분명 나의 직장생활에, 나의 인생에 큰 도움이 될 것이다.

나한테만 친절한 이성친구가 좋은 거지
모두에게 친절하다면 결코 좋은 이성친구가 아니다

★ ★ ★

이승에 천사가 있다면 이 사람이 아닐까 싶은 사람들이 종종 있다. 그런 사람들은 회사에서는 가까울수록 괴롭고, 멀리할수록 행복하다. 좋은 게 좋은 거라는 마인드로 싸움을 싫어하는 조직장, 팀장은 팀원들을 항상 괴롭게 한다.

"여러분, 이번에 준비했던 신제품 기획은 상품2팀 일정 때문에 3개월 밀리게 되었어요.^^"

"우리가 8개월 동안 공들였던 A사 프로젝트는 개발2팀으로 이관돼서 이쪽에서 후반부 작업 진행될 것 같아요. 다들 고생했어요."

좋은 기회는 남들에게 주고 조직 평가에 있어서는 목소리 큰 팀에 항상 밀린다. 죽 쒀서 개를 주고 갖은 고생을 해도 티도 안 날 업무들은 다 들고 오는 착한 상사가 좋은 상사일까.

내가 밖에서 두들겨 맞고 나서 집에서 약 발라주는 순한 형보다 조금 엄격해도 애초에 듬직하게 나를 지켜주는 방패 같은 형이 조직에는 필요하다. 호시탐탐 우리 부서의 핵심고객을 노리고 있는 옆 팀 팀장의 암수를 차단하고 우리 부서 팀원, 조직원들의 노고와 노력이 제대로 인정받고 평가받을 수 있도록 조직장, 본부장에게 가서 큰 목소리로 강하게 어필할 수 있는 리더가 좋은 리더다.

우리는 땅 파서 장사하는 게 아니고 시간이 남아돌아서 회사를 다니는 게 아니다. 인정도 받고 실력도 키우고 이왕이면 하루를 다녀도 의미 있는 회사생활을 보내고 싶다. 그런 측면에서 우리에게는 상사와 리더를 선택할 권리가 있다. 나를 키워줄 수 있는, 나를 보람차게 할 수 있는 리더가 눈앞에 있다면 믿고 따르자. 분명 나에게 더 큰 보답이 돌아올 것이다. 우리는 항상 그런 리더를 찾고 기다린다.

훌륭한 리더는 자신의 몫보다 더 많은 책임을 지고, 자신의 몫보다 더 적은 대가를 얻는다.

– 존 맥스웰

누구나
을이 될 수 있다

'간수와 죄수 실험'은 사람에게 역할이 주는 의미가 얼마나 크고 무서운지를 여실히 보여주는 유명한 실험이다. "자리가 사람을 만든다"는 표현도 있다. 멀쩡하던 사람도 자신을 둘러싼 환경에 의해 자신도 모르는 사이 타성에 젖어 들고 그 역할과 자리에 과하게 몰입하게 된다. 그렇게 갑질 괴물은 자연스럽게 탄생하게 된다.

회사가 영위하고 있는 사업 자체가 갑의 위치에 있는 경우가 있다. 시장논리로 보자면 일을 수임하고자 하는 경쟁자들은 많지만 일을 발주하는 공급자들이 적은 경우가 그렇다. 다양한 관급공사 입찰을 내는 공기업, 공공기관과 이를 수임하고자 하는 민간 기업은 갑을 관계일 가능성이 높다. 규모가 크고 현금 여력이 충분한 회사와 주 거래처가 되고 싶은 은행 간의 관계, 대기업 원청사와 하도급·협력업체 간의 관계도 그럴 가능성이 매우 높다.

당장에 수주, 매출처 하나가 급급한 을의 입장에서는 어떻게든 갑에게 잘 보이는 게 중요하다. 행여 심기라도 불편하게 할까 행동거지, 말 하나까지 신경 써서 건넨다. 어떻게 하면 수주에서 유리한 위치를 점할 수 있을지 한마디를 듣기 위해 몇 주, 몇 달 동안 주위를 맴도는 경우도 다반사다. 시대가 발전하면서 많이 사라졌지만 그런 이유로 수많은 향응과 접대, 선물, 대가성의 식사 등이 오가기도 한다.

업무이해도가 떨어지는 신입사원 시절에는 외부에서 걸려온 전화, 찾아온 손님이라면 무조건 친절하게 응대하고 봤겠지만 대부분의 기업들이 우리에게 잘 보이기 위해 안간힘을 쓴다는 사실을 차츰 알게 되는 시점부터 자신도 모르게 행동이 변하기 시작한다. 누군가는 귀찮아하면서 성의 없이 전화를 받거나 혹은 조건이 이것 밖에 안 되면 곤란하다고 어깃장을 놓기도 한다. 결국 을의 입장에서는 잔뜩 조아리고 조공을 바치며 납작 엎드려 끌려다니는 수밖에 없다.

하지만 이는 본인의 실력, 능력에 대한 결과가 아니다. 소위 '명함'의 후광일 뿐이다. 을의 입장에서 어쩔 수 없는 이유도 회사와의 관계 때문이지 본인 때문이 아니다. 전출을 가거나 이직, 퇴사하는 순간 누렸던 호사는 모두 끝이고 갑의 위치에서 누군가를 힘으로 누르고 무시하고 힘들게 했던 시간들은 생각하지도 못한 칼날이 되어 본인에게 돌아온다.

"옴 과장님, 안녕하세요~ 저 기억하시죠? 본사 마케팅팀에 있었던 박 부장입니다. 잘 지내시죠?"

"아, 박 부장님, 안녕하세요? 어쩐 일이신가요?"

"다름은 아니고요. 제가 얼마 전에 송파지점으로 나왔거든요. 오과장님이 아시는 거래처가 많으시니까 혹시 소개해줄 만한 업체가 있으실까 싶어서요."

본사 마케팅팀에 있을 때 하늘처럼 높게만 느껴졌던 대형 거래처 부장으로부터 걸려온 전화였다. 내부규정상 계약체결 및 용역진행 과정에서 잡음이 있었는데 박 부장은 당시 타사와 조건을 비교하며 불만을 제기했고, 이후 추가 수주, 계약 건에까지 영향을 미쳤었다. 그랬던 부장이 지점으로 발령이 났고 신규 거래처 확보를 위해 불편함을 무릅쓰고 내게 전화를 걸어온 것이었다. 목소리가 상냥하고 부드러워, 순간 동일인물이라고는 생각하지 못했었다. 내가 갑질을 할 이유는 없었으나 그렇다고 도와줄 이유도 없었다. 좋은 기억이 있었다면 또 모를까.

"옴 과장님, 안녕하세요~ 오랜만에 연락 드렸습니다. 조심스럽긴한 얘긴데 제가 옴 과장님이 제일 먼저 생각나더라고요. 이번에 제가 이직을 고려하고 있는 회사가 있는데 면접은 다 통과했고, 이제 레퍼런스 체크랑 연봉협상이 남았는데 혹시 레퍼런스 체크 전화통화를 부탁드릴 수 있을까 싶어서요"

"한 과장님! 이직 준비하시는군요. 좋은 곳으로 가시는 거죠? 당
연히 더 좋은 곳으로 가시는 거라고 생각하겠습니다. 제가 해도 괜찮
다면 당연히 해드려야죠. 언제든 잘 응대할 수 있으니까 제 연락처 전
달해주세요!"

영업을 할 때 주 거래처 중 갑의 위치에 있었던 회사가 있었다.
대형 고객사였고 거래처의 선택권은 당연히 그들에게 있었다. 그럼에
도 담당자인 한 과장은 항상 매너 있게 행동하고 협의를 이어 나갔다.
문의사항이 있으면 전화를 걸어 차분하게 자초지종을 설명하고 회신
을 요청하였고 우리 쪽에서 제안하고 싶은 사항이 생겨 내용을 전달
하면 합리적으로 검토하여 가부 여부를 판단해서 회신을 주었다. 첫
인상은 무뚝뚝해 보이는 그였지만 대화를 해보면 살갑고 속정이 있다
는 게 느껴졌다. 그런 한 과장이였기에 나는 30분이 넘는 헤드헌터의
레퍼런스 체크에도 현란한 말빨과 디테일이 살아있는 설명을 동원해
그 담당자가 최고로 평가 받길 바라며 대응했다.

"옴 과장님, 안녕하세요~ 저 강 차장이에요. 놀라셨죠?ㅎㅎ;; 그
러게요. 저도 갑작스럽게 부서 이동이 되어서 이쪽으로 오게 되었는
데 자료를 만들려고 보니 과거 프로젝트 히스토리도 그렇고 제품군별
특징도 그렇고 모르는 것이 많네요. 언제 한번 만나 뵐 수 있을까요?"

재무팀에 있을 때는 그렇게 한번을 그냥 넘어가는 적 없이 사사건

건 태클을 걸었던 사람이 부서이동을 하고 나서 갑작스럽게 전화를 걸어왔다. 당장에 자료를 만들고 보고를 해야 되는데 물어볼 사람은 없으니 급한 대로 나한테 전화를 건 것이다. 그렇게 상냥할 수가 없다. 자리가 사람을 만든다. 여기저기서 부탁받고 사정받던 위치에서는 몰랐던 것들이 직접 부탁하고 사정해야 되는 자리에 오고 나서야 보인다.

결국 자신의 업보는 돌아온다. 갑의 입장에서 을의 모든 부탁을 들어주라는 의미가 아니다. 칼같이 결정할 때 하더라도 조금 더 편하게 들어주고 자초지종을 잘 설명해줄 수 있다. 상대방도 나도 같은 월급쟁이라는 생각을 해보면 상대방은 그 자리에서 얼마나 고충을 겪고 있을지 이해할 수 있다. 좋은 위치, 좋은 자리에 있을수록 고개를 숙이고 남의 이야기를 더 귀 기울여 들을 수 있는 겸손함이 필요하다.

TV를 보다 보면 연예인들의 숨은 미담이 뒤늦게 공개되는 상황이 자주 등장한다. 그리고 그런 미담을 들을 때면 우리는 고개를 끄덕인다. 이는 우연히 베푼 선행 중 하나가 운 좋게 공개된 게 아니다. 오랜 시간 쌓여온 수많은 미담과 선행 중 일부가 하나씩 하나씩 공개되는 과정일 뿐이다. 한 순간, 한 순간 쌓은 좋은 평판과 기억은 반드시 돌아오게 되어 있다. 그리고 결국 사람들은 그런 이들에게 자연스럽게 모이게 되어 있다.

모나게 굴지 말자. 우리는 역할을 맡았을 뿐이다. 갑의 위치에 있을수록 아량을 베푸는 대인배다운 면모를 보여주자.

회사생활의 격을 높이는
관리자의 시각
_ 인사이트

+1UP🍾

우리는 결국
관리자가 된다

입사 초엔 기본적인 회사 분위기와 업무 환경에 적응하느라 정신이 없지만 엑셀 단축키들과 각종 보고서 작성 패턴이 손에 익기 시작하면 업무에 자신감이 붙기 시작한다. 당연히 더 많은 실무를 경험하고 좋은 결과를 내고 싶다는 욕심이 생긴다. 그렇게 평생 실무만 해도 재밌겠다는 생각이 드는 시점이 있지만 연차에 맞게 시야를 넓히지 않는다면 만년 과장에서 회사생활을 마무리하게 될 수도 있다.

모든 운동선수는 수명이 있다. 압도적인 피지컬로 상대방을 찍어 누르는 건 한계가 있다. 나이를 먹으면 자연스럽게 근력, 순발력, 운동 수행능력이 떨어질 수밖에 없고 더 좋은 신체조건과 회복력, 재능을 가진 신인 선수들은 또 등장하게 마련이다. 선수생활을 시작하고 연

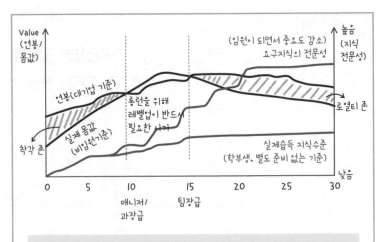

- **착각 존**: 입사 후 어느덧 빠릿빠릿한 2~3년차가 되면 문득 자신의 업무수행능력 상승속도에 비해 회사의 급여는 잘 오르지 않는다는 착각에 빠질 수 있다.

- **롱런을 위해 레벨업이 필요한 시기**: 일반적으로 신입사원의 연봉은 몸값이 아닌 자릿값에 가깝다. 승진 시기를 제외하고는 물가상승률보다도 못한 임금상승률을 보이고, 직급 간에 큰 연봉차이가 나지 않는 이유다. 연봉이 내 실력이라는 착각에 빠져 있다가는 로열티 존에 들어갈 수 있다.

- **로열티 존**: 관리자가 되지 못한 차장·부장급은 실무에서는 과장을 이길 수 없다. 이들은 호봉제와 회사의 각종 혜택을 누리며 감사한 마음으로 회사를 다니게 된다.

차가 쌓이면서 갖게 되는 자산은 바로 '넓은 시야와 노하우'다. 계속 실무를 하겠다는 욕심은 나이 50이 되도록 20~30대 친구들과 선수로 뛰겠다는 것과 같은 맥락이다.

나이를 먹도록 기를 쓰고 젊은 선수들한테 자리를 뺏기지 않기 위해 발악할 게 아니라 선배이자 주장으로서 자신이 수백 경기를 뛰면서 얻은 시행착오, 문제점, 아쉬움을 후배들과 나누면서 팀원을 다독이고 조직력을 높이는데 기여할 수 있어야 된다. 그리고 궁극적으로는 코치, 감독이라는 지도자로 성장해 실력 있는 후배들을 발탁하고, 체계적인 선수육성 시스템을 구축하며 팀워크를 배양시키고 조직의 결속력을 높일 수 있는 리더가 되어야 한다.

직장생활 3~5년차들을 보면 '나는 내 일은 확실하게 잘 해내고 있어', '내 일만 잘하면 되는 거지, 뭘 더 바라'라는 마인드를 갖고 자신의 업무에만 골몰하는 똑똑한 친구들을 자주 목격하게 된다. '나는 관리자도 리더도 욕심이 없다'고 생각하면 오산이다. 나이를 먹으면 우리는 필연적으로 리더가 된다. 동아리를 이끄는 선배, 자식을 키우는 부모가 되기도 한다. 회사로 치면 대리는 신입을 케어하고 과장은 팀의 대리, 사원을 리드하며, 부장은 여러 파트를 아우르는 부서를 이끌고 임원은 여러 부서를 아우르는 본부를 책임지게 된다.

좋은 상급자가 되고 넓은 포용력을 가진 리더가 되어가는 과정은 누구에게나 필연적이다. 각자가 경험한 다양한 시행착오와 거기서 얻은 해답, 그리고 얼마나 넓은 아량으로 많은 사람들을 품을 수 있는지가 다르다. 그 그릇의 크기에 따라 팀장에 그칠 것인지 이사, 상무, 부사장을 넘어 사장까지 갈 수 있을지가 달라진다. 좋은 선수를 넘어 좋은 감독이 되어야 한다는 사실을 인지하지 못한다면 아쉽게도 그 똑똑함은 더 넓은 땅에서 깊게 뿌리 내린 나무가 되지 못하고 작은 화분 속에서 관상식물로 싹을 틔우고 끝나게 될 것이다.

지식사회,
그리고 전문지식

"와, 옴스, 손 정말 빠른데? 통화별 견적 벌써 다 수정한 거야? 행에 부품 항목만 천개가 넘고 열에 기입해야 되는 단가도 수십 개인 것 같던데 대단하네!"(첫 회사)

"발행사들 만기도래 회사채 각 연도, 월별로 정리하고 업종별로 구분해서 리스트업 한번 해보자고. 벌써 다 했다고? 손이 진짜 빠른데?"(경력이직 금융사)

필자는 손이 빨랐다. 중·고등학교 시절 스타크래프트로 단련된 재빠른 마우스 무빙과 클릭, 타자속도는 잡다한 일들을 수행하는데 있어서 탁월함을 발휘했다. 첫 회사에서는 유관부서들로부터 취합한 수천 개가 넘는 부품별 단가를 5가지 통화별로 구분해 입력·수정하고, 고객사들에게 나갈 7cm 바인더 50여개 분량의 제안서에 들어갈 문서를 일일이 출력하고, 끼워넣고, 수정하는 작업까지 신속하게 해 냈다. 금융사로 이직해 업무를 수행함에 있어서도 시스템에서 데이터 를 추출하고 정리하는 것만큼은 탁월했다. 과거 단련된 스킬들 덕분 이었다.

하지만 이는 '전문지식'이 아니라 '스킬'일 뿐이다. 단순반복을 통 해 업무의 속도를 높일 수는 있지만 '근본적인 변화' 혹은 '새로운 부 가가치'를 만들어내는 일은 아니다. 재빠른 Ctrl+C, Ctrl+V로 단가표 를 수정하고 엑셀의 피벗테이블과 함수를 사용한 필터링을 빠르게 하 는 것에 불과하다. 물론 사회초년생들에게 '스킬'은 중요하다. 같은 잡 일도 얼마나 빠르게 처리할 수 있느냐에 따라 업무의 효율이 개선되 고 정확도가 올라가며 더 많은 업무 시간을 확보할 수 있기 때문이다. 하지만 근본적인 판을 바꾸는 성격의 것은 아니다.

판을 바꾸기 위해서는 '전문지식'이 필요하다. 내가 손이 저리도 록 Ctrl+C, Ctrl+V라는 스킬을 쓰는 동안 전문지식이 있는 이는 비주 얼 베이직 Visual Basic이나 코딩을 활용해 자동으로 수치를 기입·수정 할 수 있도록 프로그래밍을 함으로써 업무 속도의 한계치를 끌어올릴 것이다. 내가 ERP에서 마케팅 데이터를 추출해 예쁘게 테두리를 그 리고 셀에 음영을 채워 넣는 동안 통계, 데이터 관련 지식을 가진 이 는 채권금리, 환율, 경제지표와 채권발행 간의 상관관계를 통계적으 로 분석해 유의미한 변화를 예측하고 지능화된 마케팅·영업을 위한 전략을 고민할 수도 있다.

스킬은 누구나 가질 수 있고 단순반복을 통해 숙달될 수 있지만 대체가 쉽고 상위 직급으로 갈수록 필요성이 떨어진다. 지식습득의 난이도, 걸리는 시간에 따라 지식의 가치는 달라지고 그 지식의 가치에 따라 업무를 보는 시각과 관점이 달라진다. 그리고 이에 따라 나의 희소성과 몸값이 결정된다.

필자가 경력으로 이직했던 금융사에서 느꼈던 한계도 여기에 있다. 회사도 좋고 업무도 좋았지만 내가 수행하는 업무와 방식에서 나의 효용감이 전혀 느껴지지 않았다. 구글에 다니는 지인은 '9시 출근, 6시 퇴근'을 하면서도 더 정교하고 효율적인 광고 프로그램으로 고객사의 매출향상을 이끌어내고 있는데 필자는 여전히 수백 고객사 담당자에게 일일이 전화를 걸고 안부를 물으며 식사약속을 잡고, 수기로 통화 일지를 기록하는 구시대적인 방식을 답습하며 제자리걸음만 하고 있었다. 연봉 차이는 두 배였다. 시간이 지날수록 더 열심히 뛰고 더 열심히 전화하고 더 열심히 떠드는 것 외에 내가 만들 수 있는 변화가 무엇인지 보이지 않았다. 연차가 오를수록 스킬이 아닌 지식이 필요했다.

'정보 복잡성 및 접근성'과 '수요 및 중요성'에 따라 지식의 가치와 전문성의 수준이 달라진다. 대표적인 전문지식으로는 법률, 의학, 회계, 세무, 감정평가 등을 꼽을 수 있다. 의사는 학부와 인턴·레지던트를 거쳐 사람의 생명을 살리고, 변호사는 강도 높고 깊이 있게 법률을 학습해 복잡한 사회 갈등을 해결하며 CPA는 재무회계 학습을 통해 기업의 회계감사와 전략 컨설팅 등 중요한 업무를 수행한다. 반대로 전문지식 없는 일반인들은 고작해야 민간요법을 활용한 통증완화, 전세 재계약을 위한 법조문 찾아보기, 매출과 영업이익으로 투자 결정하기 정도의 수준에 머무른다. 오랜 시간에 걸쳐 공부하고 학습한 이들의 전문지식은 일반인이 쉽사리 따라갈 수가 없다.

극단적인 예를 들었으나 핵심은 직장인 레벨에서도 꾸준한 자기개발 없이 좋은 스킬과 센스만으로는 경쟁우위를 갖는데 한계점이 온다는 사실이다. 물론, 직장인 레벨에서 취득할 수 있는 크고 작은 자격증들이 존재하지만 근본적 변화를 만들 수 있는 지식과는 거리가 멀다. 무역영어 자격증에서 배우는 인코팀즈와 FOB, CIF, DDP 등과 같은 무역조건들은 네이버 검색만으로도 충분히 그 차이점을 이해할 수 있고 빅데이터 준전문가 자격증은 빅데이터를 다룰 수 있는 지식을 함양한다고 하지만 데이터에 대한 기본적 지식과 프로그램을 익히는 정도의 수준일 뿐이다. 그럼에도 직장인 수준에서 도전할 수 있는 자격증, 시험 등을 찾고, 차곡차곡 쌓아가는 과정에서 본인만의 경력스토리를 만들고, 정체하고 있는 다른 직장인들과의 격차를 벌릴 수 있다.

자격증	2020. 03. 06 한국금융연수원 신용분석사
	2017. 08. 04 한국금융투자협회 금융투자분석사
	2013. 12. 30 삼일회계법인 회계관리2급
	2013. 12. 12 대한상공회의소 무역영어1급
	2012. 09. 20 (사)한자교육진흥회 한자실력급수2급
	2012. 09. 07 대한상공회의소 컴퓨터활용능력2급

　　필자가 회사를 다니면서 취득했던 자격증들이다. 한문과 컴퓨터 자격증은 이직을 위한 목적으로 취득했다. 중고신입으로라도 이직해야겠다는 생각이 컸던 시기다. 무역영어는 지금은 매우 흔하고 기본적인 자격증이 되었지만 당시에는 생소한 자격이었고 해외영업을 수행하면서 저변을 확대하기 위해 노력했음을 이력서 상에서 보여주기 위한 목적으로 취득했다. 회계관리는 뒤늦게 회계에 대한 관심이 생기기도 했고 해외영업에 국한되어 있는 커리어와 경력을 확장하자고 노력했음을 보여줄 수 있는 좋은 수단이라고 생각해서 취득했다. 회계관리 2급은 난이도가 매우 낮은 자격증이기는 하지만 금융사로 경력 이직을 할 때 좋은 핑계거리가 되기도 했다. 금융사로 이직해서는 금융투자분석사, 신용분석사라는 자격증을 취득했다. 각각 3개월 이상 공부가 필요한 시험이었고 인사평가, 고과 시기에는 지속적인 '지식수준 향상을 통한 영업력 제고'를 위해 노력했다는 점을 적극적으로 어필하기도 했었다.

카드사 기획 부문에 재직 중인 장현지 씨는 직접적인 마케팅 업무를 수행하지는 않지만 데이터분석 준전문가ADSP, SQL개발자SQLD 자격증을 취득했다. 회사를 다니면서 공부한다는 게 쉽지는 않았지만 나중에 경력 이직 혹은 사내 부서 이동 등을 고려할 때도 좋겠다는 생각으로 앞서 준비했다.

코로나19 직전 금융사에 입사한 신입사원 김정호 씨는 코로나19로 재택근무가 활성화되고 대면영업이 불가능했던 상황을 이용해 자기개발에 힘썼다. 비상경계 출신이었던 그는 1년 반 동안 꾸준히 개인 시간을 활용해 투자자산운용사, CFA Level1 시험에 합격했다.

똑똑한 신입들은 코로나19로 인해 어수선한 회사 분위기를 개인적인 역량개발 기회로 삼았다. 회식과 야근 없는 1년 반 동안, 관련 분야의 난이도 높은 자격증을 2개나 취득하며 부지런히 자신의 커리어를 단단하게 다져 나갔다. 당시 필자는 코로나19 동안 잘 풀리지 않은 연봉협상 때문에 회사와 반목하고 정체하면서 귀한 시간을 허비하고 있었다.

우리는 직장인으로서 경쟁력을 갖기 위한 치열한 고민이 필요하다. 옆의 동료보다 한발, 반발 앞서서 미래를 준비하고 지식을 쌓아간다면 충분히 경쟁력을 갖춰 나갈 수 있다. 어차피 우리의 경쟁자는 상위 0.1% 전문 직군이 아니라 대부분의 평범한 직장인들이다.

눈부신 기술의 발전 덕분에 인류는 혜택을 얻었지만 그만큼 월급쟁이들의 생존은 쉽지 않다. 필자가 경영학과를 졸업했던 2012년만 해도 필자에게 빅데이터, AI는 생소한 기술이었지만, 최근에는 전공을 불문하고 파이썬과 R을 활용한 데이터분석은 '기본소양'이 되고 있으며 IT기술의 도움 없이는 몸으로 때우는 원시시대 수준의 영업밖에 할 수 없는 시대가 이미 도래했다.

개발자들은 연봉을 올려주지 않으면 떠나겠다고 으름장을 놓고 필요한 시점에 얼마든지 휴가를 떠났다가 자리로 돌아온다. K모, N모 유명 IT회사는 개발자들에게 재택근무는 기본이고 국내 여행지에서의 원격근무를 허용하기도 했다. 과연 회사는 십년차 뚜벅이 영업 직원의 이야기에도 귀 기울일까? 내가 떠난다고 하면 그들은 날 잡을까? 그렇지 않다.

그래서 '나처럼 하면 회사의 임원이 될 수 있다'는 구시대적인 사고를 가진 상급자들의 조언은 무책임하게 느껴진다. 변화의 속도가 느리고 경제발전이 더뎠던 80~90년대부터 회사생활을 시작했던 지금의 기성세대들은 자신들의 젊음을 회사에 바친 게 사실이지만 막 회사생활을 시작한 MZ세대에 비해 상대적으로 구직자들, 직장인들 간 경쟁이 덜 치열했던 것도 사실이다.

나는 경쟁력 있는 지식을 갖추고 있는지, 스킬로 이뤄낸 성과에 취해 발전과 개발을 게을리하고 있지는 않은지 객관적으로 돌아볼 필요가 있다. 안타깝지만 우리는 지식사회에 살고 있다.

대기업 총수의 위치는
자유로울까?

실무자 역량에 따라 업무 성과와 결과가 달라질 수 있지만 관리자가 설정하는 조직 차원의 큰 그림과 방향성은 차원이 다른 변화를 초래한다. 높은 곳을 향해 달리는 게 인간 본연의 심리이듯 관리자 레벨은 모두에게 선망의 대상이지만 막상 그 위치에서 느껴지는 부담감은 생각과 크게 다를 수 있다.

직급이 높을수록 거시적, 전사적 관점에서 회사의 자원을 신사업에 집중시킬 것인지, 기존 사업역량 강화에 집중시킬 것인지, M&A를 할 것인지, 아니면 기존 사업부문을 매각할 것인지, 조직구조를 사업부 중심으로 가져갈지, 기능 중심으로 가져갈지 회사의 전략적 방향성을 결정한다. 그리고 상위 의사결정기구에서 결정된 전략적 방향성에 따라 각 본부, 그룹, 팀 등 하위로 갈수록 수행과제들이 세분화되어 전달된다. 직급 수준에 맞게 주어진 물적·인적 자원을 어떻게 투입하고, 배분할 것인지에 대한 조율과 계획을 수립하는 게 관리자의 역할이고 실무자의 역할은 관리자가 설정한 방향성에 따라 주어진 업무를 효율적으로 수행하는 것이다.

때문에 관리자가 내리는 의사결정의 질에 따라 조직은 크게 바뀌고 실무자 단에서 아무리 노력하고 발버둥친다고 해도 이뤄질 수 없는 근본적인 한계점이 존재하는 것도 사실이다. 롯데쇼핑에서는 중고나라를 인수했고 이마트는 SK와이번스를 인수해서 SSG 랜더스를 출범시켰다. 직원들로서는 도무지 이해할 수 없는 결정이라고 해도 어쩔 수 없다. 이미 그룹 총수 회장이 내린 결정이고 나는 직원일 뿐이다. 직원으로서 할 수 있는 최선은 '왜 중고나라를 인수했나?', '왜 와이번스를 인수했나?'가 아니라 어떻게 사업적 시너지를 낼 수 있을지, 어떻게 롯데, 신세계의 조직문화를 빠르게 침투시켜 잘 융화시킬 것인지를 고민하는 것이다.

관리자의 무게감은 실로 상상을 초월한다. 우리는 신문을 통해 기업들의 M&A, 매각 등의 의사결정 소식을 듣고 감 놔라 배 놔라 감상평을 떠들어대지만 최상층의 잘못된 의사결정 하나는 수조원의 손실과 고용감소, 기업의 부도, 구조조정까지 이어져 다시는 재기할 수 없는 상황까지 갈 수도 있다. 대우조선해양은 한때 상선 시장을 선도하며 압도적 기술력을 기반으로 안정적 현금흐름을 창출하던 회사였지만 무리하게 해양산업에 뛰어든 게 빌미가 되어 대규모 적자를 기록한 뒤 아직까지도 회생에 어려움을 겪고 있다.

연매출 250조, 영업이익 50조원의 수익을 거두는 삼성전자를 이끄는 이재용 회장도 그렇다. 회사의 규모, 실적만 보면 무엇이 문제냐 싶겠지만 TSMC와의 격차는 좀처럼 좁혀지지 않고 있고 가전사업은 성장 정체에 직면해 있다. 그나마 스마트폰은 지속적 제품혁신으로 버티고 있지만 애플은 자체적인 운영체제와 초고성능 AP를 앞세워 경쟁력을 더욱 강화하고 애플 생태계를 음악, TV, 콘텐츠까지 확대함으로써 더욱 강력한 매출·수익기반을 구축하고 있다. 게다가 미국은 자국의 반도체 산업 육성을 위해 노골적으로 인센티브를 제공하고 생산시설 로컬화를 유도함으로써 한국 대기업 길들이기에 나서고 있다. 이재용 회장은 지금 삼성전자가 세계 일류로 나아갈 수 있는 기술력을 확보하지 못한다면 글로벌 시장의 2류로 전락하게 될 수밖에 없다는 사실을 심각하게 인식해 2022년 상반기, 향후 5년 간 380조 투자라는 사상최대의 투자의사결정을 공표하고 나섰을 것이다.

만약 투자가 실패한다면 삼성전자의 주가하락으로 이어질 것이고, 삼성전자의 주식을 소유한 글로벌 외국, 기관투자자들은 기업가치 하락과 배당수익 감소를 빌미로 이재용 회장의 경영권을 압박할 수도 있을 것이다. 우호적이지 않은 기업환경, 이건희 회장 별세 후 납부해야 되는 십수조 원의 상속세, 금산분리 규정 강화로 인한 지배구조 문제 등 이재용 회장과 사장단의 처절한 의사결정 하나가 나라에 영향을 미치고 협력사의 가족들을 먹여 살리느냐 굶기느냐와 직결된다. 그 무게감을 생각해보면 삼성그룹을 포함한 기업들의 의사결정에 '방구석 여포'가 되어 이래라 저래라 하는 게 얼마나 쉽고, 가벼운 얘기인지 납득할 수 있지 않을까.

물론 관리자라고 해서 모두 현명하고 실력이 뛰어난 건 아니다. 각자가 가진 그릇의 크기에 따라 능력의 차이가 생길 뿐이다. 실무자에게 필요한 관점은 여러 관리자 레벨에서 이뤄지는 다양한 의사결정들을 보면서 데이터를 쌓는 것이다. 우리 팀장은 어떤 악수를 두어서 유관부서와의 관계를 틀어지게 만들었는지, 새로운 본부장은 1년 내내 풀리지 않던 타사와의 협업을 어떻게 이뤄낼 수 있었는지, 왜 우리는 굳이 손해를 보면서까지 제품을 고객사에게 납품해야 되는 것인지, 왜 더 큰 수익을 거둘 수 있었던 수주 건의 계약 금액을 더 높이지 못했는지 등등. 수많은 의사결정의 사례들을 보고 배우면서 감각을 키우는 게 중요하다. 아무리 실내 사격장에서 10년 총을 쏘고 연습을 했다고 한들 실제 전장에서 1년 간 전투를 벌이다 돌아온 병사의 감각을 따라갈 수 없다. 실무자로 있는 동안에는 관리자가 현장에서 피터지게 싸우고 얻은 값진 실패·성공 데이터를 공짜로 얻을 수 있다는 엄청난 이점이 있다.

실무자 레벨에서 내 기준이나 기분에 따라 회사의 의사결정과 대립하며 싸우지 말자. 그들에게 관리자로서의 기회가 주어진 것처럼 나에게도 관리자로서 활약할 수 있는 시점은 결국 찾아온다. 그 시점이 찾아오기까지 타산지석, 절치부심하면서 때를 기다리면 된다. 다만 내 의견을 적극적으로 묻고 존중해주고 격려와 칭찬이 확실한 리더가 있다면 최선을 다해서 보좌하자. 결국 관리자에게는 똘똘한 실무자가 필요하고, 실무자에게는 전략적 사고와 포용력을 두루 갖춘 관리자가 필요하다. 완벽한 관리자-실무자의 조합이 되어 회사의 경영진에 합류해 함께 활약할 수 있게 될지 누가 알겠는가.

KPI를 알면
I/O 극대화가 가능하다

이번 내용은 회사의 인적자원HR 시스템에 대한 이해를 돕기 위한 내용이다. 고의적, 악의적으로 활용할 경우 내부 직원들의 따가운 눈총을 받을 수 있다는 점을 미리 안내한다.

K금융사 김승민 대리   *"예전에 수수료율 상향이 팀 목표였던 적이 있었어요. 그때는 티도 안 나지만 수수료 50만 원, 100만 원이라도 올리려고 저도 애 많이 썼죠. 근데 저희 경쟁사에 점유율 밀리기 시작하고 나서는 위에서 매출, 수수료 개선보다 점유율만 신경 쓰시더라고요. 업체 담당자랑 협상 잘해서 수수료 100만 원 더 받아도 시큰둥하시고, 담당하는 업체가 한두 개도 아니고 협상 과정*

이 한 두시간만에 되는 것도 아니니 그때부터는 저도 기존 가격으로 빨리빨리 재계약하는 것만 신경쓰게 되었습니다."

G유통사 황혜진 사원   "저희 거래처 재계약 시점 때 고생고생해서 수수료율 조금 더 높여 가봐야 '잘했다' 정도지 딱히 칭찬다운 칭찬도 못 들어요. 재계약률만 핵심성과지표에 포함되어 있지 수수료율이라든지 수익성 같은 건 애초에 없거든요. 이제 애 안 써요. 괜히 거래처 사장님이랑 싸우는 것도 싫고, 그냥 하던 대로 가는 게 최고조."

모든 경기에는 규칙이 있다. 농구에서는 발을 써서는 안 되고, 축구에서는 손을 써서는 안 된다. 제 아무리 손재간이 뛰어나도 축구에서는 무용지물이다. 직장생활에도 게임의 룰이 있다. 바로 인사제도다. 직원들은 정해진 인사평가 기준에 따라 연중 혹은 연말에 평가를 받게 되고, 평가점수를 기준으로 고과가 결정된다.

목표를 달성한 영업1팀과 달성하지 못한
영업3팀은 연말에 왜 놀고 있는가

★ ★ ★

옴스잡스 영업1팀은 금년, 팀 수주 목표였던 500억 원을 훌쩍 넘는 600억 원의 초과성과를 8월에 일찌이 달성했다. 주 거래처인 ㈜든든한컴퍼니와 추가 납품계약 논의가 진행 중인 12월, 느긋하게 협의를 이끌고 있는 영업1팀 김유연 팀장은 올해 내로 계약체결을 완료할 생각이 없다.

12월이면 이미 각 부서별 핵심성과지표에 대한 평가가 끝나는 시기다. 통상 기업들은 12월말 인사고과 발표를 위해 11월말 기준으로 실적을 집계하고 조기에 인사평가에 들어간다. 12월에 계약을 체결해 봐야 이미 11월말 실적 기준으로 평가가 이뤄지고 있고, 그렇다고 차년도 인사평가에 12월 계약실적이 반영되지도 않을 것이다.

심지어 김유연 팀장 위의 부서장 또는 임원이 연말에 자리를 지킬 수 있을지 여부도 불투명하다. 희망찬 새해 출발을 위해서라도 좋은 건수는 잘 묵혔다가 새해에 오픈하는 게 여러모로 좋다. 이미 120% 초과실적도 달성했겠다 급할 게 없는 김유연 팀장은 2023년도 스타트를 힘차게 끊을 준비를 하고 있다.

옴스잡스 영업3팀은 금년, 팀 수주 목표였던 400억 원에 미달하는 360억 원의 성과를 달성했다. 2년 전부터 공을 들여온 ㈜까칠한컴퍼니와 20억 규모의 납품계약을 논의 중인 12월, 오내일 팀장은 고객사와 내년 초 계약체결을 논의하고 있다.

이는 영업1팀 김유연 팀장과 비슷한 맥락이다. 지금 20억 원을 더해서 400억 목표 대비 380억 원을 달성하느니 금년도 성과는 깔끔하게 포기하고 내년도를 도모하는 게 좋을 것 같다는 생각이다. 신규 거래처라는 의미가 있기는 하지만 실적을 20% 초과달성한 영업1팀에 비한다면 티도 안 날 게 뻔하다. 이는 꼭 팀장 자신만을 위한 선택은 아닐 수 있다. 어떤 면에서는 팀원들에게도 더 나은 선택일 수 있다.

목표를 120% 초과달성한 영업1팀, 80% 목표미달 3팀보다 안 좋은 평가를 받다?

★ ★ ★

결과는 예상치 못한 영업3팀의 승리다. 핵심성과지표의 가점요소에 따라 평가가 갈리기 때문이다. 연초에 부서·개인별 목표설정 및 계획을 수립할 때에도 반드시 평가항목과 가중치를 잘 따져봐야 한다. 기존 거래처 기반으로 매출확대에 주력한 영업1팀은 매출은 초과달성했지만 수익성과 신규 거래처 확보 측면에서 낮은 점수를 받았다. 반면 영업3팀은 매출목표 항목은 미달했으나 신규 거래처 확보, 영업이익률 개선에 노력함으로써 근소한 차이로 영업1팀보다 높은 배점을 받을 수 있었다.

죽기 살기로 야근을 불사했던 영업1팀보다 효율적인 영업으로 핵심성과지표 주요항목에 해당하는 실적을 낸 영업3팀이 연말평가에서 좋은 점수를 받을 수밖에 없다.

당연히 1년 내내 핵심성과지표만 보면서 해당하는 업무에만 주력할 수는 없는 노릇이다. 하지만 기본적으로 인사평가에서는 주어진 업무를 수행하면서 핵심성과지표를 고려한 업무수행 혹은 개인이력을 관리했는지가 중요한 요인이 된다. 대표이사, 본부장, 인사팀 등등이 나의 일거수일투족을 일일이 확인할 수는 없지 않은가. 각 부서별·개인별 핵심성과지표를 기준으로 평가할 수밖에 없는 이유다.

열심히는 '중반기 이후' & '진급 연차'에…

★ ★ ★

우리는 연초가 되면 갖가지 계획을 잔뜩 세운다. 하지만 연말이 되면 까마득한 과거가 된다. 회사도 마찬가지다. 연초에 열심히 했던 일들은 잘 기억나지 않는다. 회사생활에 있어서만큼은 초두효과보다 최신효과가 더욱 크게 작용한다. 물론 연초의 실적과 수치가 사라지는 건 아니지만 '정성평가'에 있어서 '최신효과'는 생각보다 큰 영향을 미친다.

회사생활도 마라톤과 같다. 시작부터 바짝 스퍼트를 올려놓고 중후반에 힘없이 달리는 선수보다는 초반에는 가볍게 뛰면서 예열하고 중후반부터 속도를 높이는 선수가 더 많은 관객들의 주목을 끄는 건 당연한 이치다.

당연히 하루하루 열심히 회사생활을 하겠지만 내가 조금 더 업Up된 텐션으로 일에 열정적으로 몰두하고 있음을 어필하고 싶다면 6~8월 정도가 최적기다. 적립금이 두 배로 쌓이는 이벤트 기간이라고 생각해도 좋다. 어려운 일이나 허드렛일, 야근할 사람을 묻는 질문에 번쩍 손을 들고 솔선수범하는 모습을 보이고, 연말까지 이어가자. 연말 평가 시점에 최신효과가 작용해 긍정 평가의 가능성이 올라갈 것이다.

같은 맥락에서 사회초년생들에게 자주하는 조언이 있다. "1~2년 차 때는 열심히 즐겨라. 조급해 하지 말고 천천히 배워라. 열심히 해야 되는 시점은 바로 진급 연차 때부터다." 1년차는 고과가 없다. 1년차 때 열심히 하면 자칭 '나의 최저치'를 잔뜩 올려놓는 꼴이 될 수 있다. "옴 사원은 퍼포먼스가 과장급이야!" 하지만 1년차는 고과가 없으므로 돌아오는 것은 B급 성과와 공허함, 그리고 2년차 때 높게 잡힌 개인성과목표다. 1년차 때 최저치를 잔뜩 높여 놓은 결과다.

짧게는 10년, 길게는 30년씩 해야 될 회사생활에서 조급할 이유는 없다. 힘을 써야 될 때 쓰고 여유를 가질 때는 여유를 갖는 유연함이 중요하다. 그래야만 주 5일 연 52주 매년 쳇바퀴처럼 굴러가고 뫼비우스 띠처럼 반복되는 삶 속에서 미치지 않고 버틸 수 있다.

사기를 치자는 말이 아니다. 똑같이 일을 해도 회사의 기준에 따라서 더 좋은 평가를 받을 수 있는 방향으로 노력하는 게 나를 위한 일이고 내 가족을 위한 일일 수 있다. 기회주의적으로 살라는 의미로 주는 팁도 아니다. 회사와 팀원들을 위해서 열심히 노력하는데 그들은 나의 노력을 알아주지 않고 자신의 안위와 생존만을 생각하며 저열한 행동을 하는 경우가 많다. 그럴 경우를 대비해서 알려주는 조언이다. 자칫 위의 조언들을 생각하며 기회주의적인 회사생활에만 몰두할 경우 금세 조직원, 팀원들로부터 기회주의자로 낙인찍힐 것이다. 어떤 좋은 스킬과 요령도 기본적인 성실함과 인성이 없는 상태에서 시도하면 금세 들통 나기 마련이다.

셀프 피드백, 셀프 세일즈가 가능한 공식행사 '인사평가'

사람들은 스스로를 후하게 평가하는 경향이 있다. 제 아무리 자신의 노력에 만족한다고 해도 인사평가는 결국 핵심성과지표라는 기준에 따른 객관적인 평가와 상사, 동료들의 주관적 평가로 이뤄진다. 물론 '이런 것까지 세세하게 신경 쓰면서 회사생활을 해야 되나'라는 생각을 할 수도 있지만 '자신이 노력한 만큼의 성과와 대가'를 인정받기 위해서는 꼭 필요한 과정이다. 제 아무리 자발적인 의도와 좋은 뜻에서 업무를 수행했다고 한들 주변 누구도 알아주지 않는다면 그것만큼 억울한 것도 없다. '우는 놈 떡 하나 더 준다'라는 속담이 괜히 있는 게 아니다. 누군가는 기회주의적으로 이를 악용할 수도 있겠지만 결국 상호평가를 통해 걸러지게 마련이다.

인사평가는 3가지의 목적성과 의미가 있다. 1) 좋든 싫든 '타인이 나를 바라보는 시각'을 알 수 있는 기회다. 2) 상사가 몰랐던 나의 노고를 객관적으로 보여줄 수 있는 유일한 시간이다. 3) 상사, 동료직원에 대한 불만을 정당하게 제기하고 알릴 수 있는 공식 채널이다.

타인의 피드백을 통한 성장의 기회

★ ★ ★

A　나는 남들 흡연하러 가고 술 마시러 갈 때 혼자 남아서 매일 야근했고 부서 기획업무까지 도맡아서 하느라고 정말 진이 빠졌는데… 팀장님이 나를 회사생활에 소극적이라고 평가를 하셨다고?

B　'뛰어난 언변과 적극성 때문에 고객사를 상대하는데 있어서는 탁월함을 보이지만, 부수적인 계약 및 매출관리 측면에서 체계가 부족하고 속도가 떨어진다.'

타인의 피드백을 수용하는 것은 본인의 의지다. 다만 인사평가는 타인이 나를 어떻게 인식하고 있는지를 알 수 있는 좋은 기회이기도 하다. A는 팀을 위해서 했던 행동임에도 팀장, 팀원들이 자신의 노고를 알아주지 못하고 있었다는 점을 알 수 있고, 본인의 존재감을 드러내기 위해서는 부수적인 업무를 떠안는 것보다 팀 활동에 참여하거나 혹은 자신이 수행한 업무내역들을 확실하게 정리해서 보여주는 게 중요하다는 셀프 피드백을 할 수 있다. B는 엑셀이나 보고서 작성 능력을 높이고 자신만의 업무 루틴을 체계화해 업무생산성을 높이는데 집중할 수 있다.

　타인에게 피드백을 받는다는 것은 불쾌할 법한 일이지만 '듣기 좋은 칭찬은 독'이고, '듣기 불편한 피드백은 약'이 된다. 필자 또한 피드백을 받을 때마다 여전히 표정이 굳고는 하지만 피드백만큼 나를 발전시킬 수 있는 방법을 쉽게 찾을 수 있는 길은 없다. 더 빠른 변화를 만들고, 좋은 평가를 받고자 한다면 분기, 반기에 한 번씩 팀장이나 사수에게 직접적으로 본인이 부족한 게 무엇인지 묻는 것도 좋은 방법이다. 그들은 나의 이런 태도에 감동할 것이고 변화를 만들어 냄으로써 나의 노력도 손쉽게 그들에게 각인될 수 있다.

내 노력을 객관적으로 보여줄 수 있는 기회

★ ★ ★

인사평가 시즌만 되면 내가 한 해 동안 뭘 했는지 도통 기억이 나지 않는다. 1년 내내 고생은 고생대로 했던 게 분명한데 머릿속에는 굵직한 프로젝트명만 기억날 뿐 어떤 업무를 주도적으로 수행했고 어떤 기여를 했는지 떠오르지 않는 경우가 많다. 문제는 일부 나를 가까이서 지켜본 사수, 동료를 제외하면 내가 1년 동안 무엇을 했는지 상급자들은 납득하지 못할 수도 있다는 것이다. 팀장들은 수시로 날아오는 임원들의 전화 통화와 자료 요구에 대응하고 타 유관부서, 외부 협력사, 기관들과의 미팅까지 초년생들보다 더 바쁜 하루하루를 보내고 있다. 그들이 알아서 내 노력과 노고를 알아줄 것이라는 기대는 어리석다.

수시로 내가 수행했던 업무 내역을 정리해 나가는 게 중요하다. 한 달에 한 번 정도는 시점을 정해서 한 달간의 업무 수행 내역을 정리하고 가능하다면 분기, 반기에 한 번씩은 지금까지 정리했던 내용들을 업무 성격·성과별로 구분해서 정리하는 시간을 갖는다면 중간 평가든 연말평가든 시점에 맞게 내가 수행한 업무내역을 확실하게 보여줄 수 있다.

상사, 주변 동료를 평가할 수 있는 유일한 기회

★ ★ ★

"장 과장님, 인사평가는 잘 하셨나요?! 네? 양 팀장 때문에 매일 신세한탄 하시더니 그냥 좋게 점수 주셨다고요? 과장님 고과를 쥐고 있으니 어쩔 수 없었다고요? 아니, 인사평가 내역을 알 수 있는 것도 아닌데 대체 왜…"

장 과장은 양 팀장에 대한 불만이 많았음에도 인사평가 시즌만 되면 '좋은 게 좋은 거지'라는 생각으로 상향평가를 마무리했다. 괜히 인사평가 결과가 양 팀장 눈에라도 들어갔다가는 자신이 불이익을 볼지도 모른다는 게 이유였다. 실제로 양 팀장에 대한 아랫사람들의 평가는 좋지 않았음에도 팀장직은 꽤 오랜 시간 유지되었다고 한다. 앞서 나의 노력을 다른 사람들이 몰라줄 수도 있다고 했듯이 내 설움과 어려움을 다른 이들은 눈치 채지 못할 수도 있다. 물론 인사평가 시즌이 아니더라도 팀장이나 사수처럼 주변에 있는 동료를 통해 본인의 심정을 토로할 수도 있겠지만 더 높은 곳, 상층부까지는 전달되지 않는 경우가 많다. 하지만 인사평가는 공식적 루트를 통해서 상대방에 대한 나의 주관적 평가를 줄 수 있는 유일한 기회이자 통로다.

본인의 생각과 피드백을 명확하게 제공하는 것이 회사 차원에서도 도움이 된다. 경영진, 인사팀 사무실에서 보이지 않는 문제점을 인사평가라는 데이터를 통해 발견하고 개선을 위한 대안을 수립할 수 있기 때문이다.

다만, 인사평가는 절대로 '감정적'으로 해서는 안 되며 '객관적 사실에 기반'해야 한다. 감정에 따라 점수를 과도하게 낮게 주거나 평가 내용을 작성할 경우 평가의 신뢰도는 떨어지기 마련이다. 누군가를 억지로 깎아내리는 평가는 부메랑이 될 뿐이다.

S금융사에 다니는 김병국 씨는 과감한 실행력과 업무 장악력 뿐만 아니라 성과 창출 측면에서도 탁월함을 보이는 3~4년차 매니저다. 연말 인사 시즌이 되어 직원 간 상호평가를 실시할 때면 본인의 성격 때문에 고민이 많았다. 답답함을 못 참고, 직설적인 성격 때문에 동료들을 업무로 몰아붙이거나 종종 다툼이 생기는 경우도 있었기 때문이다. 하지만 "김병국 님은 함께 일하고 싶은 동료입니까?"라는 질문의 결과는 우려와 정반대였다. 업무 외적으로는 세심하고, 정이 넘

처 동료들을 살뜰히 잘 챙기는 직원이었던 만큼 저돌적이고 부담스럽게 느껴지는 부분이 있다고 한들 진심으로 더 좋은 결과를 위해 노력하는 과정이었다는 것을 동료 직원도 모두 알고 있기 때문이다. 항상 기회주의적으로 사람을 대하고 선호에 따라 업무를 기피하는 직원에게 모든 화살이 돌아갔다. '누구나 기피하는 직원'은 결국 기피하는 직원끼리 모이게 마련이다. 악순환의 시작이다.

과거에는 상사의 부하직원에 대한 일방적이고, 주관적인 평가만으로 인사평가가 이뤄졌지만 지식사회, 전문화된 사회로 발전하면서 많은 기업들이 상하·상호평가를 도입하면서 인사평가 제도에 합리성을 더하고 있다. 신기한 건 '사람의 보는 눈이 비슷하다는 것'이다. **Physical**과 **Relationship**이라는 두 가지 요소에만 충실하게 조직생활에 임한다면 나의 열정과 노력을 모르는 이들은 많지 않을 것이다. 기회주의적인 모습보다는 본인의 일에 열정적이면서도 타인과의 관계를 중시하는 직장생활에 충실하다면 인사평가는 알아서 따라오지 않을까?

초고속 승진 X차장은
왜 임원이 될 수 없었을까?

웨이브 오리지널 드라마 〈위기의 X〉의 주인공 고저씨(권상우 역)는 차장까지 초고속으로 승진하며 기세등등했다. 돌아오는 인사고과에서는 기존 팀장을 내몰고 자신이 팀장으로 승진할 것이라고 확신에 차 있었지만, 생각지도 못한 구조조정의 대상으로 낙인 찍혀 회사를 나오게 된다. 이유는 너무 '4가지'가 없다는 것. 일을 잘해서 업무성과를 토대로 지금까지 좋은 성과를 받기는 했으나 조직원들 사이에서 오랜 시간 동안 쌓여온 꽤씸함과 재수 없음이 결국 화를 불렀다.

상급자 입장에서 스마트함과 실력을 두루 겸비한 하급자가 있으면 좋은 게 사실이지만 사사건건 의사결정에 태클을 걸고 반목하며 자신의 성과를 인정해주기를 노골적으로 바라는 부하직원이라면 오히려 기피대상 1순위가 될 수밖에 없다. 반면 업무수행능력은 다소 떨어져도 자신의 의중을 빠르게 파악하고 불협화음 없이 필요한 대응을 적절하게 하는 수족 같은 부하 직원에게 조금 더 마음이 쏠릴 수밖에 없다.

누가 봐도 한 해 동안 탁월한 업무수행역량과 성과를 보인 이에게 좋은 고과를 줄 수는 있어도 승진은 못 시키는 이유가 여기 있다. 좋은 고과를 받았는데도 승진할 수 없다는 게 말이 되느냐 항변할 수 있겠다마는 적이 많을수록 결코 높은 자리로 올라갈 수 없는 게 조직생활이다. 진급과 승진은 레벨의 상승을 의미하는데 유관부서, 팀원들

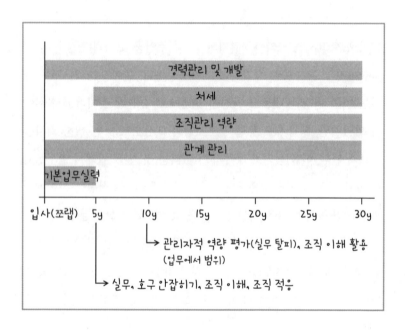

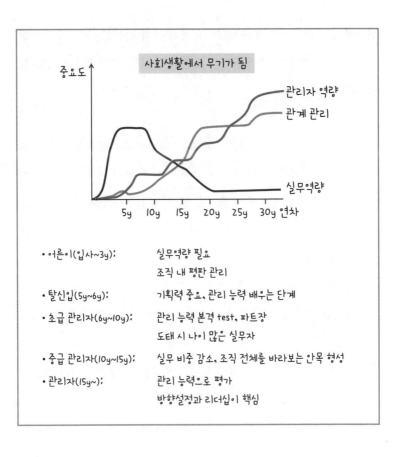

사회생활에서 무기가 됨

중요도

관리자 역량
관계 관리
실무역량

5y 10y 15y 20y 25y 30y 연차

• 어른이(입사~3y):   실무역량 필요
                              조직 내 평판 관리
• 탈신입(5y~6y):   기획력 중요, 관리 능력 배우는 단계
• 초급 관리자(6y~10y):   관리 능력 본격 test, 파트장
                              도태 시 나이 많은 실무자
• 중급 관리자(10y~15y):   실무 비중 감소, 조직 전체를 바라보는 안목 형성
• 관리자(15y~):   관리 능력으로 평가
                              방향설정과 리더십이 핵심

로부터 부정적인 평가를 받고 있는 책임자가 할 수 있는 일은 생각보다 많지 않기 때문이다. 우군이 없는 직원을 덜컥 리더에 올릴 회사는 없다.

성과는 내가 수행한 업무 결과에 대한 평가를 얘기하지만 승진은 직급에 맞는 자질과 태도를 갖춘 자들을 올리는 것을 의미한다. 낮은 연차에서는 탁월한 업무수행능력으로 승진이 가능할 수도 있지만 상위 직급으로 갈수록 리더로서의 포용력과 인품, 조직력 등의 중요성이 더욱 커진다.

필자가 경력으로 이직했던 금융사 영업본부장님은 전설적인 분이셨다. 임원이 되기 전까지 S, A 고과를 받은 적이 거의 없다는 점이었다. 그럼에도 초고속 이사 승진을 했고, 본인보다 연차가 높은 선배들을 제치고 영업본부장의 위치까지 오를 수 있었다. 사내에 적이 없고 다른 본부들과의 협업이 필요한 시점이면 적극적으로 나서서 원만하게 협의를 이끌어내는 리더십을 보였다.

실력만 있으면 높이 올라갈 수 있다는 건 착각이다. 내 회사생활의 목표가 매년 남들보다 더 많은 성과급을 받는 것인지, 경륜과 연륜을 쌓으면서 신뢰 받을 수 있는 사회의 일원으로 성장해 나가고자 하는 것인지 분명하게 정할 필요가 있다.

LEVEL UP!

액션도
업무의 일부다

코로나19 이후로 전 세계가 돈 잔치를 벌이면서 전화만 걸어도 영업이 되던 호시절이 가고, 인플레이션을 잡기 위한 금리인상 시작과 소비 위축으로 경기침체가 가시화되고 있다. 이 같은 실적악화는 경제, 산업, 가계 전반으로 퍼져 기업들도 투자를 줄이고 구조조정에 나서며 비용절감 방안을 찾느라 고심하고 있다. 고객사는 전화를 걸어도 반기지 않고, 기존의 계획마저도 철회한다는 볼멘소리를 늘어놓고, 한 달 내내 제대로 된 계약 건조차 없는 상황이다. 이러한 상황에서 영업활동을 하는 게 맞을까?

무조건 하는 게 맞다.

금융권 K사에 재직 중인 영업담당 모 임원은 가파른 시장 금리 상승으로 고객사들이 투자계획을 철회하는 와중에도 더 적극적으로 외근에 나섰다. 코로나로 한동안 대면하지 못했던 고객사들을 찾아가 식사를 하고 시장상황에 대한 의견을 묻고 가벼운 대화로 관계를 다지기도 했다. 추후에 투자수요가 생길 때면 언제든 연락을 부탁한다는 당부도 잊지 않았다. 수주와 매출이라는 성과는 없었지만 아무것도 안 하는 것보다는 훨씬 좋은 선택이다. 결과와 관계없이 기회를 찾기 위해 동분서주했고, 내년도가 어떻게 될지는 알 수 없지만 선제적인 영업활동을 통해 고객기반을 구축하기 위해 노력했다는 명분을 덧붙여볼 수도 있다. 오히려, 대부분이 의욕을 잃고 태만해지는 시기이기 때문에 이 같은 노력은 더욱 눈에 띄기까지 한다.

　물론, 필자도 비슷한 상황을 경험한 적이 있으나 알면서도 그렇게 행동하지 못했다. 업무에 대한 개인적 회의감과 퇴사에 대한 고민이 겹치던 시기였다. 때문에 녹록지 않은 상황 속에서도 더 부지런하게 바삐 움직이고자 했던 직속 임원의 페이스를 따라가지 못해 갈등으로 이어졌던 적이 있었다. '다 같이 한파를 맞는 시기에 조금은 쉬어 가도 괜찮지 않나'라는 안일한 생각도 있었다. 하지만 의도야 어찌 됐든 당시 직속 임원처럼 호황과 불황에 관계없이 동분서주하며 실낱같은 희망과 기회라도 찾기 위해 노력하는 이들이 있기 때문에 회사는 돌아갈 수 있었다. 당시에는 부지런하지 못함을 타박하는 임원이 감정적으로는 밉기도 했지만 이성적으로는 조직적 관점에서든 사회생활 관점에서든 그게 백번 옳은 행동이다.

평가할 숫자가 없는 상황에서는 결국 보이지 않는 노력이 기준이 될 수밖에 없다. 또한 성과를 떠나서 어떤 상황에서도 꿋꿋하게 자신에게 주어진 소임을 묵묵하게 해내는 이들에게 조직은 중요한 일을 맡길 수밖에 없다. 호황기에 압도적인 성과를 창출하고 불황기에 몸을 사리는 이들보다 불황기 속에서도 자신의 역할을 찾고 책임을 다하고자 최선을 다하는 이들이야말로 우리 사회, 우리 조직에 정말 필요한 사람이 아닐까?

직급이 높아질수록
영업력과 네트워크가 실력

초년생들은 '실무능력 향상'에만 몰두하는 경우가 많다. 하지만 직급이 올라가고 관리자 역할을 맡아 부서·조직을 이끄는 입장이 되면 결국 모든 문제를 풀어내는 것은 관계와 영업력이라는 것을 깨닫게 된다.

대기업 계열사에 다니는 지인 박성호 씨는 신입사원 시절 사비를 털어가면서 금맥을 쌓고 내부 조직원들, 선후배들과 관계를 쌓는데 주력했다. 원래 성향이 그렇기도 했다. 결국 사람과의 관계를 잘 쌓아두면 내가 도움 받을 상황이 언젠가 생긴다는 것이었다. 아니나 다를까, 3~5년 회사 내에서 실력을 인정받고 사내 학벌주의까지 타파하며 지주사 기획실에 차출되었을 때 그가 다진 네트워크는 큰 힘이 됐다. 또한 기획실에서는 계열사들의 경영전략 수립과 감사를 담당하게 되었는데, 신입사원 시절부터 두루두루 쌓아 놓은 인맥 덕분에 계열사와의 업무협조가 필요한 상황마다 각 계열사별 지인에게 부탁해 빠르게 참여를 이끌어내 업무실력을 인정받을 수 있었다.

박성호 씨는 뼛속까지 국내파였다. 소위 말하는 명문대 타이틀도 없었지만 기획실에서도 인맥을 활용해 날고 기는 SKY, 해외파 출신들의 코를 납작하게 만들었다. 회사의 신규 투자 건 발굴과 검토 때문에 IB와의 접촉이 필요한 상황에서 G사, M사에 있는 인맥을 활용해 필요한 정보와 상황을 빠르게 파악함으로써 성격 급한 임원, 상급자의 니즈를 빠르게 충족시켰다. 이후에도 IB와의 긴밀한 네트워크를 활용하여 회사에서 고민하고 있는 신사업 확장에 필요한 적합한 M&A 거래 조건을 찾고, 협의의 시작점을 이끌어내는데 기여했다. 회사의 미래를 바꿀 큰 규모의 논의를 이끌어 낼 수 있었던 건 그의 네트워킹 능력 때문이었다.

나에게는 대학교 때부터 찾아 뵙고, 인사드렸던 Y대 경영학과 교수님과의 인연이 있다. 2년 전 최연소 학장님이 되셨다. 필자의 학부 시절 학장님의 뛰어난 강의 실력과 인품에 반해 계속 찾아 뵀던 게 지금까지 인연이 되었다. 학장님은 여전히 강의를 진행하시면서도 외부적으로는 기업인들과 교류 기회를 넓히면서 학생들의 인턴 실습 기회를 늘리고, 기업의 장학금을 유치하는데도 힘쓰셨다. 기업인들과 교류 기회가 생길 때마다 회사 입장에서 누릴 수 있는 홍보효과와 우수한 인력의 조기확보 등을 강조하셨을 것이다. 학장님의 노력에 따라

학생들에게 돌아가는 혜택과 기회가 늘어났다. 같은 대학 부총장께서는 사회 각계 각층의 자수성가한 동문들을 만나 기부를 독려하여 수백억 원 대의 기부금 출연을 약속 받았다는 이야기도 인상적이었다.

사무실에 앉아서 보고서와 모니터만 보면서 업무를 진두지휘하는 사람은 리더가 되기에 부족하다. 실무자에 그칠 뿐이다. 무턱대고 돈을 쓰고 관계를 쌓으라는 의미가 아니다. 본인이 더 먼 미래를 꿈꾸고 있다면 실무라는 연못에 갇혀 있어서는 안 된다는 말을 하는 것이다. 씨를 뿌리고, 열매를 거두기까지는 오랜 시간이 걸리기 마련이다. 실무자 레벨부터 타 부서, 고객사 실무자와 단단하게 쌓은 관계와 네트워크는 함께 직급이 오르고, 성장해 나가는 과정에서 점차 큰 영향력을 발휘하게 될 것이다. 가능하다면 이 같은 네트워크를 회사 관계자들에 한정짓기보다는 다른 업종, 직종에 있는 이들까지 확장할 수 있다면 좋다. 생각지 못한 사업의 기회, 이직의 기회, 투자의 기회는 찾아온다.

TPO를 고려한 배석능력이
회사의 격을 높인다

S유통 강 대리	"정 과장님, 이번에 저희 새로 입점한 거래처들 중에 귤 납품하는 업체 사장님이 본사 오셔서 미팅하시겠다고 하거든요. 같이 들어가시겠습니까?"
정 과장	"왜? 뭐 이슈 있나? 그런 거 아니면 네가 잘 모셔서 안내 드리고, 미팅 진행해서 주요사항들 잘 정리해서 보고해 줘. 혹시 문제 있으면 얘기하고."
S유통 강 대리	"정 과장님, 저희 C제조사 박 과장이 입점 품목이랑 가격 관련 협상하자고 연락 왔었거든요. 같이 가시겠습니까?"

정 과장	"아, 그래? 그럼 부장님도 모시고 가야지. 지난번에도 우리 물량 많이 못 받아서 위에서 엄청 혼났다. 이번에는 가서 확실하게 물량 확보해 와야 돼. 내가 부장님께 말씀 드려볼게."

내 아무리 뛰어난 실력을 갖고 있다고 한들 실력만으로 업무가 풀리지 않는 상황들이 많다. 고급레스토랑에 가서 코스요리를 먹는다고 했을 때 일반 직원이 음식을 전해주는 것과 셰프가 직접 나와 요리를 설명해줄 때의 만족감과 기분은 크게 차이가 날 수밖에 없다. 회사 대 회사, 부서 대 부서로 업무를 진행함에 있어서도 업무 상대방이 누구냐에 따라 업무를 더 효과적으로 풀어낼 수도 있고, 결례를 범함으로써 안 좋은 결과로 이어질 수도 있다.

세상에 소중하지 않은 사람이 없는 건 아니지만 미팅의 목적, 미팅 참석자, 사안의 중요성 등에 맞는 참석자 수준 맞추기는 필수다. 상급자일수록 담당하는 업무 범위가 넓은 만큼 만나야 될 사람도 많고 시간은 부족하기 때문이다. 나 외에도 수많은 실무자들이 상급자를 미팅에 모시려고 애쓰고 있다는 점도 잊어서는 안 된다. 각 직책·직급에서 갖고 있는 권한과 책임에 맞게끔 미팅을 주선하고 그 당위성을 설명하고 납득시켜 상급자가 미팅에 참석하게 만드는 것 또한 실력이 되는 이유다.

오 사원 "팀장님, 이번에 프랑스 T설계사에서 프로젝트 관련 건으로 상무 vp, 이사 Director 급들 위주로 당사 방문 예정인데 아무래도 저희도 상무님까지 참석하시는 게 좋겠죠?"

이 팀장 "경쟁사들이 이미 주요 설계사들이랑 협력단 Consortium 꾸려서 본격적인 입찰까지 들어갔네. 대안이 없는 상황이니까 위에 말씀 드리고 전무님 참석 가능하신지 확인해봐야지. 프로젝트 개요하고, 입찰까지 일정이랑 경쟁사 협업 현황, 그리고 T사 내방자들 이력 정리해줘."

오 사원 "이 팀장님, 이번에 노르웨이 소재 S사에서 프로젝트 미팅 차 대표 Head로 부사장급이 방한하겠다고 하는데 당사 참석자는 어떻게 하는 게 좋을까요?"

이 팀장 "무조건 사장님 참석하시게 해야지. 얘네 이번 공사도 공사지만 앞으로 2년 안에 나올 것들 다 합치면 2조가 넘어. 확실하게 눈도장 찍어야지. S사 부사장 주요 이력 검색해서 주요 성과랑 어떤 스타일인지 파악해보고 B, C 프로젝트 관련 기사 찾아서 현재 진행 단계, 공사 성격·예상규모 관련된 내용 같이 찾아서 정리해주고. 혹시 기존 공사에 대한 얘기도 나올 수 있으니까 PM팀 연락해서 A공사 진행상황, 쟁점들 파악해서 같이 정리 해주고."

상급자들이 직접 주선하는 미팅도 물론 있겠지만 실무자의 판단으로 회의를 주선하는 경우 관련된 자료를 준비하는 것까지가 핵심이다. 임원이나 상급자들이 모든 상황과 이슈를 이해하고 있는 게 아니기 때문에 미팅에 참석해야 되는 당위성과 목적을 납득하게 할 근거까지 준비하는 게 중요하다. 또한, 미팅에 참여했을 때 경영진이 효과적으로 협의를 이끌어내는데 필요한 기본적인 자료까지 함께 정리가 필요하다.

오 대리　"곽 차장님, 설계팀 신 과장한테 자료 요청시한 당겨줄 수 없냐고 여러 차례 물어봤는데 요지부동이네요. 절대 안 된다고… 어떻게 해야 될까요?"

곽 차장　"내가 박 부장님이랑 한번 통화해볼 테니까 얘기 그만하고 기다리고 있어봐. (통화 뒤) 오 대리, 내가 박 부장님이랑 얘기했는데 신 과장 지금 본부장 지시사항 때문에 중요하게 진행하는 게 있다고 하더라고. 그래서 거기 나 대리 통해서 도와주라고 하시겠다고, 연락 기다리래."

오 대리　"이사님, 이번에 L사에서 저희한테 용역 의뢰가 들어왔는데요. 문제가… 기간을 3일 주더라고요. 수행부서에서 절대 불가능하다고 할 것 같은데… L사 진짜 몇 년 만에 연락 온 것이기도 해서 꼭 해야 될 것 같은데 어떻게 하면 좋을까요?"

강 이사   "해야지. 기다려봐, 내가 우선 수행부서 팀장이랑 얘기해보고, 안 되면 본부장 통해서 얘기해 볼 테니."

대체 왜 내가 부탁할 때는 안 되는 일들이 상급자가 전화하면 해결이 되는 것일까. 처음엔 도무지 이해가 되지 않았지만 연차가 쌓이면서 조금씩 이유를 알게 됐다.

내 입장에서야 시급하고 필수적인 문제라고 하지만, 담당자 입장에서 보자면 수많은 실무자들이 각자만의 사연과 이유를 들면서 기준을 벗어나는 요구사항들을 늘어놓고 있다. 이를 모두 수용하게 된다면 담당자는 끝없는 야근을 수행하게 되고, '결국 가능한 일이었다'라는 선례를 남김으로써 이후에도 유사 상황 발생 시 거절하기 힘들어지는 문제가 생기게 된다. (거절을 못해서 모든 요구사항을 수용하다 보면 호구가 되는 이유기도 하다.)

기본적인 사람의 심리도 고려할 필요가 있다. 직급이 낮은 사람이 연락해서 무리한 요구를 한다면 무례하고 불쾌한 기분이 들 수밖에 없다. 상급자가 존재하는 와중에 상급자를 건너뛰고 들어오는 초년생의 요청을 들어주게 되면 자신의 무게감이 떨어진다고 생각하는 이들이 생각보다 많다. 이성보다 무서운 것이 감정이다. 그래서 필자는 항상 업무를 수행할 때 상대방의 체면을 건드리지 않는 방법들을 고민하기도 한다.

실무자 입장에서 요구사항을 들어줄 수 없는 경우가 있기도 하다.

그렇다고 실무 담당자가 직접 자신의 팀장에게 가서 타 부서의 요구사항을 들어주기 위해 업무 재분배를 요청할 수도 없는 노릇이다. 이런 경우에는 부서장이나 상급자를 통해서 상황을 설명하고 상급자 레벨에서의 의견 조율을 요청함으로써 문제를 풀어내는 게 중요하다. 즉, 실무자 입장에서 풀어낼 수 없는 상황인 경우도 존재한다는 의미다.

이런 상황은 수도 없이 존재한다. 그럴 때마다 내가 해서 풀어낼 수 있는 부분인지 아닌지를 판단하고 풀어낼 수 없다고 판단되면 상급자에게 빠른 보고를 통해 상황을 설명하고 대응을 이끌어내는 게 중요하다. 뛰어난 인재는 이렇게 상황에 맞게 판을 짜고 상급자들의 참여를 이끌어내어 조직을 움직인다. 연차가 오를수록 실무역량보다는 조직 이해, 조직 활용, 조직 장악 능력이 곧 실력이다.

인생 2막,
넥스트 레벨 커리어의
확장

+1UP

철부지 신입사원 시절에는
몰랐던 착각들

필자의 첫 회사 입사 후 2년 동안은 주 7일, 하루 15시간이 넘는 고강도의 업무가 이어졌지만 경영악화로 인한 위기가 닥친 뒤부터 2년은 8시 출근, 5시 퇴근을 하며 평화롭기 그지없는 삶을 살았다. 망할 것같지만 망하지 않는 회사, 성과급은 없지만 어떻게든 들어오는 기본급, 전보다는 못해도 글로벌 기업이라는 인식까지 갖춘 나쁘지 않은 직장생활이라고 생각했다. 한편으로는 입사 후 2년 동안 회사에 약탈당한 내 열정과 건강에 대한 보상이라고 스스로를 합리화했다.

그렇게 내가 열정도 변화도 없는 회사생활을 이어가며 워라밸을 한껏 즐기고 있는 사이, 많은 동기·선배들이 회사를 떠나기 시작했다. SK, LG, 현대 등 대기업 이직부터 해외 유학을 가거나 본인 사업을 위해 퇴사하는 이들도 있었다. 회사가 부침을 겪는 사이, 부지런한 사람들은 업무량 감소로 생긴 잉여시간을 본인에게 투자해 인생2막을 준비하고 있었던 것이다. 회사에 대한 반항심으로 보상심리에 취해 자기합리화만 계속하던 나는 하늘에서 떨어진 값비싼 자유 시간을 허비하고 있었다.

그렇게 나는 회사생활 4년차가 되었을 때 헐레벌떡 이직 준비를 시작했다. 나는 여전히 철부지에 머물고 있었지만 직급은 대리가 되어 있었고, 회사가 경영악화를 걷게 된 뒤로 2년 동안의 경력은 별 볼일 없는 프로젝트로 채워져 있었다. 여기서의 근무기간이 길어질수록 내 경력은 더 심하게 망가질 것이라는 위기감이 엄습했고, 그제서야 약 6개월간 이력서와 자소서의 작성·수정을 반복한 끝에 금융사로의 경력이직을 성공할 수 있게 되었다.

이 과정에서 깨달은 소중한 교훈들이 있다.

1. 나는 영원히 철부지 신입사원이 아니다.
2. 내가 회사를 타박하는 동안에도 경쟁자들은 발전하고 있다.
3. 이 회사가 내 평생 회사라는 착각은 위험하다.
4. 이직은 생각보다 어렵지만 예상치 못한 반전들도 있다.
5. 이직에 대한 막연한 두려움은 가짜다.
6. 이직은 입사 때부터 준비해야 된다.

이직은 입사하는 순간부터 준비가 필요하다. 이제 막 익숙해진 회사를 떠나 새로운 곳에서 낯선 사람과 친해지는 과정도 고역이고 정든 선후배, 동료들에게 일일이 퇴사를 설명하는 과정을 떠올리면 불편하기만 하다. 하지만 겪어보지도 않은 불편한 감정에 속아 넘어가 '역시 이만한 회사가 없어'라고 합리화를 하고, 근속연수가 늘어나는 동안 나도 모르는 새 내 몸값은 빠른 속도로 감가상각이 일어나고 있을 수도 있다.

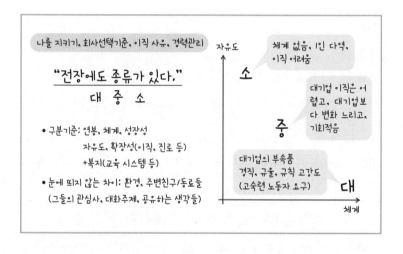

평생이직 시대 개막,
적자만 생존한다

불과 십 년 전까지만 해도 대한민국을 먹여 살렸던 전통 산업들이 쇠할 거라고는 상상도 하지 못했다. 대표적인 게 바로 자동차, 조선, 해운, 중공업 등이다. 하지만 불과 십 년 만에 IT기술을 중심으로 산업 지도는 180도 뒤집혔다. 전기차 시대가 도래하면서 내연기관차 부품을 만드는 중소기업들은 위기에 처했고, 조선과 중공업은 수년 간 조 단위 영업 적자를 기록했으며 대한민국 대표 해운사 한진해운은 파산하기에 이르렀다. 반대로, 2010년부터 본격적인 서비스를 시작한 카카오는 불과 10년 남짓한 시간 만에 4천만 국민이 사용하는 국민 SNS기업으로 급성장했다. 2차 전지 메이커인 LG에너지솔루션은 상장과 함께 시가총액 100조를 달성하고 KOSPI 시가총액 순위 2위 자리를 꿰차면서 대한민국의 간판사업 교체의 신호탄을 알리고 있다.

어려서부터 시대가 빠르게 변한다는 말을 질리도록 들었지만 과거와 달라진 게 있다면 변화의 속도는 더욱 빨라졌다는 사실이다.

사회적으로도 요구되는 지식과 역량이 빠르게 변하고 있다. 제조업 기반의 노동집약적 사업이 핵심이었던 시대에서 기술과 지식 기반의 최첨단 고부가가치 산업 중심의 지식사회로 빠르게 이동하고 있다. 과거에는 튼튼한 몸과 열정, 센스만으로도 굴지 기업에 취업해 승승장구하며 중역을 노려볼 수 있었는지 모르겠다. 하지만 최근 들어 대기업을 중심으로 공개채용을 폐지하고 어학과 기술, 지식을 두루 갖춘 뛰어난 인재들을 선택적으로 뽑는 수시채용으로 전환하는 추세가 더욱 확고해지면서 땀과 열정만으로는 생존하기 어려운 경쟁환경이 조성되고 있다.

새로운 사고방식과 업무패턴, 직무기술이 필요한 산업·직무 군에서 시대에 뒤처진 나를 채용해줄 이유는 없다. 제 아무리 의지와 열정이 충만하다고 한들 조선시대에서 타임머신 타고 온 선비에게 스마트폰과 SNS 사용법을 알려주고 일을 시킬 수는 없는 노릇 아닌가.

필자가 다녔던 첫 회사도 '절대 망할 수 없는 회사'라는 타이틀이 항상 따라다녔던 산업이다. 그렇게 절대 무너질 리 없을 거라 생각했던 비즈니스가 순식간에 사양 산업으로 전락하고 숨겨졌던 분식과 부정이 드러나 회사는 한순간에 무너져 내렸다. 이미 침몰 직전의 변화가 닥쳤을 때, 사고가 터졌을 때는 늦다. 그땐 이미 시장에서 모든 임

직원들이 침몰하는 배에서 탈출하겠다고 아우성치는 시기다.

부지런하게 주변의 상황과 변화를 파악하고, 나의 현재를 면밀하게 분석해보면서 미래를 도모하지 않다가는 금세 도태될 것이다. 고객사의 발주만 기다리며 사양 산업에 남아 임원이 될 것인가, IT기술을 통해 금융거래 방식과 삶의 방식을 변화시키고 무한한 시장 확장을 이끌어가는 산업에서 새로운 도전을 이어갈 것인가. 당장의 달콤함 혹은 급급함에 빠져 있는 동안에도 세상은 변화한다. 앞으로 펼쳐질 새로운 시대에는 부단히 깨어 있어야만 폭발적인 속도로 변화될 세상에서 살아남을 수 있을 것이다.

LEVEL UP!

평화로운 호황기는
물경력의 전조증상

박지윤 사원이 근무했던 S식품회사 감사팀은 당시 4명밖에 되지 않았다. 하지만 인수 합병한 사업부의 진단부터 영업, 물류, 생산, 구매 등 전 부서를 아우르는 감사 업무를 주도적으로 수행해야 했다. 은진 씨는 반년 가까운 시간 동안 쉴 새 없는 인터뷰와 페이퍼워크에 치이면서 재무구조 개선안 및 SCM 공급망 체계 재구축 방안까지 도출해내느라 고생했던 그 순간을 잊을 수 없다고 한다. 하지만 확실한 건 사원급에게 주어지기 힘든 업무경험을 쌓을 수 있는 좋은 기회가 되었고, 추후 글로벌 컴퍼니의 관리직군으로 이직하는데 좋은 발판이 되었다는 것이다.

자유와 여유에는 책임이 따른다. 잔소리하는 사람은 없이 월급은 꼬박꼬박 나오는 상황에 익숙해지는 순간 성장은 정체된다. 부모님이 공부해라 잔소리하지 않아도 나이는 먹고, 수능일은 다가온다. 내가 여유를 즐기며 보낸 시간의 대가는 참혹하다. 꼭 무한한 도전과 성장을 위해서보다는 사람이라면 응당 '나이에 맞게 기대되는 수준'이라는 게 있기 때문이다.

2년간의 태평성대가 입사 직후 갈아 넣었던 내 과거에 대한 보상이라는 주장은 '필자의 개인적 생각'일 뿐이었다. 이직시장에서는 내가 몇 년차인지, 어떤 업무를 수행했는지, 성과가 무엇인지 만을 궁금해 할 뿐 내가 얼마나 힘들게 버텨왔는지에 관심 갖지 않는다. 필자도 내 경력이 물경력이 되어 있음을 깨닫고 나서야 부랴부랴 이력관리를 시작했고 그렇게 부지런히 공부해서 취득한 회계 자격증은 면접에서 요긴하게 쓰였다. 회사는 어려움에 처했고 업무는 줄었지만 자기개발에 힘써 부족한 역량을 보완할 수 있었다는 이야기에 제격이었다.

그렇게 나는 플랜트 제조업에서 금융업이라는 전혀 다른 분야로 이직에 성공했다. 첫 번째 회사에서 고강도의 업무량과 야근, 국내 최정상급 경직된 조직문화를 경험한 터라 적응은 어렵지 않았다. 오히려 투박함은 찾아볼 수 없는 지적이고 세련된 분위기와 이종업계였음에도 괜찮은 연봉을 받고 이직한 것에 크게 만족했다. 게다가 업무도 생각만큼 어렵지 않았다. 기존처럼 수조 원대의 공사 수주 과정에 비해 계약의 상대방도, 서비스도, 계약 규모도 작아 행정적·관리적 측면에서 누락 없이 업무만 수행해도 인정받을 수 있는 분위기였다. 업계는 성장하지 않았지만 안정성은 높아서 더할 나위 없이 좋다고 생각했다. 그렇게 5년을 근무했다.

첫 회사에서는 과거 고생에 대한 보상이라는 생각으로, 두 번째 회사에서는 상대적으로 낮은 업무강도에 비해 급여와 복지가 괜찮다는 생각으로 크게 만족감을 느끼며 회사에 다녔다. 하지만 통장에 월급이 꼬박꼬박 꽂히는 와중에 내 실력은 제자리걸음을 하고 있었다. 고등학생이 되었는데 아직도 1차 방정식을 풀면서 희열을 느끼고 나이 40이 되어서도 대학을 다니며 학식을 먹고 행복감을 느끼고 있는 꼴이었다. '내 인생'이 아니라 '회사와의 머니게임'으로 잘못 설정된 목표 때문에 나는 다시 돌아오지 않는 내 인생의 황금기를 아깝게 월급과 바꾸고 말았다.

生於憂患(생어우환)이요. *死於安樂*(사어안락)이다.
'근심과 고난이 나를 살게 하고,
편안함과 즐거움이 나를 죽음으로 이끈다.'

《맹자》

이직할 이유가 없다는
위험한 착각

우리 회사는 절대 안 망한다는 착각

* * *

필자가 다녔던 제조업 분야는 대한민국이 세계 최고라고 손꼽히던 산업이었다. 하지만 그 명성과 아성이 무너지는데 불과 1년도 채 걸리지 않았다. 회사가 새롭게 뛰어든 플랜트 사업의 분식회계 이슈가 터지면서 감춰져 있던 조 단위 영업적자가 세상에 드러났다. 진행 중인 대부분의 공사가 적자를 내는 애물단지에 가까웠다. 분식회계 사건이 터지기 전에는 '우리 산업은 망하지 않는다'라는 생각으로, 분식사건이 수습되고 뼈를 깎는 구조조정을 거친 뒤에는 '이제는 괜찮겠지'라는 생각으로 버틴 이들이 많았지만 지금도 여전히 끝이 보이지 않는 어두운 터널 속을 지나고 있다.

2021년 LG전자는 휴대폰 사업부 철수 및 매각을 결정했고, K-뷰티의 눈부신 성장으로 인기를 끌었던 아모레퍼시픽도 위기를 겪고 있다. 대한항공도 코로나19 이후 급격한 실적악화로 직원이 무급휴직을 실시하기도 했다. 게다가 코로나19로 시작된 비대면 시대 도래로 지원자들 사이에서 가장 큰 인기를 끌었던 이커머스와 플랫폼 사업 또한 큰 부침을 겪고 있다. 세상에 변하지 않는 것은 없다. '변하지 않지 않을까'라는 희망으로 하는 직장생활은 동전던지기에 내 앞날을 맡기는 꼴과 같다.

좋은 것들이 영원할 것이라는 착각

★ ★ ★

경제학에 '손실회피'라는 개념이 있다. 사람은 일반적으로 동일한 크기라면 이익에 대한 선호보다 손실에 대한 회피 성향이 더 크다는 개념이다. 이득을 얻었을 때의 행복감보다 손실로 인한 상실감이 정서적으로 2배 이상 크다는 실험 결과도 있다. 지금까지 쌓아온 것이 무너져 내렸을 때의 상실감 때문에 기존에 투입된 시간과 비용을 과감하게 포기하지 못하는 것이다.

이직에 있어서도 그렇다. 대부분 이직을 생각하면 지금껏 회사 내에서 쌓아 올린 실적, 직장상사, 후배, 타 부서 담당자들과의 원만한 네트워크, 손에 익은 업무까지 어떤 상황이 펼쳐질지 모르는 이직 한

번으로 공든 탑을 무너뜨릴 수 없다는 손실회피 심리가 발동한다.

해외지사에 나가 있던 김 이사가 담당 임원으로 복귀했고, 기존에 포용력 넘치고 부하직원들에게 많은 자율성을 부여했던 박 이사는 현장으로 자리를 이동하게 됐다. 상무 승진에 욕심이 많기로 소문난 김 이사는 부임과 동시에 과거 3년 치 프로젝트와 현재 진행 중인 프로젝트의 진행상황과 특이점을 정리해 보고하라는 명을 내렸다. 개별적으로는 주·월간 목표를 세워 보고하라는 명을 내렸다. 깐깐함은 덤이라 결재를 올리면 코멘트 받고, 수정하고, 결재를 받는 데까지 기존보다 2배 이상 많은 시간이 소요됐다. 업무강도와 야근이 늘었고, 업무시간에는 숨 막히는 긴장감이 흘렀다.

영원하길 바랐던 것들이 무너지는 건 한순간이다. 끝까지 함께할 줄 알았던 동료들은 자신의 커리어와 미래를 위해 회사를 떠나기 시작하고, 항상 키다리 아저씨처럼 경영진의 공세로부터 나를 지켜줄 줄 알았던 팀장은 전보를 가고, 신임 팀장이 부서를 장악하는 순간 그동안의 평화는 그 즉시 산산조각이 난다. 직장생활의 만족도를 높이는 요소도 퇴사욕구를 불러일으키는 1순위도 역시 '사람'이다. 그리고 직장생활에서 만난 좋은 사람들은 언젠가 헤어지게 마련이다.

흥선대원군의 쇄국정책은 근대화를 늦추고 외세 침략의 빌미를 제공하는 발단으로 해석되기도 한다. 옳고 그름을 떠나 분명한 것은 당시 조선에 근대화는 거스를 수 없는 흐름이었고 고립을 자초하는 동안 열강들은 더욱 발전해 힘을 키웠다는 사실이다. 매몰비용과 손실회피라는 우물에서 벗어나 현재를 기준으로 미래 최대의 아웃풋을 얻을 수 있는 선택이 무엇인지를 고민해야 된다.

막연한 두려움은 착각, 이직은 진화의 기회

★ ★ ★

> ### 다윈의 진화론
>
> 생물학의 뉴턴으로 불리는 찰스 다윈은 당초에는 의학 수업을 받았으나, 이를 포기하고 지질학과 식물학에 심취하였는데, 1831년에 비글호를 타고 5년 간 세계 일주를 할 때 라이엘의 지질학 원론을 탐독하였다. 항해 중 다윈은 광범위한 지질학적, 식물학적, 동물학적 자료를 수집하였다. 그는 아메리카 대륙을 남하함에 따라 극히 가까운 종들이 조금씩 바뀌어 가는 것을 보았다.
>
> 또한 다윈은 육지에서 수천 킬로미터나 떨어진 동태평양의 갈라파고스(Galapagos) 제도의 섬들에서 참새와 비슷한 되새류가 30여 종이나 있음을 발견하였다. 그는 어떻게 30여 종의 비슷한 새들이 격리된 섬에서 살게 되었는가에 대한 의심을 갖게 되었으며, 이것이 우연이기보다는 아마도 아주 오래전에 한 종류의 새가 이 섬으로 날아온 후 세월이 지나면서 서로 다른 형태로 변했으리라고 추측하였다.

이직의 걸림돌이 되는 심리적 장해물 중 마지막은 바로 '괜찮을까'라는 불안감이다. 새로운 환경에서 마주하게 될 불확실한 어려움들이 이직을 망설이게 하는 가장 큰 요인 중 하나다. 그런 이들에게 희소식이 있다. 눈을 낮춰서 이직하는 게 아니라면 생각보다 훨씬 좋은 환경과 기회가 펼쳐질 수 있고 새로운 환경에 적응하는 과정에서 생존을 위한 본능이 작용해 업무수행능력, 인지능력, 적응력 등이 한 차원 발전하는 계기가 되기도 한다.

나는 경력 이직을 준비하면서 최종적으로 2곳에서 합격 통보를 받았다. 한 군데는 S대학교 교직원이었고 또 다른 하나는 금융사 영업직이었다. 나는 99%의 확률로 보장 가능한 정년, 총 3번까지 가능한 육아휴직, 8급 공무원에 준하는 급여, 다소 멀지만 걸어서 출근 가능한 거리, 탁월한 이름값까지 무엇 하나 빠지는 게 없는 S대학교 교직원을 포기하고 금융사 영업직을 선택했다. 대학교 교직원 월급으로는 무리한 빚투(빚내서 투자)로 생긴 채무의 해결이 쉽지 않을 거라고 생각했기 때문이다. 금융사 영업직을 선택하며 분위기가 딱딱하면 어쩌지, 적응 못하면 어쩌지 등등 걱정이 많았지만 막상 가보니 매너 좋은 동료들, 쾌적한 근무환경, 할만 한 업무와 적당한 급여까지 마음에 들었다.

세상 모든 정든 것들을 떠나는 것만큼 힘들고 두려운 결정은 없다. 하지만 '안정'은 결국 나를 정체하게 하고 삶은 개구리로 만들 것이다. 특히, 한 회사에서 정년까지 어떻게든 다니겠다는 생각을 끝까지 견지할 초년생이 아니라면 시기적절한 이직을 통해서 몸값을 올리는 게 대이직시대, 적자가 생존하는 시대에 더욱 탁월한 생존력을 갖추게 되는 기반이 될 것이다.

낯설기 그지 없었던 금융업을 새롭게 공부하면서 어려움과 시행착오도 있었지만, 이는 플랜트, 제조업에 한정되어 있었던 좁은 시야를 글로벌, 경제, 금융, 타 산업까지 시야를 틔우는 계기가 되었다.

초보 이직러를 위한
이직 프로세스

대부분의 사회초년생들은 이직을 고려하지 않는다. 처음에는 다양한 일을 배우느라 정신이 없고 여유가 있을 때는 여유가 있는 대로 회사생활이 재밌고 좋아서 이직을 생각하지 않는 경우가 많다. 하지만 3년 정도의 시간이 되면 업무에 대한 매너리즘에 빠지기 시작하고 회사도 내 미래를 보장해줄 수 없다는 생각이 스멀스멀 올라오기 시작한다. 그런데 막상 이직을 결심하고 나서부터 밀려오는 막막함은 생각보다 크다.

이직을 위한 기본적인 채용 접근법은 크게 세 가지로 나뉜다.

첫 번째는 개별 회사 홈페이지를 통해서 직접 지원하는 방법이

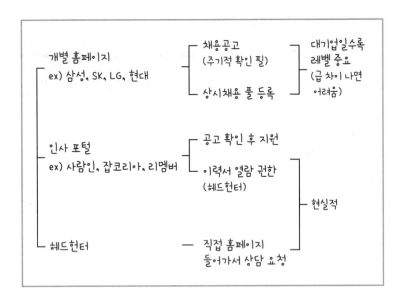

다. 대기업군의 경우 자체적인 채용페이지들을 운영하면서 경력·신입별로 채용공고를 내거나 상시채용 인재풀을 운영하고 있다. 대기업은 경력직 채용공고의 경우 별도로 다른 사이트에 올리지 않고, 자체적인 채용사이트에만 올리는 경우도 많다. 때문에 관심 기업이 있다면 미리 찍어 놓고 수시로 들어가서 확인해보는 부지런함이 필요하다. 공고가 떴을 때 직접 지원하는 방법 이외에 인재풀을 활용하는 법이 있다. 내 주요 업무이력과 기본 자소서 등을 정해진 양식에 맞게 미리 작성해서 등록해두는 방법이다.

후자는 공석이 생겼을 때 회사에서 찾는 경력자와 유사한 이력을 가진 경우 먼저 연락을 하는 방식이다. 이 경우 대기업 군이라면 스펙만으로도 눈에 띄는 능력자가 아닌 경우 먼저 연락이 오는 경우는 드물다. 하이브에 관심을 갖고 지원했던 수강생 경력자의 경우 지원 이후 1년만에 연락을 받고, 이직에 성공한 케이스도 있다. 그리고 인재풀 등록을 한 뒤에도 분기, 반기 마다 지속적으로 들어가서 주요 경력 사항들을 업데이트 해주는 게 좋다. 이외에도 일반기업의 채용페이지에 들어가서 인재채용 담당자 메일주소, 연락처를 찾아 직접 준비한 이력서를 보내 보는 방법도 있다. 요새는 거의 모든 기업들이 채용문을 열어놓고 있다.

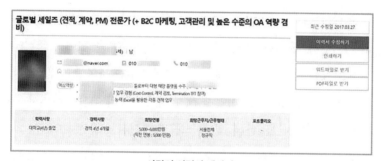

사람인 이력서 페이지

두 번째는 채용 포털에 올라오는 경력직 채용 공고들을 확인하고 지원하는 방법이다. 공고 자체를 포털에 등록하지 않는 기업들도 있긴 하지만 조건을 설정해서 원하는 기업군을 쉽고 빠르게 필터링할 수 있다는 장점이 있다. 또한 채용 포털에 미리 경력기술서와 이력서를 작성해서 저장해두면 공고가 보이는 즉시 클릭 한번으로 지원을 완료하고, 진행현황을 한 눈에 파악도 할 수 있다. 포털 별로 뜨는 경력직 공고가 다를 수 있는 만큼 이직을 마음먹은 시점부터는 2~3개 정도의 포털을 주기적으로 방문해 공고를 확인하는 습관을 들이는 게 좋다. 보통 대기업에서 진행하는 공식적인 경력채용이 아닌 수시채용 형태로 뜨는 공고들의 경우 적합한 경력자가 나타나면 빠르게 면접을 진행하고, 채용이 될 경우 지원기한이 지나지 않아도 공고가 닫히는 경우가 비일비재하다.

다른 방법으로 채용 포털에서 '헤드헌터에 내 이력서 열람가능' 기능을 설정하는 방식이 있다. 열람설정을 해 놓으면 헤드헌터들이 내 이력서를 보고, 적합한 기업과 포지션을 찾아서 먼저 연락을 해오기 시작한다. 헤드헌터들은 기업의 인재추천 의뢰를 받아서 조건에 맞는 적합한 인재를 찾아서 해당 포지션에 지원을 도와주고 진행과정에서 기업의 분위기, 대략적인 조건, 유의사항 등의 조언을 주면서 구직자들의 이직을 조력한다. 헤드헌터들은 자신이 추천한 지원자가 최종적으로 채용될 경우 계약 연봉의 10~20%를 수수료로 받기 때문에 열심히 구직자들을 도와줄 유인이 충분하다.

직접 괜찮은 헤드헌터를 찾아서 상담을 받는 방법도 있다. 포털 검색기능을 활용해 '업종', '헤드헌터' 키워드를 결합해서 검색한 뒤 직접 홈페이지에 들어가 전문성과 네트워크, 이력 등을 확인해본 뒤에 괜찮은 헤드헌터 업체를 선택해 연락하는 방법이다.

다만, 대기업에 다닌다고 모든 직장인들의 실력이 뛰어난 게 아니듯 헤드헌터라고 알아서 잘할 것이라는 생각은 오산이다. 어떻게든 하나 얻어걸리면 된다는 생각으로 이곳, 저곳 무작위로 추천하는 회사들도 많다. 반대로, 헤드헌터가 나의 이직 의지를 의심하는 경우도 있다. 헤드헌터의 추천에 별다른 피드백이나 코멘트가 없고 계속 더 좋은 공고를 달라는 식으로 요구만 하다가는 헤드헌터에게 손절을 당할 수도 있다. 어느 쪽으로든 확실하게 뭐가 좋고, 뭐가 망설여지는지를 헤드헌터에게 가감 없이 표현하는 게 좋다. 그들은 기업과 구직자의 니즈를 찾아 연결해주는 이들이지 내 속내를 어디 다른 곳에 소문내는 사람들이 아니기 때문에 걱정할 필요가 없다.

그밖에 지인을 통한 추천, 거래처, 관계사로부터의 이직 제의 등등이 있으나 논외로 한다.

상식을 벗어나는
요지경 경력 이직 세계

기업 입장에서 직무 기술서Job Description,JD에 맞는 인재 찾기는 '한양에서 김서방 찾기'급 미션이다. 보통 충원이 필요한 경력직 자리는 직무와 부서, 수행하게 될 구체적인 업무까지 정해져 있다. 해당 포지션에서 일할 수 있는 적임자를 찾는 과정이기 때문에 기본적으로 요구되는 경력, 지식, 스킬 등이 구체적으로 명시된다. 하지만 간헐적으로 공고가 진행되고, 요구사항이 구체적인 만큼 기본적으로 수요와 공급이 정확하게 맞아떨어지지 않는다. 기본소양을 갖춘 재목을 대규모로 채용해 회사의 핵심가치를 심고 적절한 부서에 배치하는 신입채용과는 접근부터 다르다. 그러다 보니 종잡을 수 없는 이직의 사례들이 쏟아진다.

사람보다는 타이틀이 우선

★ ★ ★

제조업 D사 전략기획팀에 근무했던 이명훈 씨는 잘 나가는 IT기업 K 사의 전략팀으로 이직에 성공했다. 당시, 전략기획팀은 M&A나 구조 조정, 투자계획 등 전략·재무적 성격보다는 기획·관리적 성격이 강한 업무를 수행하는 부서였고 팀 내 업무수행능력 측면에서도 두각을 나타내던 부서는 아니었다. 그랬던 만큼 명훈 씨는 동기들 사이에서 최고의 아웃풋이라고 불렸다고 한다.

제조업 T사 기술영업팀에 근무했던 강현호 대리는 같은 층 직원들에게 종잡을 수 없는 4차원 화법과 똑 부러지지 못한 업무처리능력으로 정평이 난 사람이었다. 그런 그가 L그룹 주력계열사의 기술영업팀으로 이직에 성공했다는 얘기를 들었을 때 모두가 놀라지 않을 수가 없었다고 한다.

경력직 채용은 대부분 '수시채용' 형태로 진행되며 인력이 필요한 부서에서 요청하고, 서류검토 대상자와 면접대상자도 직접 선정해 프로세스가 진행되는 경우가 많다. 서류단계에서는 '주요경력'이 가장 중요한데 여기서부터 허점이 있다. 이 지원자가 실제로 얼마나 성실하게 임했는지 하루 몇 시간을 일했고 야근, 특근을 불사하며 얼마나 고생하면서 일을 배우고 성과를 창출했는지 여부는 이력서를 통해 드러나지 않는다는 점이다. 결국 어떤 회사, 어떤 부서에서 어떤 업무를 맡고, 성과·결과를 냈느냐가 중요한 판단 기준이 된다.

한직 부서에서 죽어라 고생만 한 성실한 구직자보다 미래지향적인 타이틀을 가진 부서에서 설렁설렁 업무를 수행한 구직자가 이직에서 더욱 유리할 가능성이 높다는 허점이 존재한다. 이직을 고려한다면 타이틀을 우선적으로 생각하는 게 중요한 이유다.

타이틀이 스토리를 만든다

★ ★ ★

'유럽시장 영업만 3년 3개월을 한 해외영업팀 직원 vs 3년 해외영업 후 3개월 사업관리 파견을 다녀온 직원' 둘 중 어떤 이력이 눈에 띄는가?

> "실제 사업 환경을 이해해야 고객사의 현장관련 문의들에 빠른 협조 요청과 대응이 가능하다고 생각했습니다. 또한 계약서에 반영되는 일정, 비용, 분쟁 관련 조항들을 좀 더 현장에 맞게 협의해 나가기 위해서도 현장 경험은 필수적이라고 생각했습니다.
> 실제 3개월 간의 PM(사업관리) 근무 중에, 공사 수행 과정에서 발생할 수 있는 공법, 일정, 설계, 비용 관련 이슈들을 두루 파악할 수 있었습니다. 향후 현업의 이슈를 반영한 계약검토를 수행하는 데 도움이 될 것입니다."(옴스의 경력직 자소서 중)

필자의 얘기다. 본인이 추후 커리어의 전문성을 더하고 싶고, 이직을 할 때에도 좀 더 확장성 있게 기회를 만들어가고 싶다면 주어진 부서의 기본 업무를 열심히 수행하는 것만으로는 부족하다. 주어진 일만 열심히 한다고 해서 내 커리어가 알아서 쌓이는 건 아니기에 커리어를 더 세련되고 확장성 있게 만들기 위해서는 주체적인 고민이 필요하다.

때로는, 하기 싫은 업무에 먼저 손을 들고 나서는 용기도 필요하다. 평생 남들 하는 일, 쉬운 일만 해서는 어차피 발전도 없다. 오히려, 모두가 손사래를 치는 기회가 생겼을 때 번쩍 손을 들고 나서서 조직을 위해 희생한다는 말을 던져보자. 조직의 신임을 얻는 동시에 커리어를 차별화하는 기회로까지 가져갈 수도 있다.

중견기업S사 감사팀으로 근무하던 임현석 씨도 그렇게 본인의 커리어를 위해 S그룹 주력계열사의 관리회계직 유럽 현지채용에 지원했다. 현석 씨는 코로나가 터진 와중에도 해외로 나가 현지에서 2년이라는 시간 동안 글로벌 기업의 관리체계를 몸소 배우며 커리어의 폭을 확장했다. 전문성 있는 감사와 경영진단을 위해 관리회계에 대한 이해가 필수라고 생각했고, 글로벌 기업의 체제를 몸소 익히고자 과감하게 현지 근무를 선택했다는 것이 그의 스토리다. 지금은 국내 굴지의 대기업들로부터 러브콜을 받고 있다.

나만의 스토리로 TO를 개척해라

★ ★ ★

플랜트 회사 해외영업 4년 6개월의 경험으로 캐논Canon의 프로덕트 매니저_{Product Manager, PM}에 지원했던 적이 있다. 당시 마케팅 직무 3년 이상 경력자를 찾던 공고였는데 직무를 전환하고 싶은 생각도 있어서 과감하게 지원했다. 얼마 지나지 않아 헤드헌터로부터 '직무가 상이하다는 걸 알고 쓴 거냐?'라는 문의가 왔고, 필자는 '그렇다. 학부 때 마케팅을 했었고, 현재 회사에서 배운 것들을 접목해서 나름대로 잘 해볼 수 있다고 생각해서 지원했다.'고 얘기했다. 그렇게, 캐논에서 나를 한번 보고 싶어 한다는 연락을 받고 1차 면접을 진행했는데 헤드헌터로부터 매우 긍정적인 회신이 돌아왔다. '인터뷰를 어떻게 보셨는지 모르겠는데 캐논에서 옴스 씨를 굉장히 마음에 들어 하더라. 2차 면접도 바로 보자고 하는데 괜찮겠냐?'였다. 아쉽게도 S대 교직원과 금융사 면접이 진행 중이라서 포기했었다.

스토리 전개의 핵심은 2가지였다. 먼저, 캐논이라는 소비재 기업으로 이직하고 싶은 이유를 명확하게 납득시키고자 했다. 이는 필자의 저서 《스펙을 뛰어넘는 자소서》, 《스펙을 뛰어넘는 면접의 기술》에서 기술한 접근과 동일하다. 캐논에서 만드는 카메라 제품들이 고객들에게 선사하는 감성과 감동을 중심으로 분명한 관심을 갖고 지원했음을 납득시키고자 했다. 그 다음, PM이라는 직무에 대한 개인적 해석과 이해를 명확하게 제시하고, 플랜트사 해외영업 경험과 대학생 시절 경험을 접목해 잘해낼 수 있는 이유를 납득시키고자 했다. 진심 어린 산업·직무 이해와 나만의 강점을 결합해 설득력을 높이는게 포인트다.

금융사 이직 면접질문 플랜트 회사 해외영업 경험과 우리 금융사의 산업 특성 간의 결이 너무 달라서 걱정이 크다. 업종 자체가 다른데 본인이 뭘 어떻게 잘할 수 있다고 생각하는가?

A 제가 플랜트 회사에서 배운 건 플랜트 산업에 대한 이해만이 아니었다. 오히려 영업이 무엇인지에 대해서 더 깊이 배우고 생각할 수 있었다. 영업은 고객사와 회사를 잇는 다리다. 고객사가 필요로 하는 것, 불편한 것이 무엇인지를 파악하고 이를 사내에 최대한 정확하게 전달하고 이해시킨 뒤 해결할 수 있는 방안을 내부의 이해관계자들과 치열하게 고민하고 답을 찾아 나가는 과정이 영업이라고 생각한다. 계약, 구매, 생산, 설계, 품질 등등 모르는 것 투성이였다. 금융도 이해도는 부족하지만 이전 회사에서 했던 것처럼 하나하나 치열하게 부딪히고, 공부해 가면서 해낼 수 있다.

이외에도 수많은 도전을 받았다. 금융업에 대한 이해부터 대학시절 일관성 없이 중구난방 했던 경험들에 대해서도 지적받았다. 나의 일관성 없는 이력은 오히려 '다양한 업종, 다양한 배경과 출신의 사람들을 만나 공감을 이끌고 관계를 구축해 나가는 과정에서 도움이 될 수 있다'고 자신 있게 얘기하기도 했다. 내 과거 경험 하나하나를 뜯어보고 고찰하면서 의미를 고민해본 결과였다.

교직원 채용 면접질문　조 단위에 이르는 공사를 수주하는 해외영업과 행정적 성격이 강한 교직원 업무 특성 간의 차이가 큰데 어떻게 기여할 수 있다고 생각하는가?

A　　겉으로만 보면 그렇게 보일 수 있습니다. 하지만 대학교의 학령 인구는 감소하고 있고, 재정은 감소하면서 내부적 행정으로만 답을 찾기에는 어려운 상황이 되었다고 생각합니다. 이로 인해 외부기관과의 협력, 연구사업 수주, 정부기관 및 부처와의 협의를 이끌어내는 등 대학교에 필요한 외부의 지원을 통해 대학교 발전에 기여할 수 있다고 생각합니다.

　　치열한 고민에서 비롯된 답변이었다. 어떻게 하면 붙을 수 있을까를 신경썼다기보다는 대학교라는 곳의 존재 목적, 대내외 이슈와 문제점들을 치열하게 고민했다. 내가 가진 역량과 자질로 풀어낼 수 있는 것들이 있는지 깊이 생각한 결과물을 구체적으로 제시하고자 노력했다. 이외에도 교직원에 지원한 이유가 무엇인지, 해외영업처럼 빛나는 일이 아닌데 괜찮은지 등 날카로운 질문들에 유연하게 답변했고, 최종합격 할 수 있었다.

LEVEL UP!

스탭부서STAFF vs. 사업부서. 이직은 스탭이 유리하다

중견 규모의 물류회사 경영관리팀에 어렵게 입사해서 3년을 근무했던 김도윤 씨는 3년의 경력을 활용해서 대형 빅테크사의 게임 자회사 IR·투자관리팀으로 이직을 성공했다. 사업부서였던 필자는 이직에 꽤나 애를 먹었지만 전략팀에 다녔던 동기는 업종도 전혀 다른 빅테크 업계로 이직에 성공하기도 했다.

회사의 매출을 책임지고 성장을 이끄는 사업부서의 역할은 매우 중요하다. 하지만 이직시장에서는 스탭 부서가 무조건 유리하다. 영업력은 해당 산업에 대한 높은 이해도와 고객과의 지속적인 관계 관리를 통한 네트워킹 능력에서 비롯된다. MD와 같은 직무도 마찬가지다. 가구회사에서 MD를 맡았던 경력자가 뷰티, 화장품, 식품 분야에 대한 이해도가 높을 수는 없다.

반면, 기획·재무·인사·총무·법무와 같은 스탭부서는 사업에 대한 이해보다 스탭 업무 자체에 대한 업무수행 능력이 더욱 중요하다. 시장의 주요 투자자들을 만나 회사의 미래전략과 실적을 소개하고 관계를 구축하는 재무·IR 부서에서의 근무 경험은 타 산업으로 이동해도 역할 수행하는 업무와 파트너가 크게 달라지지 않는다.

때문에 사업부서는 경력이 쌓일수록 운신의 폭이 좁아지는 반면 스탭부서는 연차가 쌓여도 자신이 맡은 업무가 무엇이냐에 따라 이종 산업으로의 이직이 쉽고 실제로도 이직이 빈번하게 일어난다. 이직시장에 이력서를 올려놓고 기다려도 헤드헌터들로부터 더 많이 연락이 오는 쪽은 사업부서가 아닌 스탭부서다. 직무와 연차가 맞고 기업 규모가 크게 차이 나는 경우가 아니라면 지원해보라고 연락이 온다. 그래서 스탭부서 출신들은 이직하는 산업군이 다양한 경우가 많다.

특이한 점은 스탭·관리직군은 회사의 위기를 경험했을수록 몸값이 올라간다는 점이다. 조 단위 적자를 내고 뼈를 깎는 구조조정과 자산매각이 필요한 상황에서 전략·재무·회계·인사 업무의 중요성은 더욱 부각된다. 시장에서 쉽게 조달했던 자금줄이 막힌 상황에서 만기가 돌아오는 대출, 차입금의 대환, 대출연장을 위해 시장 곳곳의 모든 투자자들을 찾아 뛰어다니고 기존 자산의 빠른 매각을 성사시켜 현금을 확보하는 것이 회사의 생존과 연결되는 만큼 난이도 높은 실전 경험을 압축적으로 쌓을 수 있다. 반대로, 일반적으로 큰 변화 없이 안정적으로 현금을 벌고 정적으로 매 사업연도가 굴러가는 회사의 스탭·관리직군은 시장에서 잘 팔리지 않을 가능성이 높다. 사기업에서 공기업·공공기관으로의 이직은 용이하지만 공기업·공공기관에서 사기업으로의 이직이 어려운 이유다.

사업직군은 운신의 폭이 생각만큼 넓지 않다. 플랜트 회사에서 경영기획·관리를 했던 사람을 게임사 동일직무에 뽑을 수는 있지만 플랜트를 팔던 해외영업사원을 게임사 해외영업에 뽑을 수는 없다. 상이한 업무성격과 사업적 특성 때문이다. 유통사에서 3년 간 수산물 매입을 했던 직장인이라면 수산물MD가 아닌 이상에는 경력직 이직이 어려울 수밖에 없고, 당연히 유통사, 식품 회사 위주로 이직을 고려할 수밖에 없다.

물론, 직무의 성격을 어떻게 접근하느냐에 따라서 레벨업의 기회도 있을 수는 있다. 플랜트 해외영업의 경우 고객사의 요구사항을 파악하고 이에 맞는 가격, 납기, 스펙을 협의하는 업무 성격도 갖고 있다. 그래서 같은 회사의 동기들 중 LG화학, LG에너지솔루션과 같은 글로벌 대형그룹사로 간 사례들도 여럿 있었다.

그러나 대부분의 경우에서는, 업무의 특성과 성격을 고려해서 산업을 선택해야 된다는 제약은 존재한다. 이미, 3~5년 이상 근무한 시점에서 새로운 산업군으로의 이직이 어려울 수 있다는 점은 참 뼈아프다.

중소기업에서 대기업,
공기업에서 사기업

중소·중견기업에서의 경력으로 대기업 경력직으로 이직하는 것은 현실적으로 어렵다. 회사의 업무 시스템부터 설비, 거래규모, 업무방식까지 그 차이가 너무 크기 때문이다. 정말, 압도적인 경쟁력이나 기술력을 보유한 유니콘, 강소기업, 히든챔피언 등의 회사가 아니라면 상급 레벨 회사로의 경력이직은 어렵다는 점을 생각하고 첫 회사생활 시작점을 잘 정하는 게 중요하다. 물론, 대기업·상급 레벨 회사의 신입지원이라면 중소·중견 회사에서의 경력은 큰 문제가 되지 않는다.

공기업에서 사기업으로의 경력 이직도 상급기관으로서 시장을 감시, 관리, 감독하고, 질서를 수호하는 업무를 수행하는 금융공기업과 같은 기관이 아니고는 잘 일어나지 않는다. 공기업의 업무성격과 분위기가 사기업과 큰 차이가 있기 때문이다.

사기업은 '이윤창출'이 존립 목적인데 반해 공기업, 공공기관은 정부 산하 기관으로 '공적 기능' 수행을 전제로 한다. 사기업은 한정된 자원을 효율적으로 투자하고, 활용해 최대의 이익을 거두기 위해 치열하게 고민하지만 공기업은 수익성과 효율성 추구보다는 '공적 역할'을 수행하는데 집중한다. 수 조원 대의 적자를 낸 기업에 조 단위의 자금수혈을 진행하거나 코로나19로 인해 자금 조달에 어려움을 겪는 중소기업을 지원하기도 한다. 주어진 자원을 효율적으로 쓰는 것보다는 편성된 예산을 소진하는 것이 주 목적이며 이윤 창출이라는 뚜렷한 목적성이 아닌 '공익성'이라는 추상적 목적을 추구하기 때문에 정치적인 영향을 크게 받기도 한다. 발전단가가 높아짐에도 제때 전력구매 비용을 높이지 못해 2022년도 30조 원대의 적자를 낼 것으로 예상되는 한국전력이 대표적이다.

제조업에서 근무했던 이병진 대리는 정부기관에서 진행하는 7급 민간경력채용에 지원해 회사를 옮겼다. 사기업을 다니면서 업황에 따라 흔들리는 사업안정성, 구성원들의 비합리적인 행동에 신물을 느껴 당시 사기업 경력직도 오퍼를 받았으나 포기하고 공무원을 택했다. 직무적으로 성장에 대한 욕심이 컸고, 정부 기관에서 경력을 쌓고, 전문성을 키우겠다는 포부를 갖고 입사했지만 현실은 달랐다. 조직문화와 직급체계는 관료적이었고, 사기업보다 더 경직된 분위기였다. 승진은 더욱 더디고, 직무적으로도 효율적인 업무 수행보다는 부처, 기관장으로부터 하달된 지시사항에 따라 업무를 수행하는 경우가 많아 직무전문성에 대한 생각을 많이 내려놓았다고 한다. 그래도 노후 걱정 없이 정년이 보장되고, 육아휴직 제도를 자유롭게 사용할 수 있으며 각종 복지와 지원이 있다는 측면에서 만족하고 다니는 중이라고 한다.

이런 차이점 때문에 고위공무원, 기관장급이 아니고는 공기업에서 사기업으로의 이직은 현실적으로 어렵다.

공기업, 공공기관, 공무원은 구직자들 사이에서도 '안정성' 때문에 최고의 직장으로 손꼽혀왔다. 하지만, 최근 들어 분위기는 급변하고 있다. 20-30대 젊은 세대들을 중심으로 공무원 퇴직행렬이 줄을 잇고 있다. 2018년도 5,166명이었던 3년 이하 퇴직자는 2020년 8,442명까지 급증했다. 안정성 때문에 흥미, 열정, 성취감, 꿈 등 포기해야 되는 가치들이 많다는 게 퇴직자들이 얘기하는 이유다. 행정고시에 합격해 5급 공무원으로 정부 부처에서 근무 중인 5년차 현직자도 필자에게 이직 관련 상담을 받으러 온 적이 있었다. 정권이 바뀔 때마다 수시로 바뀌는 업무방향성, 갈수록 과중해지는 업무량, 지방근무의 가능성, 얻기 힘든 성취감 등 여러 어려움들 때문에 이직의 기회만 있다면 아쉬움 없이 떠나고 싶다는 것이었다.

장진혁 씨는 신의 직장이라 불리는 대한민국 최고의 금융공기업에 재직 중이다. 대한민국 금융시장 발전을 이끄는 상급기관이라는 점에서 큰 자부심을 느끼고 있지만 3-4년 정도 업무적으로 많은 것들을 경험하고 배운 뒤에는 PE, 사모펀드로 자리를 옮기는 게 목표라고 한다. 통상 부장급은 25년 이상 근속해야 올라갈 수 있고, 마찬가지로 정치적인 영향을 많이 받는 회사의 성격 때문에 이런 분위기 속에서 오래 다닐 수 있을지 확신이 서지 않는다고 한다. 그럼에도 배울 수 있는 것들이 많아 승진과 성과에 관계 없이 본인이 배우고 싶은 업무를 주체적으로 수행하며 지식과 경험을 쌓는 중이다.

공기업, 공공기관이 안 좋다는 얘기를 하고 싶은 것은 아니다. 일반적으로 우리가 생각하는 것과 현실은 크게 다를 수 있다는 메시지를 주고 싶다. 어떤 하나의 가치를 좇게 되면 그에 따라 포기해야 되는 가치는 존재하기 마련이다. 내가 더욱 중요하게 생각하는 가치가 무엇인지를 현실적으로 따져보고, 사기업이든 공기업이든 선택을 내렸다면 현실적으로 포기해야 될 부분도 내려놓을 수 있어야 한다.

학력 인플레이션 시대. MBA? 대학원?

학부생 출신으로 아무리 발버둥을 치며 대리, 과장 시절에 S고과를 받는다고 한들 무엇 하랴. 내가 사다리를 조금씩 오르며 팀장과 임원을 노리고 있을 즈음에는 이미 해외 유수 대학에서 석사를 취득하고 글로벌 테크 기업에서 경력을 쌓은 나이 어린 임원, 팀장이 비행기를 타고 날아와 내 위로 떨어질 것이다.

기술이 더욱 고도화되고, 기술과 지식의 중요성이 더욱 확산될수록 학부 수준의 지식을 가진 월급쟁이들은 설 자리가 없어질 것이다. 연차가 오르면서 부족해지는 기술과 지식수준의 격차를 메꿀 수 있는 방법은 땀과 노력 밖에 없을 것이다. 회사 월급에 대한 의존도와 종속성은 높아지면서 1년이라도 더 회사에 붙어 있기 위해 안간힘 쓰는 게 일상이 될 지도 모른다.

확실한 경쟁우위 없이는 결국 도태될 수밖에 없다. 3~5년차의 직장인들은 레벨업에 대해서 많은 고민을 하게 된다. 가장 대표적인 선택지로 MBA, 대학원이 있다. 오랜 시간이 걸리고 큰 비용이 수반되는 만큼 득실을 잘 따져보는 게 중요하다.

L그룹사에서 팀장을 지낸 김진석 선배님은 Y대 MBA 학위를 취득했다. MBA를 취득해서 팀장이 된 건 아니다. 더 나은 미래를 위해 스스로 의지를 갖고 한 학기 1,100만원이 드는 MBA과정을 수료했다. 금융사 영업팀 동료였던 현석 씨와 진모 씨도 MBA 출신이었다. 대기업 중역들 중에서도 국내 e-MBA 과정을 수료한 이들이 한 트럭이다. 기업에서 충성도·리더 역량 제고 목적으로 보내는 경우가 많다.

확실히 MBA의 희소가치는 시간이 갈수록 떨어지고 있다. 국내 MBA의 경우 더더욱 그렇다. 회사를 다니면서 야간이나 주말을 이용해 2년을 꼬박 다녀야 과정을 수료할 수 있고, 막상 수업 내용은 그렇게 도움이 되지 않는다고 불평하는 이들이 다수이지만 그럼에도 수천만 원을 들여 국내 MBA학위를 취득하고자 하는 이들이 늘고 있다.

이유는 여러 가지다. 정말 순수하게 개인의 발전을 목적으로 하는 이들도 있지만 MBA의 경우 논문을 쓰지 않고 과목을 이수하는 것만으로 졸업장과 석사 학위를 받을 수 있다는 장점이 있다. 또한 회사 외부적인 네트워크를 확장함으로써 교류의 기회를 넓히기 위한 목적도 크다. MBA 석사 졸업증만으로 남들보다 조금 더 가방끈이 길다는 사실을 쉽게 알릴 수도 있다. 보이는 게 중요한 사회 아닌가.

누군가는 사내 승진에서 유리한 고지를 점하기 위해, 누군가는 사업 확장을 위한 정보교류 채널 확대를 목적으로, 상대적으로 접근이 용이한 MBA를 선택하게 된다. 그러나 한 학기 학비가 상상을 초월할 정도로 비싼데다 2년 동안 다녀야 된다는 점 때문에 중도 휴학이나 포기를 하는 경우도 꽤 많다고 한다. 뚜렷한 목적성 없이는 고생길일 뿐이다.

T석유화학사 해외영업팀에 재직 중이던 임정수 씨는 일찍이 직무 성장의 한계를 느낀 케이스다. 고객사의 요구에 맞춰 제안서를 준비하고 이슈에 대응하는 업무가 루틴하게 느껴졌다고 한다. 오히려, 우연한 기회로 맡게 된 경제지표 수집 및 분석 프로젝트를 수행하는 과정에서 IT와 데이터에 흥미를 느껴 서울대학교 MIS Management Information System 석사로 진로를 틀었다. 공부가 꽤 재밌고 진출 가능한 분야가 많아서 재밌게 대학원을 다니고 있다.

오히려 석사 과정을 제대로 밟는 것도 하나의 방법이다. 경영학과의 전반적인 과목들을 아울러 듣는 일반 MBA에 비해 세부 분야를 정해 깊이 있게 학습하기 때문에 세부 전공 분야에서 전문성을 인정받기 용이하다. 다만, 학부를 졸업하고 곧바로 석사과정을 이어가는 것보다 정수 씨처럼 업무를 먼저 경험한 뒤에 진로를 결정하는 것이 현명하다. 어떤 분야가 미래에 더욱 각광 받을 수 있을지, 사회에서 정말 필요한 지식이 무엇인지 구분할 수 있는 시야를 틔울 수 있다.

LEVEL UP!

어설픈 변화 대신
확실한 스텝 업을 위한 올인

플랜트 회사 재직 당시 선배였던 임진석 과장님은 명문대 공대 출신의 엘리트였고, CEO 명의의 레터 초안을 직접 쓸 정도의 뛰어난 영어 실력과 인성까지 두루 갖춰 사내에서 위아래로 신임이 두터웠다. 회사가 어려움을 겪는 와중에도 움직이지 않고 자리를 지키기도 했다. 그러다 2019년에 같은 회사를 다녔던 아내분과 평생 모은 전 재산을 들고 가족과 미국 유학길에 올랐다. 그렇게 부모님의 도움이나 벌이도 없이 3년 동안 공부해 2022년, 미국 최대 로펌 중 하나인 레이텀 앤 왓킨스Latham & Watkins의 변호사로 새롭게 커리어를 시작했다. 누구보다 처절하고 절박한 심정으로 3년의 시간을 보냈을 임 과장님에게 요청한 서면 인터뷰의 일부를 공유한다.

Q. 당시 회사가 부침은 있었으나 맞벌이를 하면 생활은 가능할 수 있었다는 생각이 듭니다. 이외에 이직이라는 옵션도 충분히 고려할 수 있었을 텐데 유학을 선택하시게 된 계기와 이유가 무엇인지, 회사의 어려움이 주요 동기가 됐던 건지 다른 이유가 있으셨던 건지 궁금합니다.

A. 회사의 어려움이 시작점이 됐던 것은 분명한 것 같아. 회사에서 일하면서 '나의 길은 무엇일까?' 라는 질문을 잊은 적이 없고 입사 1년차부터 마음의 문은 항상 열어 두고 있었지만, 바쁘게 일하며 '나의 길'을 찾기 위해 실질적인 행동을 한 것은 별로 없었다네. 입사 2년차에 GMAT 시험을 쳐볼까 하는 마음에 계정을 만들었던 것 외에는 별다른 액션을 취한 것이 없었던 듯 해. 심지어 GMAT 계정이 존재했다는 것도 까맣게 잊고 있었어. 거의 10년 뒤인 2018년에 실제로 그 시험을 치르기 위해 계정을 새로 만들려다가 기존 계정이 존재했다는 사실에 놀랐었어. 그런 나를 돌아보면, 정말 마음의 문만 열려 있었을 뿐 회사에서 일하는 동안 '나의 길'을 찾기 위해 실질적인 다른 시도를 한 적이 없었던 것 같네.

그런데 아이 둘이 태어나고 10년차에 세금원천징수서류에 찍힌 숫자(정확히 연봉이라는 표현도 맞지 않고 1년 동안 받은 급여·상여 포함한 총 수령액) 총액이 1년차 때 받았던 만큼도 되지 않는 것을 보고 약간 뺨을 맞은 것 같은 느낌이 들었지. 10년을 일했는데 발전이 없었던 거지. 물가 상승과 돈의 시간 가치를 생각하면 10년 일하고 신입 때보다 적게 받는다는 건 심각한 후퇴를 한 것이지. 비록 개인적으로는 경력과 업계에 대한 지식은 쌓았지만, 가족과 아이들의 미래·복지 관점에서 허탈감을 느꼈다고 할까. 평소에 돈을 많이 생각하는 편은 아니지만 확실히 후퇴한 급여 수준에 "이건 아닌데…"라는 생각이 들었지. 그때가 돼서야 정신 차리라는 신호를 받아들였고 조금 더 진지하게 나의 길을 찾기 위한 액션에 돌입했지.

잡코리아나 인디드같은 웹사이트에 이력서도 올렸고 연락 오는 헤드헌터랑 이야기를 나눠보기도 했어. 그런데 구인 시장의 반응을 조금 보니 이직은 어딘가 어설픈 변화에 불과하고 궁여지책일 뿐이라는 생각이 들었고, 내가 원하는 것은 조금 더 확실한 스텝 업 또는 새로운 기회의 기반이 될 수 있는 의미 있는 모험이라는 것을 알게 됐지. 구인 시장에 이력서를 올리니 어떤 기회들이 열려 있는지 알게 되었으니까 말이야. 실제로 우리 회사에서 이직해 나간 사람들이 찾아 간 직장들 위주로 연락이 왔고 (한화, SK 이노베이션, GS건설 등) KDB 인프라투자, 전자·기계 쪽 중견 기업도 있었지.

그런데 대기업에서 십 년 정도 일하다 보니 어디로 이직을 하건 내가 앞으로 어떻게 일하며 어떻게 여생을 살게 될지 너무 훤하게 보이는 것 같은 느낌을 받았다고 할까? 업종이나 직장에 따라 차이는 있었지만 당시 회사에 남아서 일하며 임원이 되는 길과 다를 게 없다는 느낌을 받았지. 물론 급여는 몇 천 더 받을 수도 있었겠지만 말이야.

거창하게 말하고 싶지는 않아. 하지만 나는 가능한 한 삶의 무대를 대한민국 안으로 국한시키고 싶지 않은 욕심도 있었어. 나의 아이들에게도 세계를 무대로 할 수 있는 기반과 기회를 제공해주고 싶었고.

유학이 나에게 보장해주는 미래는 없었지만 희미하게 남아 있던 꿈과 아이들을 위한 투자라는 생각에 더 이상 따지지 않고 유학을 선택했지. 결정 당시 돈도 따지지 않고 말이야. 그저 모험해볼 값어치가 있는 보람 있는 길일 것이라는 다소 무식한 믿음으로.

Q. 유학에 상당한 비용이 들었을 것 같습니다. 특히 가족들과 함께 간다는 결심 자체도 쉽지 않았을 것 같습니다. (저조차도 제 미래를 위해 현실적인 부분을 포기하고 미래에 투자하기가 쉽지가 않은데) 직장을 모두 그만두고 3년 유학길에 오를 때의 심정은 어땠는지, 어떤 생각으로 두려움을 극복하셨는지 알 수 있을까요?

A. 앞의 답변 내용과 조금 겹치는 부분이 있는 거 같아. 유학비용만 첨언하자면 결과적으로 미화 50만 달러 정도 들었어. 학비 30만 달러에 4인 가족 3년 생활비로 20만 달러가 조금 넘는 비용을 지출했다네.

숨길 것도 없이 와이프가 12년, 내가 11년 동안 모았던 총 6억 원의 전 재산을 모두 사용한 상태야. 이렇게 돈으로 환산하니 실로 살 떨리는 결정이고, 3년이 지난 지금 다시 이런 결정을 하라면 떨려서 못할 것 같아. 그런데 유학을 결정할 당시에는 필요한 선택이라고 생각했었어.

Q. 결과적으로, 현재 3년간 쉼 없이 공부하고 새로운 분야에서 첫발을 내디뎠습니다. 어떤 환경의 차이가 있을까요? 3년간 쏟아 부은 시간과 노력의 가치가 충분히 있다고 생각하시나요?

A. 유학 준비 과정에서 분명 노력한 부분도 있지만 언제나 그렇듯 행운도 따랐다고 생각해.

미국 최고 순위권 대학Top Ranking School 중 JD · MBA라고 하는 로스쿨과 MBA를 결합한 3년 복합 과정에 들어갈 수 있었고 결과적으로 미국 최대 로펌 중 하나인 레이텀앤왓킨스에 취직하게 되었어. 복지 · 혜택과 보너스를 제외하고도 기본 20만 달러 이상 되는 연봉을 받고 시작하게 됐지.

업무환경은 중노동과 다를 바 없어. 이전 회사 해외영업에 버금가거나 그 이상의 노동 시간을 투입해야 하는 환경이고. 세상에서 가장 많은 돈이 오가고 밤낮없이 일하는 뉴욕 소재 금융권의 거래를 주로 도우며 일해야 하므로 여전히 힘든 앞날이 펼쳐질 예정이지…

동료 사원들은 나와 띠 동갑인 친구들도 많고 나는 그들과 경쟁해야 할 거야. 간혹 가다가는 나와 동갑이거나 나보다 몇 살 어린 친구가 파트너 변호사인 경우도 있겠지. 이러한 상황을 감내하며 지내야 해.

굉장히 험난한 앞길이 계속될 예정이지만 그래도 이 나이에 아직 기회의 길을 개척하고 있다는 사실에 용기를 내보려 해.

Q. 앞으로도 끊임없는 경쟁 속에서 노력하고, 치열하게 살아가야 될 것으로 예상됩니다. 그런 부분에 대한 부담감이 없지는 않으실 텐데 이런 상황을 어떻게 받아들이시는지, 미래에 대한 불안감은 없는지도 궁금합니다.

A. 미래에 대한 두려움은 어찌 보면 지금이 조금 더 심한 것 같다는 생각도 드네. 한국에서는 어딜 가도 주류에서 일할 수 있다는 자신감이 있었어. 그런데 여기에서는 아시아 변방 외국인 신분으로 백인우월주의 사상이 알게 모르게 뿌리 내린 미국 법조·금융계 사람들 사이에 섞여 일하고 경쟁해야 한다는 사실이 무섭지. 이전 회사에서도 미래의 암울함 때문에 똑같이 두려웠는데 말이야. 그래도 차이가 있다면 여기서는 기회를 잡을 수 있는 기반을 다지고 있다는 느낌이 조금이나마 있다는 것? 그 차이 하나로 스스로 힘내려고 노력하는 중인 듯 해.

Q. 모두 각자가 추구하는 직업관, 인생관이 있습니다. 안정을 추구할 수도, 도전을 추구할 수도 있습니다. 지금까지 직접 경험하고 목격하고 부딪혀온 과정을 통해서 초년생들에게 전하고 싶은 얘기가 있다면 무엇일까요?

A. 질문이 언급하고 있듯이 사람은 모두 각자가 추구하는 직업관, 인생관이 있겠지? 범죄와 같은 사회악만 아니라면 각자의 직업관, 인생관, 가치관에 충실하게 살면 되지.

직업관, 인생관, 가치관을 뚜렷하게 가지고 있는 사람도 있지만, 사실 그런 개념을 확실하게 갖고 있는 것 자체도 어려울 수 있다고 생각해. 본인의 마음과 뜻에만 충실하다면 후회할 일 없고 지난날을 돌아보며 미소 지을 수 있지 않을까 생각하네.

미래는 정해진 것이 없고 좋고 나쁘고를 평가할 수도 없고, 지나고 난 후 가보지 않은 길에 대한 비교 평가도 할 수도 없어. 그러니까 내 가슴의 방향을 충실하게 따르며 최선을 다해 살면 분명 웃으며 돌아볼 수 있는 인생이 될 것이라 생각하네.

저자 후기

내 삶의 기준은 항상 타인을 향해 있었다. 동기들은 벌써 업무를 받았다는데, 친구네 회사는 연봉을 500만 원이나 더 준다는데, 누구는 벌써 집도 샀다는데… 남들보다 뒤처지면 안 된다는 부담감이 항상 나를 짓눌렀다. 끊임없이 더 높은 기준을 들이밀고 현재의 내 상황과 비교했다. 당연히 순간순간이 조급하게 느껴질 수밖에 없었다.

항상 불확실한 미래에 잔뜩 겁먹고 쫄아 있었다. '이번에 맡은 프로젝트를 잘해내지 못하면 어떡하지, 지금 하고 있는 일이 적성이 아니면 어떡하지, 부서이동 잘못했다가 커리어가 꼬이면 어떡하지…' 누구도 미래를 알 수 없는 상황에서 존재하지 않는 답을 놓고 숱한 시간 동안 고통받았다. 하지만 막상 그 미래를 직접 살아보았을 때 내 생각대로 흘러간 것은 거의 없었다.

〈유퀴즈 온 더 블럭〉 169회에 출연한 50대 여성 정김경숙님의 이야기는 내게 큰 영감을 주었다. 모토로라 홍보팀에서 첫 사회생활을 시작해 4년을 근무한 뒤 새로운 업무가 하고 싶어 자발적으로 손을 들고 전략마케팅팀으로 이동했다고 한다. 그렇게 총 8년을 채운 뒤 새로운 일을 해보고 싶다는 생각에 제약업계로 자리를 옮겼다. 비아그라(발기부전치료제)가 국내 시장을 장악하고 있던 시기, '시알리스'라는 제품의 마케팅을 맡아 2년 만에 비아그라를 제치고 점유율 1위를 달성하는 데에 공을 세웠다. 이후에도 2007년 직원 15명에 불과하던 구글코리아의 원년 멤버로 참여했다. 2016년 '알파고 대 이세돌 대국'의 홍보를 맡았을 정도로 높은 입지를 다졌음에도 불구하고 구글코리아에서 쌓은 기득권을 내려놓고 나이 50세에 연고도, 친구도 없는 구글 본사의 신규 포지션에 도전했다.

필자는 초년생 시절 성공이라는 신기루를 좇았지만 정김경숙님은 자신의 즐거움을 좇았다. 필자는 평균적인 사람들이 우선시 하는 좋은 직장, 성과와 승진을 성공이라고 착각했다. 반면, 경숙님은 낯설고 새로운 길을 택했다. 그녀에게는 성과와 승진, 안정이라는 것 자체가 큰 의미가 없었을 것이다. 그리고 그녀가 걸어온 이력들이 앞으로 구글에서 일하기 위해 했던 선택들도 아니었을 것이다. 자기 자신의 만족을 위해 주체적으로 기회를 만들고, 낯섦에 맞섰고, 자신이 하는 일에 대한 확신을 갖고 매 순간 임했을 것이다. 실제로 그녀는 50대임에도 불구하고 여느 20~30대 직장인들보다 열정과 생기가 넘쳐 보였다. 단단한 자기 확신이 그 근원일 것이다.

> 우리는 현재의 일들을 미래와 연결지을 수 없습니다. 오직 과거
> 와 연결지을 수 있을 뿐입니다. 하지만 여러분들은 현재의 일들이
> 미래에 어떤 식으로든 서로 연결될 것이라는 믿음을 가져야만 합
> 니다. 당신의 직감, 운명, 인생, 업보가 무엇이 되었든 간에 믿어야
> 합니다. 이 접근 방식은 결코 저를 실망시키지 않았고, 제 인생의
> 모든 변화를 만들어냈습니다.
>
> ─ 스티브 잡스

우리는 항상 선택에 큰 부담을 느낀다. 한 번의 선택이, 첫 회사가, 첫 직무가 평생을 좌우할 것이라고 생각한다. 결코 그렇지 않다. 순간 순간의 선택은 결국 미래에 하나의 선으로 연결되지만 그 선이 미래에 어떻게 연결될지 현재에는 그 누구도 알 수 없다. 미래라는 것은 수많은 현재들의 총합이며, 그렇기 때문에 수많은 현재들의 가치에 따라 미래는 달라질 수 있기 때문이다. 스티브 잡스의 명언처럼 우리가 매 순간 찍는 점들이 미래에 어떻게 연결될지는 아무도 알 수 없다.

필자의 대학시절, 남들은 취업준비를 할 때 혼자 수능공부법 온라인 카페를 만들어 콘텐츠를 게시했었다. 3,000명의 회원들을 관리했던 그때의 경험은 사회에 발을 내딛은 후 10년 동안 1,800여 개의 포스팅을 하며 꾸준하게 블로그를 운영해올 수 있었던 토대가 되었

다. 플랜트 회사에서 매년 수십 번씩 반복됐던 의전·미팅·회식 준비는 어떤 모임에서 누구를 만나든 안정감 있는 모임을 주선해 사람들의 신뢰를 얻을 수 있는 능력의 토대가 되었다. 플랜트 회사에서는 까다로운 트러블 메이커로, 금융 회사에서는 '오타왕'이라는 별명을 갖기도 했지만 덕분에 중요한 준비물을 제대로 챙겼는지, 자료에 오류나 부족함은 없는지 확인하는 습관을 갖게 됐다. 그리고 이 모든 것들이 소재가 되어 이렇게 책을 집필하고 있다. 필자의 원래 꿈은 대기업 계열사 CEO였지만 말이다.

필자는 매 순간 자기 확신이 부족했지만 지금에서야 회사에서 보낸 10년 동안의 순간들이 지금의 나를 만드는데 큰 자양분이었다는 걸 깨달았다. 이제 와서 내가 마주했던 그 순간들을 조금 더 의연하고 현명하게 받아들이지 못했던 게 아쉽다. 과거의 필자처럼, 때로는 생각만큼 성과가 나지 않아 실망스럽기도 하고, '지금 내가 잘 가고 있는 것인가' 의구심이 들 때도 있을 것이다. 하지만 타인의 시선과 기준에 휘둘리지 않고 자신의 내적동기와 즐거움을 따라간다면 올바른 방향으로 가고 있다고 믿어도 좋지 않을까.

이 책을 읽는 독자들의 첫 점은 회사생활일 것이다. 지금도 독자들을 포함한 수천만 직장인들이 바다로 나와 회사생활이라는 항해를 하고 있다. 그렇게 똑같아 보이는 회사생활이지만 서로 다른 생각을 갖고 하루하루 각자의 삶을 살아가고 있다. 이유야 어찌 되었건, 회사생활이라는 드넓은 바다에 존재해야 된다면 실력 있는 뱃사공으로 성장하는 것이 구명조끼 하나에 의존해 표류하는 것보다 더 멋진 삶이 아닐까. 높은 파고와 험난한 조류를 넘는 과정에서 열심히 단련한 항해술을 활용해 5대양 6대주 원하는 곳을 누벼보자. 결국 각자가 찾던 파라다이스를 찾아 갈 수 있을 것이다.

드라마, 영화, 연극, 단편 독립영화, 매 작품에 참여할 때마다 저 개인적으로는 작은 배움의 성장이 있었던 것 같아요. 어떤 작품은 스스로 반성하게 되고 어떤 작품은 또 위로 받기도 하고 또 어떤 작품은 작은 깨달음을 얻기도 하고 또 그 깨달음을 같이 공유하고 싶기도 하고 그랬습니다.

지금까지 한 100편 넘게 작업을 해왔는데요. 어떤 작품은 성공하기도 하고 어떤 작품은 심하게 망하기도 하고 어쩌다 보니까 이렇게 좋은 상까지 받는 작품도 있었는데요. 그 100편 다 결과가 다르다는 건 신기한 거 같습니다. 제 개인적으로는 100편 다 똑같은 마음으로 똑같이 열심히 했거든요. 돌이켜 생각해보면 제가 잘해서 결과가 좋은 것도 아니고 제가 못해서 망한 것도 아니라는 생각이 들더라고요.

세상에는 열심히 사는 보통 사람들이 많은 것 같습니다. 그런 분들을 보면 세상은 좀 불공평하다는 생각이 듭니다. 꿋꿋이 열심히, 자기 일을 하는 많은 사람들에게 똑같은 결과가 주어지는 것은 또 아니라는 생각이 들어서 좀 불공평하다는 생각이 듭니다. 그럼에도 불구하고, 실망하거나 지치지 마시고 포기하지 마시고 여러분들이 무엇을 하든 간에 그 일을 계속 하셨으면 좋겠습니다.

자책하지 마십시오. 여러분 탓이 아닙니다. 그냥 계속 하다 보면 평소와 똑같이 했는데 그동안 받지 못했던 위로와 보상이 여러분들에게 찾아오게 될 것입니다. 저한테는 동백이가 그랬습니다. 여러분들 모두가 곧 반드시 여러분만의 동백을 만날 수 있을 거라고 믿습니다. 힘든데 세상이 안 알아준다는 생각이 들 때 속으로 생각했으면 좋겠습니다. 곧 나만의 동백을 만날 수 있을 거라고, 여러분들의 동백꽃이 곧 활짝 피기를 저 배우 오정세도 응원하겠습니다.

- 오정세(배우)
56회 백상예술대상 TV부문 남자조연상 수상소감 중

필자는 독자들보다 10년 먼저 사회라는 드넓은 바다에 나와 항해 중이다. 여전히 내 목적지가 어디인지, 내가 유능한 뱃사공인지 잘 모르겠다. 하나 분명한 건 10년간의 직장생활은 내 항해술을 키운 자양분이었고, 덕분에 많은 곳을 누빌 수 있는 힘이 생겨 내 미래를 찾아가고 있다는 것이다.

우리에게 필요한 것은 현재에 대한 확신이다. 지금 내가 그리고 있는 점들이 분명 미래에 어떻게든 연결될 것이라는 확신을 가지자. 회사, 업무, 사람을 바라보는 새로운 시각과 태도는 여러분들이 마주하는 하루하루의 가치를 극대화할 것이다. 수없이 고뇌하고 주춤하느라 많은 길을 돌아오고 있는 필자보다 더 주체적이고 열정적인 인생을 살아갈 수 있을 것이다.

이제 막 항해를 시작한 독자들, 그리고 오늘도 회사생활이라는 바다에서 힘차게 항해 중인 수천만의 모든 직장인들을 응원하며 이 책을 마친다.

* 책에서 다 풀어내지 못한 남은 이야기들은 블로그를 통해 꾸준하게 풀어갈 예정이다. 남들에게 말못할 고민과 사정이 있다면 찾아와 비밀 댓글을 남겨도 좋다.

대학을 졸업하면,
멋진 인생이 펼쳐질 줄 알았다

초판 1쇄 인쇄 2023년 1월 20일
초판 1쇄 발행 2023년 1월 30일

지은이 웅스
펴낸이 오세인 | 펴낸곳 세종서적(주)

주간 정소연 | 기획 박수민 | 편집 김재열
표지 디자인 thiscover.kr | 본문 디자인 김미령
마케팅 임종호 | 경영지원 홍성우
인쇄 천광인쇄 | 종이 화인페이퍼

출판등록   1992년 3월 4일 제4-172호
주소   서울시 광진구 천호대로132길 15, 세종 SMS 빌딩 3층
전화   경영지원 (02)778-4179, 마케팅 (02) 775-7011
팩스   (02)319-9014
홈페이지   www.sejongbooks.co.kr
네이버 포스트   post.naver.com/sejongbooks
페이스북   www.facebook.com/sejongbooks
원고모집   sejong.edit@gmail.com

ISBN 978-89-8407-880-2   03320